CVC コーポレートベンチャーキャピタル

Corporate
Venture
Capital

グローバルビジネスを
勝ち抜く新たな経営戦略

アンドリュー・ロマンス［著］
増島雅和　松本守祥［監訳］

発行:ダイヤモンド・ビジネス企画
発売:ダイヤモンド社

"いつも思い通りのものが手に入るわけじゃない。
だけどやり続ければ、
必要なものが手に入ることもある……"

ローリング・ストーンズ

はじめに

アンドリュー・ロマンス

何がCVCを駆り立てるのか？

　かつて1990年代には、企業がイノベーションを起こそうとしたら、何十億ドルもの膨大な研究開発費が必要だった。そのため、20年前までイノベーションは、主としてIBMやヒューレット・パッカード（HP）といった資金力のあるIT系の大企業においてのみ生じていた。

　しかし、今日のイノベーションは、大規模なR&D（研究・開発）費を擁する大企業の内部よりもむしろ、スタートアップ企業において起こる可能性が高くなっている。なぜならこの20年の間に、優れたアイデアを持つスタートアップ企業に投資をする人が増えてきたからだ。

　シリコンバレー、ニューヨーク、ロンドン、イスラエル、中国といった場所では、創業間もないアーリーステージ[1]の企業に投資をするエンジェル投資家[2]や小口からでも企業や事業に投資ができるマイクロVC（ベンチャーキャピタル）[3]投資家が急速に増加した。投資家たちは、プレシードステージやシードステージのスタートアップ企業に投資をしたくてしたくて、列を成している状況だ。スタートアップ企業が何十億ドルもの価値をつけたプレIPO（新規株式公開）までの各ス

1　ベンチャー企業の成長段階をステージごとに区分したもの。アーリーステージは、成長ステージの区分のうち、起業した直後の時期から起業後おおむね2~3年目までの時期。
2　創業間もない企業に対し資金を供給する富裕な個人を指す。投資の見返りとして株式や転換社債を受け取ることが一般的である。
3　小規模な資金を運用するVC。

1

テージに資金提供者が存在する場合さえある。

　優れた技術を持つスタートアップ企業に資金が集まる仕組みができたことで、今日では、多くの特許がスタートアップ企業から発生しており、近い将来にはかなりの特許がスタートアップ企業から発生することになるだろう。

　スティーブ・ジョブズ、ビル・ゲイツ、マーク・ザッカーバーグなど、スタートアップ企業からイノベーションを起こした企業家が多数存在する今日においては、トップレベルの大学の卒業生は、大企業、銀行、コンサル企業よりもむしろ、スタートアップ企業で働きたいと思うに違いない。

　IBMやHPなど大企業も、近年ではイノベーションを自らの会社の内部で起こそうとするのではなく、外部の優れた技術を持つスタートアップ企業を取り込む動きを見せている。CVC（コーポレートベンチャーキャピタル）は、まさに外部からイノベーションを調達するための重要な手段であり、その傾向はますます進んでいる。

　起業家からベンチャー・キャピタリスト[4]に転じた著者にとって、コーポレートベンチャリング[5]に関する研究は実に奥深いテーマである。CVCによる投資は、最終的に、スタートアップ企業をより大きな成功に導き、起業家、投資家には富をもたらし、多くの企業に莫大な価値をもたらすよう活用することができる。この多大な価値を生む可能性については、本書を読んでくだされればご理解いただけるだろう。

　著者は、すべての大企業が何らかの形でコーポレートベンチャリングを行なうべきだと考えている。本書で取り上げる研究結果は、CVCに関わってきたトップレベルの実務家とまとめ上げたものであり、スタートアップ企業、VC、そしてCVCといったすべての立場で活動する人の役に立つことだろう。直近の拙著同様、自らの人脈を駆使してCVC、VC、起業家、銀行家、弁護士などにインタビューを行ない、何十年もの期間にわたる実際のデータ、事実、経験、教訓を収集した。

　著者自身が付け加えた解説も含め、本書を参考にするも無視するも、読者の皆さんの自由だ。CVC設立について企業にアドバイスしてきた自身の経験上、コーポレートベンチャリングはすべての企業に適合するということでもない。

　一人一人が個性的であるように、企業も一社一社特徴がある。したがって、そ

4　ベンチャー企業に投資を行なうために、資金を集め、その資金の運営責任を負う人のこと。有望な投資対象を選別し、投資後は企業の価値を最大化させるために協力する。
5　企業がベンチャーを創出したり、外部ベンチャーを取り込むこと。

れぞれの企業にとって最適な戦略を創造するには、個別の分析を要する。本書に編纂された知恵と議論に触れ、読者の皆さんが明確なビジョンを抱き、決断を実行に移すことで、大きな成功を手に入れてほしい。

CVCとVCはどう違うか

本書は、コーポレートベンチャーキャピタル、別名コーポレートベンチャリングを取り上げたものである。ほとんどのCVCは、従来のベンチャーキャピタルファンド（VCを行なう投資会社）とは非常に違った手法を採っている。本書では、従来のVCファンドを「ファイナンシャル」、「独立系」、または「古典的なVC」と表現している。

CVCを行なうのは、テクノロジー・スタートアップ企業に投資するインテル、クアルコム、IBM、ベライゾン（ベライゾン・コミュニケーションズ：アメリカの大手携帯電話事業者）、ノバルティスなどの（大）企業である。CVCは、従来の（独立系の）シリコンバレーのVCとは異なる。

従来の独立系のVCは、さまざまなLP[6]からなるグループから資金を調達し、純粋に財務的リターンのみを求めて資金を投資してきた。また、これらのVCは、LP投資家のために一定の年数の間に資金を回収する義務を負っている。

したがって、ほとんどのVCは、各スタートアップ企業の未上場株式の一部またはすべてをIPO、M&A（企業の合併・買収）、またはセカンダリー（IPOが上場した後に売買すること）での売却により、投資回収を確実にすることを望んでいる。

企業にとっては、そのような特定の期間中に投資回収する動機も必要性もそれほど大きくはない。ほとんどの独立系VCは、投資する資金のみならず、ポートフォリオ・スタートアップ企業に対して戦略的価値を提供することを追求する付加価値投資家であると自称している。

しかし、それは彼らの投資をよりよく運用し、最終的に利益を生む優良案件を獲得するための戦略の一部にすぎない。著者に言わせると、ほとんどのVCは財務的リターンの追求に100%のエネルギーを注いでいる。著者自身のVCファンドにおいては、LPは株主であり、投資するスタートアップ企業は顧客であると考えている。

---

6 Limited Partner。アメリカなどで認められている企業形態の1つ。無限責任を負い業務執行をする最低1名のゼネラル・パートナーと、有限責任のリミテッド・パートナーとによって組織される形態。LPは有限責任（責任が出資した金額のみ）である代わりに経営に参加できない。

CVCは違う。彼らは、戦略的リターン[7]の獲得と幾分かの財務的リターン[8]の獲得（あるいは単に元を取ること）の混在した動機により、投資をするのである。

CVCの中には、CVC部門がM&A部門とまったく関わりがないと言う者もいる。しかしこのエコシステム[9]における20年以上の著者の経験からすると、CVCチームは同じ企業内のM&Aチームと密接に繋がっている。時には同じ人物が両方の役割を果たすこともある。

本書に登場するCVCには、「純粋に戦略的リターンのために投資しており、財務的リターンには一切関心がない」と言う人もいる。一方、ファイナンシャルVCとまったく同じように行動していることを強調するCVCもいる。これらの企業のほとんどは、他人から集めた資金ではなく、自らの企業のバランスシートに載らない現金を投資に充てている。時に稀なケースでは、CVCが2%の年間管理費とファンド利益の20%の成功報酬（2：20モデル）でのGP-LP形態[10]をとっていることもある。

CVCに可能でVCに不可能なこと

動機から能力に話題を変えよう。CVCを有する企業には、独立系VCのほとんどに不可能なことが実行可能である。

例えば、企業は、スタートアップ企業の顧客になることができる。企業が高額の注文書を1本発行することにより、スタートアップ企業の営業実績は数百倍になり得る。それは投資家にとって「買い」のサインである。

同時に企業は、スタートアップ企業の株を10%買うことにより、投資することもできる。また、投資に併せて、企業はグローバルな営業チームを使ってスタートアップ企業の製品やサービスを販売することができる。

企業によっては、アメリカ、フランスといったスタートアップ企業の本拠地から24カ月以内に100カ国以上に販売網を拡大することができる。企業がスター

---

7 ベンチャー企業への投資を通じて、事業の相乗効果を実現することによって大企業自身の戦略を達成するという目的のことである。

8 投資先のベンチャー企業が株式上場したり、他社に買収されたりすることによって金銭的なリターンを獲得すること。

9 経済・マーケティング・IT分野などにおいては「自然界の生態系のように循環の中で効率的に収益を上げる構造」や、「複数の企業や登場人物、モノが有機的に結び付き、循環しながら広く共存共栄していく仕組み」といった意味で使われる。

10 出資金とそれから得られる利益を限度に、有限責任を負うリミテッド・パートナー（LP）と無限責任を負うゼネラル・パートナー（GP）を持つ形態。

トアップ企業に巨大な価値を与えるケースは、明らかに存在する。

　独立系VCや起業家は、企業がスタートアップ企業に与える価値創造の方法を知らなければならない。価値創造は、CVC、スタートアップ企業、ファイナンシャルVCにとって決して単純ではない。本書は、価値創造の際の典型的な障害の多くを指摘し、論点に深く踏み込み、解決に向けての最新の考察を試みる。

　アメリカその他の裕福な国や多くの新興市場の企業は、膨大な現金の山を遊ばせている。低金利が続き、資金の調達コストも低い。著者はシリコンバレーに拠点を持ち、世界中から資金を募っているスタートアップ企業にほとんどの時間を割いているため、スタートアップ企業設立の黄金期を生きていると思われがちだ。

　しかしエコノミスト誌によれば、1970年代以来、小企業の設立率はもっとも低くなっている。経営統合は、航空産業、ケーブルテレビ、電気通信、フード、ヘルスケアといったアメリカの主要産業の競争力を弱体化させた。テクノロジー大企業は、現在、高い資本市場（公開株・未公開株の両方）の恩恵を享受しており、非金融機関が保有するすべての現金のうち、41%を遊ばせていることに繋がっている。

CVCの規模

　2015年、CVCは、ベンチャーに関わる案件の19.3%を占め、CB Insights（スタートアップの資金調達状況や業界レポートなどを提供するスタートアップ企業のデータベースサービス）によれば、1,301案件に284億ドルの資金を提供するまでに拡大している。

　米国ベンチャーキャピタル協会（NVCA：National Venture Capital Association）によれば、すべてのVCがスタートアップ企業に投資した588億ドル中、76億ドルがCVCによる投資となっている。NVCAによると、アメリカに於いて、VCファイナンスにCVCが関与する割合は、2010 〜 2015年にかけて13%から21%に拡大した。

　この重要な傾向に、スタートアップ企業のVCのエコシステムに関わる誰もが注目している。具体的な統計にばらつきはあるものの、CVCがVCのエコシステムより大きな役割を果たしていることが確実だからだ。すべての投資家はCVCへの理解を深め、よりよく協業できなければならない。

　CVCに関わった人の多くがよくない経験をしているが、改善は可能である。

我われは新時代の幕開けを目撃しているのかもしれない。CVC自らの直接投資やファイナンシャルVCのLPとしての投資は、スタートアップ企業のトップクラスが受ける投資において、非常に高い割合を占めることになるだろう。また、VCがアラブ、アフリカ、インド、中国その他の新興市場において成長するにあたり、CVCが牽引役となることも期待できる。

CVCを設立する理由

　世界は急速に変化している。インターネット、スマートフォン、ビッグデータ、IoT（モノをインターネット経由で通信させること）、ビジネス向けIoE (Internet of Everything)、FinTech（フィンテック）、EdTech（エドテック）、AdTech（アドテック）、マーケティングテック[11]、ソーシャル・ネットワーキング、シェアリングエコノミー、低価格高速生産技術、競争激化市場、グローバル化と新興市場の台頭といった絶え間ない技術革新は、何もかもが変化し、急速に進化し続けることを意味する。

　かつては、革新的な製品やサービスを創造し、市場に投入するには、大規模なR&D費を擁する大企業が必要だった。スタートアップ企業の設立や製品の市場投入がはるかに少ない資本で可能となった現在、多くのVCが即座に資金を提供することができる中で、企業に対するスタートアップ企業の脅威は、5年、10年、15年前と比べ、はるかに大きくなっている。

　マーク・アンドリーセン氏[12]がかつて言ったように、「ソフトウエアが世界を食い尽くしている」のである。2つの例を挙げると、ショッピングと自動車産業は、過去50年で変化した以上の変化をこの5年で成し遂げるかもしれない。CVCの採用により、大企業は、株価を左右する四半期ごとの短期的な結果を出すことと、長期的に優れた決断を下すことを両立できるかもしれない。

　多くの大企業は、3カ月、6カ月、12カ月先だけを見て重要な決定を下しているが、2年、3年、5年、10年先を見るように変更を迫られている。CVCにより、CEO（最高経営責任者）は主導権を取り戻し、長期的なイノベーション、ビジョン、戦略、リーダーシップ、投資について思慮深く決定して正しく実行すれば財務的リターンをその間に見込むことも可能である。

---

11 フィナンシャル（金融）、エデュケーション（教育）、アドバタイズメント（広告）、マーケティングにテクノロジー（技術）を組み合わせた造語。
12 アメリカ合衆国のソフトウエア開発者。ウェブブラウザのNCSA MosaicやNetscape Navigatorを開発。現在、アンドリーセン・ホロビッツという米・大手VCの共同代表。

株主に対しては、CVCに投資することで会社はイノベーションを獲得し、同時に利益を生むと説明することができる。利益を生み出すようになれば、CVCは、永久にコストのかからない社外の研究開発部門の役割を果たすことが可能である。これは事実である。

　同時に、CVCが会社の株式を長期にわたって保有したいと思う人々の投資を守る、と説明することも可能である。CVCへの投資とCVCプログラムを維持すると決断することは、10年、20年、30年先の将来、会社のビジネスを守ることに繋がるだろう。

　ウォーレン・バフェット[13]のようなタイプの株主は、今年、来年の有効な事業計画を期待するだろう。しかし、長期的な将来の世代のための計画も必要である。次の四半期から5期先の四半期だけを考えるのではなく、幾世代か先を見据えた資本という考え方も存在する。現に、中国は5カ年計画をうまく運用してきた。

誰がCVCを実行すべきか？

　今日、「フォーチュン50（世界を変える企業50社）」の50％、「フォーチュン500（全米企業500社番付）」の33％がCVCプログラムを有している。「フォーチュン500」の企業のうち、CVCプロジェクトがない企業の100％と言わないまでも90％は、大多数に追随してCVCプロジェクトを起こすべきか頭を悩ませていることだろう。

　著者の個人的な見解では、10億ドルの収益を上げている会社はすべてCVCを設立すべきである。テクノロジー企業の多くは、収益の基準値をもっと低くしてもよい。インテルやマイクロソフトのようなIT企業やテクノロジー会社以外でもCVCプロジェクトを設立すべきなのだ。

　タクシー会社は自らをテクノロジー会社とは考えていないだろう。しかし、ウーバー（Uber）[14]の例もある。ブロックバスター[15]がCVCグループを設立して、当初からネットフリックス[16]に投資をしていたなら、倒産せず成功していたかもしれない。

---

13 アメリカ合衆国の投資家、経営者、資産家、慈善活動家。世界最大級の投資持株会社であるバークシャー・ハサウェイの筆頭株主であり、同社の会長兼CEOを務める。
14 ウーバーテクノロジーズが運営する自動車配車ウェブサイトおよび配車アプリケーションを指す。2009年に設立された。世界70カ国・地域の450都市以上で展開している。
15 アメリカのDVDレンタルチェーン。レンタルビデオの先駆け的存在だったが、ネットフリックスやHuluといったストリーミングサービスの台頭で経営が悪化し、2010年に倒産した。
16 アメリカ合衆国カリフォルニア州に本社を置く、オンラインDVDレンタルおよび映像ストリーミング配信事業会社。

CVCはキャンベルスープ（アメリカで有名な缶スープ）やセサミ・ストリートといった意外な領域にも存在する。

最初に航空会社のジェットブルー（アメリカの格安航空会社）がCVCグループを発足させた時、一体どのような投資戦略がよいのかと悩んだ。しかし、ジェットブルーの担当者たちに会った瞬間、搭乗券、メールでのコンファメーション（確認）、スマートフォンやSNSメッセージ・インボックス（メッセージ送信）など、前方スクリーンに映し出し聴衆を魅了する数多くのアイテムが頭に浮かんできた。

航空会社は我われがどこに住み、どこに向かっていて、どこに滞在し、どこで乗り換えて、飛行機のどの辺りに座るかを把握し、我われの携帯番号を知っている。著者は、航空会社とともに大きな利益を上げる可能性を理解し始めた。明らかにすべての航空会社は、CVCを実行すべきである。

多くの大企業は、縮小傾向にある市場で主要な位置を占めている。CEOとCFO（最高財務責任者）は、CVCとM&Aを活用し、主たる事業部門の担当役員と密接に動くべきである。CVCとM&Aを併せて活用すれば、製品やサービスを多様化し、新たな持続的事業を生み出すための戦略的方針を支えるエコシステムを作り出すことさえ可能となる。

事業や新製品の周辺に新しいエコシステムを作り出すために、企業が複数のスタートアップ企業に投資することが理にかなっている場合もある。製造会社が、自らの製品にプロフェッショナル・サービスを提供してくれる新しいスタートアップ企業に投資することは賢明である。自ら周辺サービスを社内に抱えて貴重な資本を充てるのではなく、スタートアップ企業を保有することで、主たる製品事業は高い成長を遂げ、高い利益率を保つことができるだろう。

このようなCVCの使い方は、競争相手に対するピンポイントの攻撃となり、競争シーンを塗り替え、一方でより多様な長期的ビジネスへの道を切り開くことになる。シリコンバレー、ニューヨーク、ロンドン、中国その他世界各地のテクノロジー拠点のスタートアップシーンと密接な繋がりのない企業が、どうやってイノベーションの最先端に行くことができるだろうか？

VCは武器として使うことができる。大企業は、攻撃と防衛の両方においてCVCを効果的に使う方法を知っておくべきである。

多くの従業員を抱えているか？

　数多くの従業員を抱えている会社は、その事実だけでも、CVC部門を設立し、会社をより効率化し、競争力の強化を図りながら、従業員の生活をよくしなければならない。15,000人以上の従業員がいる会社がテクノロジーに関心がないなら、今日のテクノロジーにある程度投資をし、内部の業務に何らかのテクノロジーを取り入れることで、どれほどの恩恵を享受できるかを考えてみてほしい。

　もしこうした企業がCVCを通してイノベーションを取り入れ、テクノロジーを試み始め、その結果イノベーションを提供するスタートアップ企業に多額の発注をした場合、ゴードン・ゲッコー[17]が夢見た以上の合法的な「インサイダー取引」投資を作り出し、従業員の年金を支える利益を生み出すことができるだろう。

　もしあなたの会社がスタートアップ企業に多額の投資をし、その売上の恩恵を受けようと思うのであれば、スタートアップ企業の所有権を保有してはどうだろう？　CVCには収益を2倍、3倍以上にすることが可能である。CVCは適切に実行すれば、すべての企業を成功させることができると、著者は確信している。

CVCを失敗ではなく成功に導くには？

　CVCは、失敗例に溢れているが、同時に輝かしい成功例にも溢れている。金融界では、会社がCVCの新設を発表したが、何の行動も取れず、投資も実行できず、ファイナンシャルVCや起業家を動揺させ、2、3年後にCVCプロジェクトを完全に終了することが幾度となくあった。

　過去の統計では、CVCプロジェクトの平均寿命は2年半であった。現在では、5年程度の寿命である。毎週新しいCVCが設立されるが、その多くが経済の減速、組織編成、CEOの交代で中断されてしまうかもしれない。

　起業家やファイナンシャルVCがコーポレート・キャピタルの採用に慎重になり疑念を抱くには、十分な理由がある。同時に数は少ないが、インテル・キャピタルのように、コーポレートベンチャリングの構築のために継続的に努力をし、CVCを実行し、VCをイノベーション・ビジネスの不可欠な一部にした例もある。

　CVCプロジェクトを開始する企業にとって、長期的・短期的なゴール、資金

---

17 1987年に公開されたアメリカ映画『ウォール街』に登場する主人公である投資家。この映画は出世願望の強い若手証券マンと冷酷で貪欲な投資家による企業買収を描いた金融サスペンスである。主人公のゴードンに憧れて投資銀行に入社する若者が現れるほど人気を博した。

投入レベル、報酬、ポートフォリオ管理、権限規定や指示系統に関する機会や地雷など、乗り越える問題は山積している。本書では、避けるべきCVCの弱点や失敗の数々を検証している。

スタートアップ企業の創業者なら、いつどのようにCVC資金を調達し、何が避けるべき問題点なのか、理解しておくべきだ。また、弱小スタートアップ企業が数十億ドルの怪物に化けることを期待しているVCであるなら、CVCをコントロールし地雷を避けて通る術を知っておくべきだ。CVC自身であれば、自ら地雷を設置したり、地雷を踏んだりすることのないよう気を付けなければならない。

なぜ、何を、どうするのか、そして結果は?

本書は、まず、なぜ企業がCVCを設立するのか、そして、ベンチャリングに向けてどのようなステップを踏むのか、どのように構築し、管理し、評価するのか、そしてどのような結果がもたらされるのかを取り上げている。

インタビューでは最初に毎回同じ質問をCVCに問い掛けている。なぜCVCに関心を持ったのか? 主たる目的と二次的な目的は何か? なぜCVCを実行しているのか?

第1章は、CVCがテクノロジー・スタートアップ企業に投資するさまざまな動機を列挙し、分析している。次に、何をどうして、どのような結果になるかを紹介している。すべてのCVCは、第1章に描かれた実際のゴールの概要を検討し、自らのゴールを明文化すべきである。これらのゴールは、企業の大原則となり、すべての決定はこれら神聖なゴールを達成するための決定でなくてはならない。

第1章に描かれたゴール(目標)に基づき、第2章以降で50社もの代表的なCVCとのインタビューから導かれる考察と結論を読者に紹介している。ここでは、どのようにCVCが組み立てられ、組織、指示系統、評価方法をどのように決定したか、その他稼働するのに必要な複雑な決断の数々を学ぶことができる。

CVCは、本書によって他の企業がどのように決断したかを知り、ベースラインを導くことができる。これらのインタビューは自らのCVCをどのようにスタートさせ、構築し、稼働するかについて読者自身で決定できるよう導いてくれるだろう。すべての決定は、第1章に描かれたゴールに結び付いている。CVCは、企業の主たるそして二次的なゴールを達成すべく構築されなくてはならない。迷った場合には、自らの大原則、つまり明文化されたゴールに立ち返るべきである。

本書に掲載した大規模なケーススタディーとインタビューからは、あるパターンと同じ論点が繰り返し浮かび上がってくる。これが読者のたどるべき道しるべである。本書は、スタートアップの世界に踏み込もうとする企業にとっての選択肢を検証する。すなわちアクセラレーター、オープンイノベーションプログラム、シードステージとシード後期での投資から、シリーズA、シリーズB、シリーズC、グロース、ファンドオブファンズ（FoF）、独立系VCへの投資などである。

すべては事実に基づく大企業のケーススタディーであるが、著者の考察が所々にちりばめられている。CVCとM&Aが比較対照され、結び付けられ、あるいは切り離される事例を分析的に確認できる。これらのケーススタディーからは、CVCが「ビッグリーグ」に向けて明確な変化をもたらすことが見て取れるのである。

CVC以外の読者にとって？

業界のトッププレーヤーの何人かが、CVCからいかにして資本提供を受けるかという点で、起業家へアドバイスをしている。CVCから出資を得た、または調達しようとしている起業家／CEOは、読む価値があるだろう。CVCとの会合を予定している起業家／CEOにとっては、本書はCVCの投資決断手続きの概要をも説明している。

結論では、著者が最善と信じるコーポレートベンチャリングのプロジェクトをいかに運営し、設立するかについてアドバイスし、異なる状況に対応するための選択肢も添えられている。

コーポレートベンチャリングは、未知数で複雑であるため、破綻しているか、うまくいっていないことが多い。多くの著名な独立系VCや創業者は、二度とCVCと仕事をしたくないと公言してはばからないのも事実である。

著者は本書の中で、問題の多くを指摘し、特定の問題点の解決を試みるか、少なくとも取り返しがつかなくなる前に問題を発見できるような方法を提案している。スタートアップ企業が大企業に成長する可能性に、大きな期待が寄せられている。大企業は有望なスタートアップ企業が成功することを助けることができる。しかし、大企業は、良い影響よりも悪い影響を与えることのほうが多い場合もある。

本書は、スタートアップ企業が大成功し、企業が多様な戦略的そして財務的価

値を創出し、独立系VCが前例のないような財務的成功を実現するという、誰もが成功する状況を作り出すことをめざしている。

　著者は、以下の人々を読者に想定している。

・CVCのプロジェクトを検討している企業の役員

・CVCが設立されている企業の役員 —— 自身が本書の貢献者の一人であるか、貢献者に知人がいるかもしれない。他のCVCがどのように設立されているかを知り、基準値を形成し、重要な機会と問題点を理解し、成功例について新たな知見を得るのに、本書は不可欠であろう。本書を読んで、自身のCVCプロジェクトに重要な変更を加えられるかもしれない。または、よりよいCVCプロジェクトを有する新しい会社に移籍するかもしれない。あるいは他の会社で新しいCVCプロジェクトを始めることになるかもしれない。

・独立系ファイナンシャルVC —— 企業がVCの活動を増加させる中、何が彼らを動かしているのかを知り、そして彼らと付き合う最善の方法を理解することは有意義である。企業にLPの資金を調達したり、VCファンドに投資したりするように説得する機会は、ますます増加している。本書は、企業から資金を調達したり、自身の独立系VCの競争力を強化したりするためのヒントとなるかもしれない。

・テクノロジー・スタートアップ企業のCEO及び創業者 —— 起業家として成功するためには、どのようにしてCVCから資金を調達し、戦略的価値を引き出すかを理解することは有益である。CVCが何に突き動かされるかを学び、単に資金を調達するだけではなく、シリコンバレーのVCの誰よりもスタートアップ企業の売上を増加させることができるグローバルで堅牢な企業との間に、いかにしてパートナーシップを打ち立てるかを勉強する必要がある。これらの企業は、スタートアップ企業の買収候補者でもある。統計的に見ると、開かれたIPO市場においても、M&Aは、テクノロジー・スタートアップ企業にとって、もっとも良い結果を出している。CVCとの会議は、スタートアップ企業にとってパートナーシップを打診する素晴らしい機会である。主要な事業部門に着目されるかもしれない。さもなければ、企業の目に留まるには、多大な費用と時間がかかるだろう。理論上、CVC部門はその企業内でパートナー

シップを検討する正しいチームを知っているはずである。これはCEOが当然そうあってほしいと望むことではあるが、サンドヒルロードの大多数のVCは疑っている。CVCから資金提供を受けることは、スタートアップ企業を永遠に変え、後戻りはできないことになるかもしれない。企業との協議に潜むリスク、詳細、落とし穴についてより深い知識を持つために時間を割くことで、後から大きなリターンを得ることになるだろう。本書を読むことが、CVCからの資金提供、CVCとのパートナーシップ締結、CVCによる買収の一助となるかもしれない。第7章は、CVCからどのように資金を調達するかに焦点を当てている。時間に制約のある場合は、最初の何章かを斜め読みしてから第7章を読むことをお勧めする。本書には、随所に起業家のためのアドバイスが含まれている。したがって、第7章まで飛ばすのではなく、早送りで読んでいただきたい。退屈だと思う箇所は速読し、関連のある情報を得るために斜め読みする、それがスタートアップ企業のやり方でもある。

- エコシステムの他のプレーヤー —— M&A投資銀行家、金融専門弁護士、VCファンドのLP投資家、ヘッドハンター、アクセラレーター、メンターその他スタートアップ企業とその投資家にアドバイスをする誰しもが、50ものインタビューとケーススタディーから多くの知恵を見つけることができるだろう。さらに、何百ものCVCやCVCと案件を経験したプレーヤーから収集した著者自身の経験も参考になるかもしれない。

- 起業家、CVC、VC、エンジェル投資家、銀行家、その他のエコシステムのプレーヤーの仕事に就きたいと思う人には誰にでも、読んでいただきたい。

CONTENTS

はじめに
001

第1章
なぜ企業はCVCを設立するのか？
023

すべてのケーススタディーに共通するゴール　024

「CVCが新時代を切り開いたように、
企業のR＆D体制も再構築されなければならない」　029
ジュネーブ・ベンチャーグループ／社長
イゴール・シル

第2章
CVCのケーススタディー
035

戦略的リターンと財務的リターンの両方を追求する　036
モトローラ・ベンチャーズ／共同創業者
マシュー・グローニー

CVCに必要な多面的なアプローチ　041
テレフォニカ・ベンチャーズ／アメリカ投資部長
ジャック・レーニー

大企業にありがちな複雑な決裁システムはCVCの障壁になる　044
スイスコム・ベンチャーズ／創業者
パール・ランゲ

IBMにおけるもっとも効率的なCVCとは　051
IBMベンチャー・キャピタルグループ　IBMキャピタルグループ／創業者
クラウディア・ファン・マンス

広く投資することではなく、どこへ投資するかを見極める　059
セールスフォース・ベンチャーズ／共同創業者
Box社／戦略・経営企画部門シニア・バイスプレジデント
Villi Iltchev

投資チームへの報酬を正当で十分なものにする 065

ヴイエムウェア／戦略・経営企画部門バイスプレジデント
アレックス・ワン

マルチCVCモデル実現のポイント 072

ドレイパー・ネクサス／共同創業者
ミッチ・キタムラ

SVG設立条件から見る役割と意義 074

サイモン・ベンチャーグループ／マネジングディレクター
J・スカイラー・フェルナンデス

外部CVCの提案を受け止める人材が社内にいない問題 079

AGC旭硝子ベンチャーズ／シニア・マネジャー
マサトシ・ウエノ

良いCVC投資家の6つの条件 083

インテル・キャピタル　インテル・キャピタルEMEA／元代表
ウィリアム・キルマー

CVCの立ち上げに成功するための鍵 091

インテル・キャピタル／元マネジングディレクター
ジタ・バサント

百聞は1ドルに如かず 094

シスコのCVCのあり方 095

シスコ・システムズ　クアルコム・ベンチャーズ／元マネジングディレクター
クアルコム・ベンチャーズ・ヨーロッパ／創業者
フレデリック・ロンボー

戦略的な付加価値の有無で投資を決めるという手法 103

クアルコムライフファンド　ドイツテレコム・キャピタル・パートナーズ／代表
dRxキャピタルAG／ゼネラル・パートナー
ジャック・ヤング

財務的リターンの実現と自社事業の強化を満たす投資 105

ベライゾン・ベンチャーズ／インベストメント・マネジャー
スレッシュ・マドハヴァン

戦略としてのCVC 108

USAAベンチャーズ／創業者
ナショナルベンチャー・キャピタルアソシエーション／コーポレートデベロップメント部長
ヴィクター・パスカッチ3世

広く投資するボルボ・ベンチャーズのやり方 114

ボルボ・ベンチャーズ／マネジングディレクター USA
ジョナス・ランドストローム

変革を迎えている時期にこそ、自ら動くことで達成できる 117

BMWiベンチャーズ／シニア・アドバイザー
Icebreaker Ventures ／共同創業者
マーク・プラトン

明確なゴールを持ち、市場ニーズを知った上での投資であるべき 119

ドコモイノベーションズ／インベストメント・ディレクター
ボーダフォンインキュベーション＆ベンチャーズ／元インベストメント・プロフェッショナル
インテル・キャピタル／元インベストメント・プロフェッショナル
クリスティーナ・クー

紐付きの資金調達と現物での投資についての考察 127

アンカー投資家の経験知を活かす 130

ロステレコムヴィータ・ベンチャーズ／元CVCマネジングディレクター、パートナー
ニコライ・ドミトリエフ

「戦略的投資＋財務的投資」という革新的なビジネスモデル 131

レジェンドホールディングス／元バイスプレジデント（シリコンバレーオフィス）
サマン・ファリド

コーポレートベンチャーにとって重要な視点 134

テレコムイタリア　フィンインベスト／シニア・インベストメントアドバイザー
マウロ・プレトラニ

現実的な視点での投資を考える 138

メルク・ベンチャーズ／シニア・バイスプレジデント
ロエル・バルスイス

CONTENTS

3つの異なるCVCでの経験　141

著者の古い友人／アニル・ハンシー

ほとんどの会社が持たない2つのものを持つマイクロソフトの強み　145

マイクロソフト・ベンチャーズ＆マイクロソフトアクセラレーター／創業者
ラフルスッド

第3章
アクセラレーター＆インキュベーター
―― その他企業にとってのエコシステムのオプション
151

アクセラレーターとの協働の真価　152

アクセラレーターの運営によりもたらされるリターンは、戦略的な場面に限らず、さまざまな領域で現れる　156

シトリックスアクセラレーター／共同創業者
マイケル・ハリーズ

半導体産業をいかにしてシリコンバレーに戻すか　161

シリコンカタリスト／共同創業者
サンドヒルエンジェルズ
リック・ラザンスキー

アクセラレーターをどう活用するか　165

テックスターズコーポレイトアクセラレーター／ファウンダリーグループマネジングディレクター
ブラッド・フェルド

テックスターズとディズニーアクセラレーター　167

テックスターズ社／創業者
デイビッド・コーヘン

アクセラレーターについての考察　169

第4章

他のVCファンドへのCVC投資
—— ファンドオブファンズ（FoF）

171

なぜファンドオブファンズ（FoF）は
企業、スタートアップ、VCにとって合理的といえるのか　　　　　172

ffベンチャー・キャピタル／パートナー
ジョン・フランケル

最初のステップとしてのファンドオブファンズ（FoF）、それに続く直接投資　　175

GP-LPストラクチャーへのスピンオフ、CVCの独立化・再ブランド化　　　180

ノベルからペリオン・ベンチャーパートナーズへ　　　　　　　　　　185

ノベル・ベンチャーズ／共同創業者
ブレイク・モデルシツキ

第5章

CVC、起業家、ファイナンシャルVCに関連した
コーポレートベンチャー事業へのアドバイス
およびベストプラクティスについて

187

DFJ、ドレイパーアソシエイツ、
ドレイパー大学の創業者のCVCに対する考え方　　　　　　　　　188

ティム・ドレイパー

ファウンダリーグループのマネジングディレクター、オーサー、
テックスターズの創業者の、CVCに対する考え　　　　　　　　　190

ブラッド・フェルド

CVCの失望　　　　　　　　　　　　　　　　　　　　　　　　194

トム・フォガーティ

大企業は、スタートアップのスピードに合わせなければならない　　　196

シリコンバレーおよび日本で活動している日本のCVC／マネジングディレクター（匿名）

CONTENTS

CVC投資が成功を収めるためのポイント
197

シリコンバレーで活動しているファイナンシャルVC ／社員（匿名）

CVCの現状に関する、
フレッド・ウィルソンの有名な引用
198

ユニオン・スクエア・ベンチャーズ／創業者
フレッド・ウィルソン

エグジットを最適化するための、CVCディールの組み立て方に関するアドバイス
200

ページミル・パートナーズ／マネジングディレクター
ガウラヴ・バシン

CVC資金調達の交渉をする際には先買権と優先交渉権を考慮すべき
202

DLAパイパー／パートナー弁護士
カーティス・モー

新たにCVCを設立する際のベストプラクティス
204

ピルズベリーウィンスロップショーピットマンエルエルピー／パートナー
アーマンド・カストロ

CVCとディールストラクチャー
206

BNPパリバ／シニア・エグゼクティブ
マシュー・マイヤーズ

セクターにフォーカスすること、より広くフォーカスすること
209

CVCは日本企業にどのように利益をもたらすか
211

ホワイトスター・キャピタル／スタンフォード大学修士
イアン・マイヤーズ

日本のCVCはどの地域に着目すべきか
214

インテル・キャピタルの投資先の売却について
218

アメリカおよび他の政府系VCファンド
219

ルビコン・リミテッド・パートナーズ−
インベスター・リレーションズ（LP - IR）プログラム　　222

第6章
CEO、創業者、VC投資家たちの戦いの歴史
── CVCの長所と短所
227

起業家目線から見えるCVCの短所　　228

スマートな戦略的投資家を拒絶するべきではない　　233
ユビダイン社／元CEO
Mojio社／ CEO
ケニー・ホーク

CVCを投資家かつ最大の顧客にすることについて　　235
ノースキャップ社／パートナー
Jacob Bratting Pedersen

いかにして悪条件であるROFOと先買権を解消したか　　237
オニット社／創業者
DataCert社／創業者
エリック・エルフマン

TRUECar - Victor Pascucci III　　239
USAAベンチャーズ／創業者

ディールへの要求が加速している医療業界に関する考え方　　240
オプティスキャン・バイオメディカル社／ CEO
ピーター・ルール

CVCから投資を受ける機会が訪れたときにどうするべきか？　　242
ニコルソンNY（アイコンメディアラボABにより買収）／ CEO
LBiインターナショナル／ CEO
エンジェル・ラウンド・キャピタル・ファンド（ARC）／共同創業者
トム・ニコルソン

CONTENTS

CEOを派遣したことで最良のデューデリジェンスが可能になった事例　246

DDFベンチャーズ／CEO
AMファーマ／元CEO
Lanthio Pharma／元CEO
バルト・ヴュルマン

事業会社とスタートアップでは
時間の概念がまったく違うということについて　247

Cassantec AG社／CEO
Moritz von Plate

古典的なCVCの戦いのお話　248

第7章
CVCからの資金調達
251

事業会社から投資を受ける際に知っておくべきこと　252

元インテル・キャピタルEMEA／元代表
メルカト・パートナーズ／オペレーティングパートナー
パブリック・エンジンズ／創業者
ウィリアム・クライマー

CVCにアプローチし、勝利を収める方法　258

TMTインベストメンツ／パートナー
カリフォルニア大学バークレー校　カリフォルニア大学サンフランシスコ校　ニューヨーク大学
／非常勤教授
イゴール・ショイフォット

大企業にアプローチする方法 —— ヨーロッパとアメリカの起業家の違い　262

シスコ・システムズ／元マネジングディレクター
クアルコム・ベンチャーズ・ヨーロッパ／創業者
エイパックス・パートナーズ　ブイグテレコム／共同創業者
ファウンダーズ・ファクトリー／ファウンダー・イン・レジデンス
フレデリック・ロンボー

資金を求めてVCまたはCVCに電子メールを送る方法　264

CONTENTS

第8章
CVCの未来
—— コーポレートベンチャリングプログラム
成功のためのアドバイスと結論
267

成功や失敗から学ぶことも、経験から最善の戦略を導き出すこともある　　268

オフィスは、実際にどこに置くべきか　　280

すべての投資案件は収益性が見込めて、かつ戦略的でなければならない　　285

著者あとがき
286

監訳者あとがき
291

第1章
なぜ企業はCVCを設立するのか？

――「ビジネスにおいて、危険なのは進化しないことだ」

ジェフ・ベゾス

（アマゾン・ドット・コム創業者・CEO）

すべてのケーススタディーに共通するゴール

　企業がCVC（Corporate Venture Capital：コーポレートベンチャーキャピタル）を設立・運営するきっかけはさまざまである。

　具体的にどのようなきっかけで設立することになったのかについては、後ほど紹介する50以上のケーススタディーの中で、彼ら（経営者ら）自身の言葉として語ってもらうことにしよう。

　この章で言っておきたいのは、すべてのケーススタディーに共通するゴール（目標）が存在するということだ。そのゴールのいずれかを達成できれば、CVC活動への投資が正当化できるようになるだろう。

　コーポレートベンチャリング[1]の世界に分けて入ろうとするなら、まずはゴールを明確にする必要がある。参考のために、ここにCVC活動のさまざまなゴールの例を挙げておく。まずはこれらをヒントにしながら、自社なりのゴールを見つけ出してほしい。

CVC活動でめざすさまざまなゴールの例

1．外部の優れたイノベーションを自社に取り込む。
2．テクノロジースカウティング（第三者の保有する技術を先進的に導入すること）に取り組む。これは、自社の主力事業や周辺事業に影響を与えるテクノロジー、ビジネスモデル、トレンドなどを理解するために、それらの情報や技術を持つ企業に投資することである。この手法は、外部の情報や技術を取り込んで"攻め"の経営に用いる企業もあれば、外部の環境変化に追随する"守り"の経営に用いる場合もある。
3．次のようなスタートアップに投資する。自社の取引先となり得るスタートアップ、その製品やサービスを自社の営業チャネルを通じて販売し得るスタートアップ、自社の顧客が「自分たちにより大きな価値をもたらしてくれる」と期待するようなスタートアップ。このようなスタートアップへの投資

---

[1] 自前主義にこだわることなく社内外の未活用の技術・経営資産を積極的に活用するオープンイノベーション型の経営手法を指す。

は、自社の売上高の拡大に結び付く。

4．シリコンバレーやイノベーションに関連する国際的な情報源とのパイプを太くする。

5．出資先が持つ技術ライセンスを取得する。

6．すでに実績のあるコーポレートベンチャリングプログラム、あるいは立ち上がったばかりのコーポレートベンチャリングプログラムに出資し、将来、戦略的リターンおよび財務的リターンを得るための直接投資に発展しそうなベンチャー企業群との関係性を深める。

7．長期にわたって継続的に多額の売上をもたらしてくれる新規事業群の創出と、製品・サービスのポートフォリオ[2]を多様化して長期的な生き残りを図るために、その支えとなる買収先のパイプラインを構築する。

8．守りの投資に徹する。具体的には、自社の主力事業や周辺事業にとって脅威となるテクノロジーやビジネスモデルを持っている企業に“リスクヘッジ”の意味で投資する。そうしたリスクヘッジは、自社の既存製品群や自社そのものがインターネットやスマートフォン、IoT（モノのインターネット）[3]、シェアリングエコノミーなどの新しいトレンドによって時代遅れとなることから救ってくれることにもなる。例えば、タクシー業界は配車アプリサービスのウーバー（Uber）によって、アメリカ・レンタルDVDチェーンのブロックバスターは映像ストリーミング配信サービスのネットフリックスによって、インターネットポータルのヤフーはグーグルやフェイスブックによって脅威にさらされているが、自社の主力事業や周辺事業をそのような脅威から遠ざけることができる。

9．アーリーステージ、グロースステージ[4]のスタートアップに出資することで収益機会を得る。スタートアップは、受け入れた資金を用いて急速に販売を伸ばし、企業価値を高めることができる。仮に数億ドル（数百億円）もの収益を上げさせることができれば、出資比率に応じて多額の利益が回収できることになる。

10．スタートアップが持つ起業家精神や情熱、ベンチャーならではの企業文化を

---

2 金融では「資産構成（金融資産一覧）」や「有価証券一覧表」などを、ビジネスでは「事業の組み合わせ」や「販売商品（製品）の構成」などを指す。

3 Internet of Things。モノのインターネットといわれている。パソコンや携帯電話以外にも今までインターネットと無縁だったテレビやエアコンなどもインターネットに繋がることで、相互通信、遠隔認識などができるようになる。また人が操作するだけでなく、モノからインターネットにアクセスすることがIoTの特徴とされる。

4 またはミドルステージといい、成長ステージの区別のうち、事業が軌道に乗り始め、成長しつつある時期。

自社に採り入れる。

11. 自社のCVC活動や社内ベンチャー制度に関与する経営陣に起業家の知識や発想を共有させる。この行為は、社内に埋もれた技術の事業化や、新規ビジネスとしてのスピンアウト（完全分離）などを促すことになる。

12. 社内におけるすべてのスタートアップのアイデアを一元管理し、CVC部門と経営陣とのコミュニケーションを強化する。こうすることで、多様なアイデアが事業統括部門にフィードバックされやすくなる。

13. PR効果を得るために投資する。スタートアップを買収、またはスタートアップと提携することは、自社の革新性を対外的にアピールすることに繋がる。

14. 優秀な人材を確保するためスタートアップに投資する。トップクラスの高学歴人材の多くは、大企業よりもスタートアップに就職したがる傾向にある。CVCを通じて、そうした人材群の一部にアクセスできるだけでなく、彼らが持つ特許を取り込むこともできる。

15. 自社の人事部門に、獲得すべき人材のあり方を示唆できるようにする。

16. 従業員の生活の質を向上させる。

17. 離職率や人材採用コスト、配置転換のための研修コストを抑える。

18. 自社の売上を伸ばす。

19. 出資先の技術を採り入れること、または出資先と取引関係を結ぶことによって、自社の業務効率を改善し、業務コストを下げる。

20. 自社の競争力を高める。

21. 新規市場を開拓する。または既存市場における地位を守る。

22. 各国における自社のイメージを向上させる。例えば、外貨建て売上の一部を、稼いだ国々の税制に基づいて、それぞれの国々に投資したり、あるいは各国政府との交渉を通じて、より有利な税制を享受したりすることで、各国における自社の存在感を高め、それによりイメージの向上にも繋げられる。

23. さまざまな国やテクノロジー産業集積地に現地オフィス、事業拠点などを設立する。この取り組みは自社をグローバル企業として発展させることに繋がる。

24. シリコンバレー、イスラエル、ニューヨーク、ロンドン、中国、その他の主要なテクノロジー産業集積地で生み出されるイノベーションにアクセスするため、これらの地域のベンチャー企業に出資する。これらの地域で何が起こっているのかを見逃さないようにするだけでなく、これら以外のテクノロジー産業集積地で生み出されているイノベーションにもキャッチアップする。

25. 製品・サービスの提供地域を拡大する。

26. 四半期決算など、短期的で性急な結果を求められる上場企業が、長期的視野

に立ってイノベーションを実現できるようにCVCを活用する。

27. 販売チャネルや収益源拡大のために出資する。

28. 「build、partner、buy」（事業構築、提携、買収）戦略に基づき、必要と判断すれば出資、買収を実行する。

29. 自社のR&D（研究・開発）[5]体制の強化、または見直しのために出資する。数年以内の収益化をめざして、R&D予算の一部をスタートアップや上位のベンチャー企業などに投じることで、「コストゼロのR&Dプログラム」を実現する。

30. イノベーションの源泉は社内だけでなく、社外にも存在するものだと認識する。CVCと事業開発部門が連携して外部のイノベーションにアプローチする。

31. 部分的なR&Dを出資先に委託する。こうすることで、自社のR&Dの限界を打ち破り、枠にとらわれないR&Dが可能となる。

32. VC（ベンチャーキャピタル）、起業家、スタートアップなどで形成されるエコシステムの一員となる。これは、自社の企業価値を高めることに繋がる。

33. 自社製品、または自社のプラットフォームが関連するエコシステムを発展させる。例えば好例としては、セールスフォース・ドットコムの活動である。同社が開発したクラウド型プラットフォーム「Force.com」を利用するスタートアップに投資することで、このプラットフォームに関連するエコシステムを押し広げようとしている。

34. 自社の専門領域に特化して出資先を選定する。例えばヤフーは、同じインターネットポータルであるヤフージャパンや、中国最大のECサイトであるアリババに出資している。

35. 財務的リターンが十分に確保できる投資を実践する。これによってCVC活動の持続性を担保することになる。

36. EPS（1株当たりの純利益）が向上するような投資をめざす。

37. 財務的リターンが、さらに財務的リターンを生み出すような投資をめざす。自社の投資によってスタートアップの企業価値が向上したのなら、その利益の一部は当然、自社が受け取るべきである。CVCが適切な投資をすれば、VCを上回るほどの運用成果も期待できる。

---

5 Research and Development。企業などのR&D活動のことを指す。その業務や部門を意味することもある。特に製造業や情報通信産業において重視されており、独自技術による優れた製品やサービスを市場（マーケット）に出すために、R&Dに多額の投資を行なう企業も多い。また、企業のR&D部門は、「研究所」や「研究センター」、「開発センター」などといった名称で呼ばれることもある。

投資活動の目的と最終ゴールのリストを作成してみよう

　著者はすべてのCVC、あるいはCVCの設立を検討している企業に対して、まずは投資活動の目的と最終ゴールのリストを作ることを勧めている。そして、最終決定権を握るのがCEO（最高経営責任者）やCFO（最高財務責任者）、事業開発部門のトップ、事業戦略部門のトップ、その他の誰であろうと、目的およびゴールの優先順位を示したこのリストに署名してもらい、承認を得ることがすべての始まりとなる。

　読者の中には、そうした困難な手続きを踏まなければならないことに躊躇する人もいるだろう。だが、実際にはそれほど困難なことではない。特にCEOがCVC活動の最終決定権を握る場合は、思いのほか承認が得やすいものだ。

　最終決定権者の承認が得られたら、このリストに基づいて、CVCを戦略的かつ組織的に運営するためのあらゆる意思決定を行なう。実際の活動の方向性が目的やゴールから外れていると感じたなら、リストに立ち戻って軌道修正を図らなければならない。

　ちなみに、多くのCVCは急速に発展しているが、それ故人材獲得や確保の困難性にも悩まされている。CVC活動を支えるベンチャー投資のプロたちの離職率は高い。有能な人材の喪失が、当初のゴールの達成を困難にする場合もある。

　さらに、CVCとM&A（企業の合併・買収）統括部門の活動をどのように相互作用させるのかという点については、特に注意深く検討する必要がある。

　本書を読み進めていく過程で、あなた自身の意思決定に役立つよう、自分なりの目的およびゴールのリストを作成してみてほしい。

「CVCが新時代を切り開いたように、企業のR&D体制も再構築されなければならない」

ジュネーブ・ベンチャーグループ／社長
イゴール・シル

ケーススタディーに見るCVC設立・運営のきっかけ

　イゴール・シル氏は、数十年に及ぶエンジェル投資家、VC、ファンドオブファンズ（FoF）[6]の投資家としての経験を基に、ベンチャー投資に参画しようとしている企業に下記のような素晴らしいアドバイスを寄せてくれた。

　シル氏は、ジュネーブ・ベンチャーグループの社長であるだけでなく、シリコンバレーのベンチャーキャピタリスト、ジュネーブ・ベンチャー・パートナーズの創業者でもある。彼はジュネーブ・ベンチャーズにおいて自身のエンジェル投資ファンドを運用しており、また彼のファミリーオフィスを通じて、ゴールドマン・サックス・インベストメント・パートナーズ、ベンチマーク・キャピタル、ノーウェスト・ベンチャーズ、グラニット・ベンチャーズ、エンダウメント・ファンド、ICOファンドのLP（リミテッド・パートナー）も務めている。

　シリコンバレーで華々しい成功を収めた後、シル氏はカリフォルニア州ナパのセント・ヘレナにあるカベルネ・ソーヴィニヨンを栽培するブドウ畑で過ごすことが多くなった。シル氏は次のような話をしてくれた。

━━━━━━━━━

　アメリカにおけるイノベーションは全盛期を迎えているようだ。グローバル企業は年間6,500億ドルを超える資金をR&Dに投じており、その多くは技術革新に向けられている。

　テクノロジーのR&Dに多額の資金を投入しているのはいずれも巨大グローバル企業で、上位の顔ぶれは韓国のサムスン（138億ドル）、ドイツ自動車大手のフォルクスワーゲン（135億ドル）、アメリカ半導体大手のインテル（106億ド

6　複数のファンドを適切に組み合わせて、1つのファンドにまとめたものを指す。これには、運用会社が自社で運用するファンドを投資対象とするものもあれば、他の会社が運用するファンドを投資対象とするものもあり、また自社と他社のファンドをミックスして投資対象とするものもある。

第1章　なぜ企業はCVCを設立するのか？

ル)、同IT大手のマイクロソフト(104億ドル)、スイス製薬大手のロシュ(100億ドル)、同ノバルティス(99億ドル)、トヨタ(91億ドル)、アメリカヘルスケア大手のジョンソン&ジョンソン(82億ドル)、同IT大手のグーグル(80億ドル)、ドイツ化学大手のメルク(75億ドル)、アメリカIT大手のIBM(62億ドル)、同シスコ(59億ドル)、同オラクル(52億ドル)、同アップル(44億ドル)、同ヒューレット・パッカード(35億ドル)など。アメリカ経済誌『フォーチュン』によると、これらのグローバル企業によるR&D費は前年比で90億ドルも増加している。

これまでメーカーが自社で行なってきたR&Dは、次第にVCによって支援されたスタートアップによるR&Dに置き換えられようとしている。後者のほうがイノベーションサイクルの速さ、顧客への訴求、グローバルな製品・サービス展開などにおいて、圧倒的な競争力を持っているからだ。

IBMは、年間62億ドルの費用をR&Dに投じているが、VC業界がスタートアップなどに投じている資金の年間総額はそれを上回る。

過去10年の間、技術革新のスピードはどんどん速まり、IBMのような大企業が社内のR&Dだけで競争力を保つのは困難になってきた。企業のR&D部門の担当役員たちは、手をこまねいていたら、いずれスタートアップにお株を奪われて

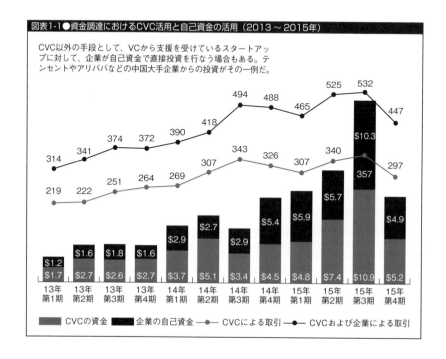

しまうのではないかと、夜も眠れず恐れているに違いない。

VCに支援されながらイノベーションに取り組むスタートアップの革新性の高さや投資リターンの大きさは、大企業のR&D部門によってもたらされる成果を上回っている。

今日、企業のR&D部門が果たすべき役割は、新製品の開発や、新しい技術に何とかキャッチアップするといった単純なものではなくなっている。会社全体の経営資源を最適化する戦略的部門としての役割が求められているのだ。それを全うするためには、企業のR&D部門が外部のベンチャー企業と協業を図っていくことは避けて通れない道だといえる。

全米ベンチャーキャピタル協会（NVCA）によれば、グローバル企業によるスタートアップへの投資はどんどん増加している。グローバル企業の多くは、シリコンバレーで生み出されたテクノロジーやイノベーション、有能な人材などを積極的に採り入れ、自社のR&Dをレベルアップさせたいという野心を持っているからだ。

技術の進歩はVCにより支えられる

私はこれまでにも、数多くのグローバル企業が、有望なスタートアップの発掘を目的とする部門を立ち上げているという興味深いトレンドを指摘してきた。

これらの企業が注目しているのは、まったく新たな産業を創出し、世界を変えるほどの力を持ったテクノロジーの爆発的な進歩が、VCによって支えられているということだ。

VCがこれほどの成功を遂げているのには多くの理由がある。VCは起業家たちがイノベーションに挑もうとする意欲を支えるだけでなく、彼らがアイデアを形にし、発展させ、製品・サービスとして世界中に送り出すために必要な"道具"を提供しているのだ。

今日、世界経済は低成長で先行き不透明な状況が続いているが、ベンチャー投資は、そんな状況をものともしない特異な投資であるといえる。

スタートアップとの協業で得られる技術的な優位性は、自社の主力事業を変革する大きな力になる。問題意識の高い企業ほど、自社の競争力を維持するため、革新的な新技術を積極的に採り入れようとするものだ。

だから、企業が技術開発の手段の1つとして、VCのような投資モデルを採り入れることは自然の成り行きであるといえる。

なぜなら、VCのようなアプローチであれば、技術開発や技術改善、変化する技術トレンドへの即応、よりよい財務的リターンを得るための追加投資といったことに柔軟に対応できるからだ。また、CVCのようなコーポレートベンチャリング機能は、ベンチャー業界にまつわる情報を収集する役割も持つ。その情報によって、企業が新たなイノベーションやテクノロジーの脅威にさらされることを未然に防ぐこともできるのである。

さらに、コーポレートベンチャリングは、ベンチャー業界におけるネットワークを駆使して、企業に長期的な戦略的リターンをもたらす役割も果たす。

コーポレートベンチャリングは、新たな技術トレンドなどに関する内部的見解を自社に提供するだけでなく、スタートアップの子会社化、スタートアップとの協業、スタートアップが生み出したアイデアのライセンス取得、市場や需要の変化に即応した取り組みなどによって、自社に利益をもたらすのである。

企業間競争が激しさを増し、先行き不透明感が高まる中で、コーポレートベンチャリングによる情報収集や投資活動は、企業が新たな戦略を導き出すための指針となる。

このようにコーポレートベンチャリングを活用する取り組みは、アップル、セールスフォース・ドットコム、ヒューレット・パッカード、フェイスブック、オラクル、アメリカパソコン大手のデル、同IT大手のEMC、グーグル、シスコ・システムズ、その他多くのテクノロジー企業がすでに実践している。

コーポレートベンチャリングによる投資効果は、独立系のVCと手を組むことによって拡大する。今日のように、技術トレンドの先行きが非常に不透明な時代においてはなおさらだ。

例えば金融サービス分野においては、アメリカクレジットカード大手のVISAがモバイル決済サービスを開発するスクエアというスタートアップに出資することを決定した。スクエアは、スマートフォンやタブレット端末をクレジットカードリーダー（読み取り端末）として利用できる技術を持っている。

もう1つの好事例はアップルの「iファンド（iFund）」であろう。このファンドはアップルの支援の下、VCファンドのクライナー・パーキンス・コーフィールド・アンド・バイヤーズ（KPCB）によって2008年に設立された。

このファンドのユニークな点は、アップルのプラットフォームに依拠した技術開発に取り組んでいるスタートアップに出資先を絞り込んでいることである。出資先が新たなサービスを開発すれば、アップルのプラットフォームの魅力はさらに高まり、同社の製品（iPhoneやiPadなど）はますます売れる。

アップルは2015年9月までに、70社以上のスタートアップなどを買収している。それによってiPhoneやiPadでダウンロードできる革新的なアプリのラインナップはさらに充実した。

こうした取り組みによってアップルは急成長を遂げ、世界最大の時価総額を誇る巨大企業となった。その成功をうらやみ、他の企業が同じようにベンチャー投資を始めようと考えたとしても、何ら不思議ではない。

コーポレートベンチャリングを始めるには？

企業が、CVCなどのコーポレートベンチャリング部門を立ち上げる、VCと共同出資をする、あるいはベンチャー投資のためのパートナーを獲得するというのは、非常に重要な意思決定である。

多くの企業は、コーポレートベンチャリング部門を立ち上げるまでに、さまざまな困難があることを知っている。また少なからぬ企業にとって、その困難さはすでに経験済みであろう。本書の狙いは、そうした企業に困難を乗り越えるための道しるべを提供することにある。

当然ながら、独自の取り組みによってすでにベンチャーと緊密な関係を築き上げているインテル・キャピタルのようなコーポレートベンチャリング部門は、本書の読者対象には含まれない。

スタートアップに直接投資をするのか、VCファンドを通じて投資をするのか、あるいはより保守的に、他のコーポレートベンチャーと連携するのか、いずれの方法を選択するにしても、事前に周到なリサーチを行ない、そもそも企業としてどのような長期的戦略を描いていくのかを明確にしなければならない。

問題意識の高い企業は、自社で取り組んできたR&Dの一部をコーポレートベンチャリング部門によるベンチャー投資に置き換え、リスクのバランスを取ることを実践している。

ロケーションも重要なポイント

イノベーションは世界中のあちこちで巻き起こっているが、特に優れたイノベーションを創出し、優秀な人材を輩出している場所は、依然としてシリコンバレーである。なぜならシリコンバレーは、起業家を支援し、スタートアップを成功させるためのエコシステムが確立されたユニークな場所であるからだ。

シリコンバレーは温暖な気候に恵まれ、生活環境も素晴らしく、景色も美し

第1章　なぜ企業はCVCを設立するのか？

い。また、スタンフォード大学やカリフォルニア大学バークレー校、サウスフロリダ大学、サンタクララ大学などが集まり、膨大な研究成果が蓄積されているだけでなく、そこから生み出される知的財産や特許を基に、卒業生たちが続々と起業している。

　それ故、VCやエンジェル投資家の80％はシリコンバレーに拠点を構えている。中でも、特に高収益を上げているVCやエンジェル投資家の90％は、シリコンバレーで利益を出しているのだ。

　グローバル企業は、出資するスタートアップに対して、ブランド力や事業運営ノウハウなど、さまざまな価値や経営資源を提供できる。もちろんその中には、膨大な顧客ベースやグローバルな販売チャネル、組織化された営業部門なども含まれる。また、スタートアップがグローバル企業と関わることは、外部の投資家に対する彼らの見方を変えるきっかけにもなる。

　一般に機関投資家は、企業が支援するスタートアップは、最終的にその企業が高値で買収するであろうと期待している。買収という出口戦略によって、企業はより大きな戦略的リターンが得られるはずだと見込んでいるのである。

　ここまで見てきたように、企業のR&D投資のあり方を巡って、巨大なパラダイムシフト[7]の波が押し寄せている。効率化の推進によって、よりよいR&D成果を得ようとする波だ。

　テクノロジーの高度化やグローバル化、破壊的な特性を持ったインターネットの普及などが、企業価値を大きく高める機会をもたらそうとしている。

　ドイツ自動車大手のBMW、スウェーデン自動車大手のボルボ、アメリカ産業機械大手のGE、同自動車大手のゼネラル・モーターズ（GM）、同ノバルティス、同食品大手のゼネラル・ミルズといったグローバル企業は、自社による従来のR&Dを、コーポレートベンチャリングを通じたスタートアップへの投資によって補おうとしている。

　この時代の流れにあらがうことは不可能であろう。ベンチャー投資が企業に利益をもたらすなら、それをやらないという選択肢はあり得ないはずだ。コーポレートベンチャリングは、企業が将来の競争力を確保するために欠かせないものであるといえる。

7　その時代や分野において当然のことと考えられていた認識や思想、社会全体の価値観などが革命的にもしくは劇的に変化することを指す。

第2章
CVC のケーススタディー

——「砂のお城は、結局、海に沈んでいくのさ」ジミ・ヘンドリックス

戦略的リターンと
財務的リターンの両方を追求する

モトローラ・ベンチャーズ／共同創業者
マシュー・グローニー

モトローラ・ベンチャーズは、1990年代の後半に著者が出会ったCVCの１つだ。第2章では、CVCのケーススタディーを紹介していくが、まずはモトローラ・ベンチャーズ共同創業者兼前取締役社長のマシュー・グローニーの話から始めよう。モトローラ・ベンチャーズの設立それ自体が起業家精神に満ち溢れており、最初のエピソードとしてふさわしいものだろう。

投資案件の調査をCVCにより一元化する

マシュー・グローニー —— 私は、1994年にモトローラの経営戦略室[1]でキャリアをスタートさせ、25歳になる1997年まで、新規の投資案件を発掘する仕事をしていた。モトローラは、340億～400億ドルもの収益を上げていたので、経営戦略室には膨大な投資候補案件が舞い込んでいた。1年目は、経営戦略室のいちばん下っ端として、約2,000件もの投資案件を調査した。この調査した2,000件のうちの4件に実際に投資し、1件の買収を行なったのだが、このような膨大な投資案件を処理する専門の組織はモトローラにはなかった。

そのため私は、経営戦略室長に対して、モトローラ全体の投資案件を集める投資ファンドを作るべきだと提案した。すると、ハンブレヒト&クイスト[2]の創業者であるビル・ハンブレヒトが投資ファンド設立のリーダーとしてやって来たのだ。読者の中には、Four Horsemen[3]と呼ばれた投資銀行が次々にハイテク分野のIT企業をIPO（新規株式公開）させていた1980年代から、その後投資銀行業

1　1928年創業、かつてアメリカに存在した通信機器メーカー。携帯式ラジオの製造に始まり、半導体、テレビと業種を変え、1984年には携帯電話事業に参入。1990年代に、携帯電話端末の分野で市場占有率世界1位になる。2000年に入るとシェアは急落し、2011年、携帯電話機部門を『モトローラ・モビリティ（Motorola Mobility）』は、その他の事業を『モトローラ・ソリューションズ（Motorola Solutions）』として分社化した。
2　1968年創業、かつてアメリカに存在した投資銀行。最先端技術に焦点を当て、1980年代にはアップル社やアドビシステムズ、1990年代にはアマゾン社の株式公開を引き受けた。

界が再編されて最初のドットコム・バブル[4]の崩壊を迎える2000年代初頭まで、スタートアップ市場が沸き上がっていたのを覚えている人もいるかもしれない。

　ビルは、世界的な半導体の開発・製造企業であるテキサス・インスツルメンツのアドバイザーを務めた経歴を持ち、なぜテキサス・インスツルメントがソフトウエアにフォーカスしたアドビシステムズとは異なる道を歩んだのかを私に教えてくれた。その上で、テキサス・インスツルメントやアドビシステムズとも拠点や業種の大きく異なるモトローラにとって、どんな投資をするのが最適なのか、私とビルは議論を重ねた。1997 ～ 1998年のことだった。

　ビルと議論を重ねた結果、モトローラ・ベンチャーズが、モトローラにおけるアーリーステージの投資ファンドとして設立された。そして、モトローラの他の部門は、投資案件が舞い込んできても勝手に案件を処理したりせず、すべてのアーリーステージの投資案件が、まずはモトローラ・ベンチャーズに集められる決まりになった。

　そこで私は、モトローラ・ベンチャーズに対する全社的な支援を獲得するために、ゼロからスタートアップ戦略と理論を構築し、CVC設立の意義をモトローラの経営陣に説明して回った。そして、モトローラ社にある7部門のトップと話をして、組織の上下を行ったり来たりし、ついにCEOによるサポートを獲得するに至った。

　このCVC設立プロジェクトに予算はなく、もちろん前例も存在しなかった。私は各部門がばらばらに外部イベントで投資案件を探すのではなく、モトローラ・ベンチャーズがまとめてイベントを主催することで、各部門の事業との相乗効果が見込めるスタートアップ企業を手間なく簡単に各部門に紹介できると主張した。

　一方で、各部門に対しては、彼らが必要としている技術を10 ～ 15程度のリストアップし、私たちモトローラ・ベンチャーズに提供してもらった。私は、各部門がばらばらに投資案件を探すよりもCVCに集約するほうが、良い投資案件を見つけられると確信していた。

3　アメリカ西海岸を中心に活動し、ＩＴ分野などの最先端技術の案件を得意としたロバートソン・スティーヴンズ、アレックス・ブラウン、ハンブレヒト＆クイスト、ロスチャイルド・ウンターバーグ＆トウビンの4つの投資銀行を総称してFour Horsemen（四騎士）と呼んだ。

4　1999 ～ 2000年のアメリカを中心にして起こった、ＩＴ・インターネット関連のベンチャー企業を巡るバブル経済のこと。「インターネット・バブル」ともいう。1990年代後半にインターネットを利用したベンチャー企業が次々に立ち上がり、インターネット上の住所であるドメイン名の末尾に「.com」を取得し、そのまま社名にする企業も多かったことから、「ドットコム企業」と呼ばれた。当時は実体のないような企業でも、ネット関連であるというだけで資金が調達できたが、2001年になると、高騰を続けてきた株価が暴落、バブルは崩壊した。

私たちは、将来大きく実を結ぶ可能性を秘めた技術の「種」を各部門に紹介する代わりに、各部門が求めている技術のリストをもらい、その技術を持つスタートアップ企業に投資をするということにしたのだ。

　もっとも、設立当時、まだモトローラ・ベンチャーズには予算がなかった。その中でも、私たちは拠点をパロアルトに移し、投資案件を探し始めた。戦略的にも財務的にも良い案件があれば、その案件を担当部門に紹介するよう、モトローラ社から命じられたのである。

戦略的リターンだけでなく、財務的リターンも重視すべき

　モトローラ・ベンチャーズの設立以降、私の最初の投資案件は、スナップトラック社[5]という、プレマネーベース[6]で2,000万ドルの企業に対する200万ドルの投資だった。14カ月後、スナップトラック社はクアルコムになんと10億ドルで買収された。この成功案件を機に、モトローラ・ベンチャーズは1年間で1億ドルの予算を獲得し、本格的にCVCとしての活動を始めることができた。その後も、私たちは素晴らしい事業に投資を続けた。例えば、私たちが投資したオンライン・エニーウェアは、1年後にはヤフーに3億ドルで買収されることになった。

　多くの企業は、CVCによる投資は財務的リターンを目的とするものではなく、100％戦略的リターンを目的とする投資だと思っているが、これはまったくの間違いである。もし財務的な意味で投資に失敗し損失を出してしまえば、戦略的リターンなどあり得ない。私たちモトローラ・ベンチャーズが成功したのは、財務的リターンの獲得と戦略的リターンの獲得の両方をめざす投資を行なったからである。

　モトローラ・ベンチャーズは2人からスタートし、8人のチームへと成長した。その後、オフィスをボストン、テルアビブ、ロンドン、北京にも開設した。私たちは、モトローラの各部門から求める技術のリストをうまく集約できていた。

　モトローラ・ベンチャーズが紹介した技術をモトローラが採用しないことになったとしても、リストに挙がっている技術を持つ企業に投資をしておけば、IPOやM&Aで財務的リターンを得られるはずだと考えていたのだ。

5　アメリカ、シリコンバレーにかつて存在したベンチャー企業。移動体通信用GPS（衛星測位システム）ソフトウエアの分野で独自の技術を持っていた。
6　未公開企業が資金調達をする以前の企業価値のこと。一方、ポストマネーとは、資金調達により増加した企業価値のことを指す。

私はかつて、ある会社のシリーズA[7]とシリーズB[8]で投資を行なった。だが、その後の追加出資に際して既存投資家の権利が損なわれることとなり、シリーズAとBのラウンドにおける投資を減損することを余儀なくされたのだが、財務的なリターンを狙えると考えてシリーズEに投資を行なうこととした。結果的には、その会社は後に3億ドルで買収され、私たちはシリーズAとBの投資も回収することができたのだ。この成功は、アーリーステージで戦略的なリターンにフォーカスしつつも、財務的リターンもめざしていたことの一例である。

　CVCを検討している企業の中には、スタートアップ投資の財務的リターンを重視していない企業もあるかもしれないが、戦略面と財務面のバランスを取らなければ、CVCのプロジェクトが持続することはない。

　CVCの歴史には、企業に多額の損失をもたらした事例が数多く存在する。これら失敗事例に登場するほとんどのCVCは今ではもう存在しない。私がモトローラを離れた時には、モトローラ・ベンチャーズの運用資産額はたったの400ドルであった。

多くの有名企業がCVCに興味をもち始めている

　私はモトローラを離れた後に、ファンドオブファンズ（FoF）のプログラムを開始した。最初の投資案件は、中国の人民元ファンドであった。モトローラ時代に、私たちは膨大な人民元を手にしていた。多くの企業は、人民元を保有し続けることを望まなかったと思う。しかし、私たちは人民元を用いることで中国ローカルの投資に長けた人材を発掘し、中国国内の人民元のディールにおけるルールを学ぶことができた。私たちが行なった投資は9〜10個程度であったが、その中でも現地VCのLPとなったことから、多くのことを学んだ。そして、最終的にとても専門的なマーケットと重要な地域をカバーする5つのVCファンドに投資した。

　また私は、マサチューセッツ工科大学（MIT）におけるコーポレートベン

7　ベンチャー企業に対し、VCなどが出資する段階の1つ。シリーズAは、起業したばかりのスタートアップ企業に対してなされる投資のこと。製品の企画、開発やそれに伴う技術開発などに対してシリーズAの投資がなされる。
8　シリーズAに続く増資の段階。初期段階のシリーズAでは事業を開始し、技術開発によって製品を生み出すことが主眼となるが、シリーズBの段階では、技術開発のみならず、事業として成功させることが主な目的となる。さらに3回目、4回目の増資であるシリーズC、シリーズDがあり、段階を追って増資が繰り返され、場合によってはシリーズEまである。

チャーコンソーシアムの代表となった。MITスローン・スクール[9]における起業家プログラムのトップであったケン・モリスが、このコンソーシアムの設立を私に依頼してきたのだ。私は、コーポレートベンチャーコンソーシアムをCVC業界における「自助」グループと呼んでいた。このコンソーシアムに、インテル・キャピタル、ノキア、ソニー、ルーセント、エリクソン・ベンチャー・パートナーズの他、P&Gなど、CVC設立を検討している多くの企業を加え、月に1度のペースで、CVCが機能するための方法について議論を重ねた。

その後私は2007年に引退し、18カ月の休養の後、自身のファンドであるラドヤード・パートナーズを設立した。このファンドは、東海岸のアーリーステージのハイテク技術を扱う企業に対する投資を行なうものとして設立したが、最近は一般消費者向けのサービスを提供する企業にも投資を始めている。

CVCは経営層に「未来」を見据える機会を与える

事業会社の管理職の多くは、目線が「今」にばかり向いている。CVCは、彼ら管理職に対して、「未来」を見据える機会を与えてくれる。CVCにより、自社が必要とする先端技術を持った企業を引き入れることは、まさにR&D部門をアウトソース（外部委託）するようなものであり、私はCVC設立は企業にとって有効な戦略だと考えている。1,800万ドルでR&D部門をアウトソースでき、チーム、IPおよびスピードを確保できるのに、なぜわざわざ5,000万ドルをかけて企業内にR&D部門を設ける必要があるのだろうか。

モトローラのCEOは以前「R&D部門に1ドル支払うと、そこから5ドルの収益を上げなければならない」と言っていた。もしスタートアップに1ドル投資すれば、20ドル、30ドルという驚くべきリターンが返ってくる。CVCのほうがリターンが見込めるのであれば、R&D部門をアウトソースしようとするのは当然の判断だろう。

---

9 Sloan School of Management。アメリカ合衆国マサチューセッツ州ケンブリッジにある世界屈指の理工系大学MITの中にあるビジネススクール。1952年、MITの5番目の学部として発足、経営と技術の融合をめざしたプログラムが特色。

CVCに必要な多面的なアプローチ

テレフォニカ・ベンチャーズ／アメリカ投資部長
ジャック・レーニー

　著者はサンフランシスコで、テレフォニカ・ベンチャーズのアメリカ投資部長ジャック・レーニーと情報交換を行なった。彼は、テレフォニカがコーポレートベンチャー事業を行なうにあたって採用している多面的なアプローチについて説明してくれた。その内容を紹介したい。

　テレフォニカ[10]は20年以上ベンチャー投資を行なっているが、社外のイノベーションをどのように把握するか、起業家たちとどのように協働するかについてのアプローチや戦略が形になってきたのは、ここ5年ほどのことだ。

　テレフォニカ・ベンチャーズの投資にあたっては、毎回、次の3点を検討している。すなわち、その投資が①テレフォニカにとって戦略的に利益となるか、②財務的に健全な投資であり、投資利益を生むものであるのか、そして③テレフォニカと現地当局との関係に良い影響を与えるかという点である。

　テレフォニカは現在、世界でもっとも大きい通信会社である。テレフォニカは、1924年に政府独占事業として誕生した。現在は音声、データ、テレビ向け固定通信回線、ワイヤレス通信を中心に、ヨーロッパ、北米、ラテンアメリカ、アジアの23カ国においてトップ3に入る通信会社になっている。その収益規模はグループ全体で700億ドル、EBITDA（利払前・税引前・減価償却前営業利益）では100 ～ 120億ドルになる。

　通信と放送事業は政府による規制の厳しい産業だが、テレフォニカは現地当局と密接な関係を維持しており、時には現地当局がテレフォニカに対して事業の機会を提供することもある。例えば、最近の不況のあおりを受けて、ヨーロッパとラテンアメリカでは一部の巨大オフィスビルが地方自治体の所有となったが、テレフォニカはこの件にうまく介入し、これらのオフィスビルの一部をスタートアッ

---

10 1924年にコンパニーア・テレフォニカ・ナショナル・デ・エスパーニャとして設立。スペイン・マドリードに本拠を置く大手通信会社。イギリス、ドイツ、アメリカ合衆国などでも事業を展開している。

プ企業向けのコワーキングスペース（共同作業場）にリノベーションした。こうしたスタートアップ企業は、雇用を生むと同時に、テレフォニカが展開する多面的なコーポレートベンチャー戦略に役立っている。テレフォニカはこれらの国々の主要な通信ネットワークを押さえているため、大きなオフィスビルにブロードバンドを走らせ、スタートアップのためのコワーキングスペースとして生まれ変わらせることはテレフォニカにとって、比較的容易なことだったのだ。

　テレフォニカ・ベンチャーズは、次のような、テレフォニカのCVCに対する多面的アプローチを支えている「オープン・フューチャー・イニシアチブ」（www.openfuture.org）を中心に発展してきている。

１）コワーキングスペース：

　スタートアップへの資金面以外の支援として、テレフォニカはハッカソン[11]やコワーキングスペースを主催している。テレフォニカは、スタートアップに無償のオフィスを提供することを通じて、雇用を生み出し、スタートアップのエコシステムに価値を提供している。このことにより、テレフォニカは事業展開する市場で良い評判を得ることに成功している。

２）アクセラレーター[12]：

　テレフォニカ・ベンチャーズはワイラ（Wayra）を支援している。ワイラはヨーロッパとラテンアメリカに12のアクセラレーターを持つ、世界最大規模のアクセラレータープログラム[13]である。ワイラは現在、１つのスタートアップ当たり6〜10万ドルの投資をしており、これまで600社以上に投資を行ない、これらの企業に6カ月間のアクセラレータープログラムを提供している。

３）ファンドオブファンズ（FoF）：

　テレフォニカ・ベンチャーズは最近、ヨーロッパとラテンアメリカの5つのVCに投資をしている。多くの場合、そのファンドの資金の20〜33％を提供するアンカー投資家（主要投資家）となっている。テレフォニカ・ベンチャーズは近

11 ソフトウエア開発者が共同作業を行ないその技能やアイデアを競う催し。
12 「加速者」という意味から、すでにある企業の事業を爆発的に成長・加速させるために必要な資金投資やサポートをする働きのことを意味する。アクセラレーターはビジネスの拡大に焦点を当てているので、成長し始めたばかりの企業に対して支援を行なう。
13 主に大企業がオープンイノベーションを目的に開催するビジネスコンテスト。参加するスタートアップ企業や起業家は、優れた事業プランを提供できれば、資金調達やリソースの獲得といったインセンティブを手に入れることができる。一方、主催する大企業にとっては、自社にはない発想やリソースに基づいた新規事業構想を数多く得ることができるメリットがある。

年、2億ドルをコーラルグループに投資した。コーラルグループはイスラエルに拠点を置く新進のVCであり、通信インフラ企業に対して積極的な投資を行なっている。その投資対象は、ソフトウエアから、通信ネットワーク、データセンターおよびそのビジネスの周辺領域に関連する施設・装置などにまで及んでいる。

　著者がジャックと話をしたときは、テレフォニカはコーラルグループの主要な投資家で、ファンド・マネジャーは他の投資家を探している状態であった。ファンドへ投資することで、テレフォニカ・ベンチャーズは、コーラルグループのような独立したVCを通じて多くの投資案件にアクセスすることができる。また、次で説明するように、テレフォニカグループにも大きな相乗効果をもたらしている。

4）テレフォニカ・ベンチャーズの直接投資グループ：

　テレフォニカ・ベンチャーズはスタートアップに対して直接投資も行なっている。典型的にはミドルからレイターステージであるシリーズC、Dラウンドか、それ以降のステージにおける大規模な資金調達ラウンドの中で行なわれる、500～1,000万ドル規模の投資である。テレフォニカ・ベンチャーズは、テレフォニカが将来そのスタートアップの顧客となることが見込まれる、事業が拡大する段階にあるスタートアップにのみ投資を行なう。スタートアップが投資を受けるためには、テレフォニカに遠くない将来における利益と好影響をもたらす必要がある。こういった条件を満たすスタートアップはたいていアメリカ市場でうまくやっていて、十分な資金力もあり高度な技術を持っている。そして、そういうスタートアップならばこそテレフォニカと提携することで、その事業を新しい方法によって新しいマーケットでグローバルにスケールすることができるのだ。

　スタートアップにとってテレフォニカは売上をもたらす重要な顧客であり、テレフォニカの3億人の個人顧客層や、テレフォニカと取引のある、中小企業から大企業までの幅広い企業顧客層を活用することもできるようにもなる。

　つまり、スタートアップにとって、テレフォニカの直接投資を受けることは、資金を得られる以外にも大きなメリットがあるといえる。以上に挙げた4つのグループは、どれもCSO（最高戦略責任者）を直接のレポーティング先とする「オープン・フューチャー」事業部の内部に位置付けられており、CSOはテレフォニカグループのCEOに直接レポーティングすることになっている。そうすることで指揮系統が通常の業務からは独立して確保されているという強みがある。

---

14 成長ステージの区分のうち、事業が軌道に乗り、安定している成長および収益化が実現された時期。

大企業にありがちな複雑な決裁システムは
CVCの障壁になる

スイスコム・ベンチャーズ／創業者
パール・ランゲ

著者がパール・ランゲと初めて会ったのは、彼がCVCに転じる前、テレコム系企業を経営していた時だ。その後、彼はスイスコム・ベンチャーズを創業して10年にわたりCVCを運営してきた。

彼が著者に語ったのは次のような内容だった。

効率的なシステムの構築が必須

パール・ランゲ —— 私はスイスコム・ベンチャーズを立ち上げる前に、いくつかスタートアップを起業したことがあり、そこで投資資金を調達していたため、ベンチャー投資には慣れていた。スウェーデンではモバイルネットワークのオペレーター事業を立ち上げて、最終的には13億ユーロを調達し、規制当局から3G回線を用いた無線通信免許を取得して事業を行なった。その結果、税務効率も良い形で投資家に50倍以上のリターンを返せるような、大成功を収めることができた。

資金調達の際には、カーライルグループ[15]やインベスター AB[16]といったファンドに加え、イギリスのケーブルTV会社であるNTLや、フランスの通信会社であるオレンジ社といった一般企業からも資金を調達した。オレンジ社は、最終的に他の全投資家から株式を買い取って、素晴らしいリターンをもたらしてくれた。

その後、私は多くの北欧系VCの、ディールソーシング（取引先探し）やデューデリジェンス[17]を行ない、投資に関するアドバイザーを務めていた。そうしてベンチャーキャピタリストとしての経験をさらに積み重ねていった。

---

15 1987年に設立された投資ファンド。アメリカ合衆国、ワシントンDCに本拠を置く。
16 スウェーデンの投資会社。ストックホルムに本拠を置く。スウェーデンの財閥ヴァレンベリ家によって設立された。インベスターと呼ばれることもある。
17 投資やM&Aなどの取引に際して行なわれる、対象企業や不動産・金融商品などの資産の調査活動を指す。

最初にスイスコム[18]からCVCグループを立ち上げるプロジェクトの打診を受けた時、私はスイスコムですぐ事業を始められる準備ができていると思っていた。でも、それはとんだ見当違いだった。あの時は、後にスイスコムのグループ戦略部長になるドミニク・メグレがイニシアチブをとって、事業をスタートするため私をリクルートしたということらしかった。

ドミニクはCEOからのサポートも受けていた。しかし、社内におけるトップレベルのサポートがあったにもかかわらず、次のような理由で、最初の1年間、私たちは何も実行することができなかった。

スイスコムは私たちに、何をするにせよM&Aコーポレートデベロップメント事業部[19]と一緒に仕事をすることを求めてきた。彼らの前職は投資銀行員で、すべての決定をエクセルのスプレッドシートとファイナンシャルモデルから導かれる結論に沿って行なっていた。

しかし、スタートアップの損益計画はめざす未来の予測であり、VCの業務やアントレプレナーシップ（企業家精神）はエクセルによって予測可能なものではなく、直感がものをいう。M&Aコーポレートデベロップメント事業部とスタートアップのバリュエーション（経済的評価）について議論を行なったが、それはこれまで私がVCで、そして起業家として経験してきた議論とはまったく異なるものだった。

また、彼らのような人種の場合、決断に際してマッキンゼー[20]タイプのコンサルタントに相談することが常習化していて、分析結果に基づいて行動する前に何週間、時には何カ月もかかってしまうのだ。つまり、彼らは取締役会やCEOが関与する社内の複雑な決裁システムに慣れきってしまっていたのだ。

業務を始めて間もなく、私たちはこの問題を解決しなければ何も始めることはできず、投資を実行することもできないことに気が付いた。また、実のところ、私たちはM&Aコーポレートデベロップメント事業部の連中に頼るのではなく、自分たちだけで投資を行ないたかったのだ。

18 1852年に設立された電気通信事業会社。スイス・ベルリン近郊のIttigenに本拠を置く。1998年に電気通信事業と郵便事業を分離し、郵便事業はスイスポストとなり、一方の電気通信事業はスイスコムとなった。
19 組織の目標を達成するための戦略を立て、運営すること。コーポレートデベロップメントが扱う内容としては、「企業買収」、「事業ポートフォリオの構築・再編」、「経営層の人事」、「マネジメントシステムの構築」などが挙げられる。
20 マッキンゼー・アンド・カンパニー。1926年にシカゴ大学経営学部教授のジェームズ・O・マッキンゼーにより設立されたコンサルティング会社。アメリカ合衆国に本拠を置く。グローバルな戦略系コンサルティングファームとして知られる。

スイスコム・ベンチャーズを立ち上げた当時、投資を実行するためには、M&Aコーポレートデベロップメント事業部、税務部、法務部、スイスコムの執行委員会、CEOの全てが書面で承認を得る必要があり、さらにCEOは取締役会に諮る必要があった。

こうした委員会や部門のトップは、ある程度洗練されたプレゼンテーションを求めており、そのための準備に時間を取られてしまった。また、投資を行なう際には、法務部は厄介な存在だった。法務部は投資契約のタームシートに慣れていなかった。スイスコム・ベンチャーズを成功させるためには、こうした問題にも取り組む必要があった。

私はすぐさま、機能不全に陥らず迅速に投資を実行できるような、効率的な社内決裁システムの構築に取り掛かった。わずか1年足らずの努力によって、この取り組みが実を結んだことは大きな成果と言ってよいだろう。

新たなシステムの下では、私たちはM&A事業部の連中と仕事をすることは少なくなった。500万スイスフラン（約5億5,500万円）以下の投資を行なう際には、CFOと戦略部長のみからなる投資委員会の承認さえ得られればよくなった。

ひとたびこのシステムが軌道に乗ると、効率的に仕事に集中できるようになった。

現在、戦略部長が一時的におらず、CFOは私たちの仕事に対し信頼を置くようになり、ひとまずは、ネットワーク・IT事業部長と関連する事業部長の2人と仕事をしている。

こうした効率的な社内決裁システムは、500万スイスフラン以下の投資を臨機応変に行なっていく上で必要不可欠なものだった。しばらくすると、スイスコムの法務部にも証券法に精通した弁護士が配属され始め、今や法務部は、シリコンバレーのどの法律事務所にも引けをとらないくらいに投資契約を理解しており、効率的に機能している。

理想的な投資を行なう環境

他方、時には、こんな疑問に苦しめられたこともあった。それは、「そもそもなぜこんなことをしているんだ？」、「スイスコムグループの一員としてのスイスコム・ベンチャーズにおける私たちの目的はどこにあるんだ？」というものだ。

スイスコム・ベンチャーズを運営してきたこの10年間、時々コンサルタント

がやって来たが、彼らはたいてい、社外にある技術を導入し、スイスコム社内に
アントレプレナーシップを取り込むことを重視していた。

　私は彼らの話を聞くことはやぶさかではなかったが、私の考えは少し違ってい
た。私の個人的な考えでは、私たちが行なう理想的な投資というのは、ある企業
に投資を行なうことにより、スイスコムがその企業の顧客となる場合だ。この場
合は、スイスコムに良い影響を与えることができ、そのスタートアップにもわか
りやすい価値を提供することができるからだ。

　コーポレートベンチャー事業を離れたところに目を向けると、「IBMで働いて
いる限り、クビになることはない」などという考えに陥りがちだ。これは深刻な
問題だが、私は、CVCはこの問題への良い処方箋だと考えている。

　たいていの場合、スイスコムのプロダクト・マネジャーや中間管理職は、ス
タートアップのテクノロジーやソリューションを使うというリスクを恐れてい
る。彼らは、IBM、ヒューレット・パッカード、EMCやブロードコムなどの有
名な大企業とともに仕事をしていて、プロジェクトが失敗したとしても、自分が
その失敗の責任を負わされることはなく、責めを負うべきなのはその大企業であ
ると考えている。

　私はこれらの大企業発祥の技術やプロジェクトが無残に失敗した例をいくつも
見てきた。つまり、失敗はこうした大企業においても生じるものなのだ。それに
もかかわらず、中間管理職が抱えている懸念は、大企業よりも優れた、しかもお
そらくより廉価なテクノロジーを有するスタートアップに賭けてみて、それでも
しも失敗したら、そのスタートアップを起用した個人として責任を追及され、自
分のキャリアが傷つくかもしれないというものなのだ。

　この懸念の原因の１つに、役員クラスの幹部たちと中間管理職の視点の違いが
ある。役員クラスの幹部たちはスタートアップへの投資で50 〜 200万ドルを
失っても、それがスイスコムのような巨大企業の業績を左右するとは考えていな
い。一方、中間管理職は50 〜 200万ドルの損失を出すことを恐れており、大局
的な視点を持っていないのだ。

　では、中間管理職に、リスクを恐れずスタートアップと仕事をさせるためには
どうすればよいのだろうか。ポイントは、中小企業と仕事をする障害をなくし、
抵抗をなるべく小さくすることだ。

　私たちは、出資したスタートアップの技術をスイスコムになじませるために多

第２章　CVCのケーススタディー

47

くの時間を費やしてきた。スタートアップは、スイスコムが顧客となることが自分たちの価値となることを期待しているので、事業を成功させるためには、まずこの初期的な抵抗と戦わなければならない。ネットワーク・IT事業部長とCFOないし関連する事業部長の承認があれば、スタートアップはスイスコム社内で多かれ少なかれ信頼を得ることができる。そうすれば、中間管理職は、ネットワーク・IT部長が承認しているのだから失敗しても個人的な責任を負わされることはないだろうと考えるようになる。

　私たちはこのようなことを気に留めながら、技術系のスタートアップに投資するにあたり、スイスコムを効率化させ、スイスコムが顧客になるような企業に投資をするという投資方針を確立した。逆に、スイスコムがスタートアップの新しい製品やサービスをスイスコムの顧客に勧めるタイプのやり方はうまくいかないことに気が付いた。何度も試してみて、数えきれないほどの失敗を経験したのだ。
　これに対して、スイスコム自体も使用可能な技術であれば、投資は容易であった。例えば、私たちはマトリックスという請求業務を行なう会社に投資をした。一般には、通信事業者はその請求システムを変更することに躊躇する。しかし、私たちはそのリスクをとって努力してスイスコムを新しい請求システムに順応させることに成功し、その結果、個人の顧客や企業に対して、より融通の利く請求オプションを提示できるようになった。スイスコムはこのスタートアップの最初の顧客であり、すぐにはうまくいかず時間を要したのだが、ひとたびうまくいくと、ドイツテレコム[21]、テレフォニカ、BTグループ[22]などの企業がこの技術を導入した。スタートアップに大きな経済的利益をもたらし、より良質で安価なテクノロジーに対する抵抗を緩和させることが、私たちの目的なのだ。

　スイスコムや他の通信業者をスタートアップの顧客として紹介できた場合は、スタートアップにワラント（新株予約権）や無償で追加の株式を発行するように交渉することもある。彼らに多大な経済的利益を提供することができたのであれば、私たちはその報酬を受ける資格があるからだ。
　私たちがスイスコムにスタートアップの顧客となるよう説得することに成功する場合と、スイスコムに新しい技術を採用させることに失敗する場合との確率は

21 ドイツ・ボンに本社を置く電気通信事業会社。旧西ドイツの郵政・通信公社であったブンデスポストが母体。1989年に分割され、ドイツ国営電信電話会社となり、その後、1995年に民営化された。
22 1991年まではブリティッシュ・テレコミュニケーションズ（略称ブリティッシュテレコム）であった。イギリス最大手の固定電話事業会社およびインターネットプロバイダーである。

48

半々くらいだろう。このように、私たちは社内でも戦っており、できるだけうまくいくようにポジショニングを行なっているのだ。

CVC事業を打ち切られないために、短期的な利益の追求も大切

スイスコムはスイスにおけるネットワークオペレーターでもある。郵便事業から始まり地域のテクノロジーリーダーになった、イノベーティブで社会に貢献する優良企業というイメージも重要だ。そのため、私たちはスイスの企業に対してシードステージ[23]での投資も行なっている。

スイスにはシードステージでの投資を行なうVCはごくわずかしか存在しないため、私たちがそのギャップを埋めているのだ。こうした投資の一部は、スイスコムをイノベーション、雇用、希望、アントレプレナーシップの育成、スイスの未来といったイメージと結び付ける良い広報活動として社内でも認められている。もっとも、どの投資案件においても、私たちは利益を生み出すために苦心しているということを忘れないでほしい。

なお、スイスコム・ベンチャーズは、エバーグリーンファンド[24]である。どういうことかというと、エグジット（投資資金回収およびその手段）によって得た対価を回収し、それを別のスタートアップへの投資に用いるのである。VC業務はエグジットに時間がかかるため、VC市場の参加者には長期的な視点が求められる。多くのCVCは、事業戦略上重要な企業に投資をしなければならないと気が付き始めているが、母体企業からコストセンター（直接的に利益を生み出さない部門）であると見られて、CVCプログラムを打ち切られないように短期的な利益を追求する投資も行なっている。

私が知る多くのCVCにおいてできていないのは、投資した資本を回収して支出をカバーするために、CVC自体が適切なバーンレート[25]を保つことである。

スイスコムに在籍した10年間で、私はドイツテレコムのCVCであるティーベンチャーが何度も再編されるのを目の当たりにした。また、ボーダフォン・ベンチャーズは長続きしないように思える。私がしばしば目にしたのは、通信事業者

---

23 成長ステージの区分のうち、会社設立前の準備期を指す。またはアーリーステージの最初期。
24 新しい会社（スタートアップなど）に資本を供給して、その会社の発展のために継続的に資金を提供する基金を指す。
25 1カ月にいくら資金を失うかを示したもので、ベンチャー企業においてよく使われる指標。バーンレートが大きいほど、会社が消費する資金は大きいということになる。

などの大企業がそのリーダーシップの下で巨額の予算を組み、盛大な広告活動をしたものの、ひとたび低迷して外部コンサルタントをCVCに招聘すると、すぐさま再編に至ってしまうケースだ。

　私たちがスイスコム・ベンチャーズを開始したときは戦略事業部の人員を引き継いだのだが、すぐに規模を小さくした。最終的には、45 〜 65人の規模で働くのがいちばんやりやすかった。逆に言えば、このことに気が付かないと、非常に非効率なVCとなってしまう。

　近年、私たちのグループは拡大傾向にあるが、この問題についてはしっかりと気に留めている。再編の荒波を生き抜くためには、CVC事業自体が黒字である必要がある。私たちは異なるビジネスラインの人材をどのように活用するかについても学んだ。それによっていたずらに人員を増やし、コストがかかって収益性が低いと見られずに済んだのだ。

　ここでもっとも大切なことは、彼らのアイデアと助力を得るが、あくまでCVCグループ外部のライン・マネジャーとして位置付けることだ。新しい再編のたびに、私たちはこのシステムを守ってきた。このことが、CVCプログラムが長続きしている理由なのだ。

IBMにおけるもっとも効率的なCVCとは

IBMベンチャー・キャピタルグループ　IBMキャピタルグループ／創業者
クラウディア・ファン・マンス

　著者は、全米ベンチャーキャピタル協会（NVCA）の定例会議の直前に、ウェスタン・アソシエーション・オブ・ベンチャー・キャピタルの定例昼食会で、クラウディア・ファン・マンスと会うことができた。

　彼女が話してくれたCVCは、私がこれまで一緒にビジネスを行なったどのCVCとも、また、この本でインタビューしたどのCVCとも異なる、印象的なものだった。著者の知るCVCと彼女の語るCVCとの大きな違いは、彼女がCVCグループを立ち上げる以前から、すでにIBMのCEOと直接仕事をしていたという点にある。彼女は次のような話をしてくれた。

クラウディアの場合：
コーポレートデベロップメントへの直接報告こそ効率化の鍵

　クラウディアは、報酬には困っていなかった。また、彼女は自分が望む方法でコーポレートベンチャー事業を行なうために必要な権限、経験、信念をしっかり持っていた。彼女は、多くのベンチャーキャピタリストは、報酬に関しては自分と立場を交代したがるだろうと言っていた。

　この報酬の問題は、普通のVCに転職しようとしたり、普通のベンチャーキャピタリストと同等の報酬を稼ごうとしたりする、多くのコーポレートベンチャーキャピタリストを苦しめている。

　クラウディアと比較すると、他の多くのCVCは常に戦略的な目的と財務的な目的との間で微妙なバランスを取っている。彼らは常にプロジェクトで収益を上げる必要があり、絶えず再編を繰り返している大企業のデリケートな社内政治の中で生き延びているのだ。私が知る多くのコーポレートベンチャーキャピタリストは、CVCを立ち上げるためにわざわざ雇われたか、そうでなければCVC業務と母体企業における低い役職を兼任していることが多い。CVCを立ち上げるにあたり、経営陣に対して1年以上ロビー活動を行なった者もいるのだ。

第2章　CVCのケーススタディー

51

しかし、クラウディアはすでに組織の高い役職に就いていた。IBMにおける彼女の以前の職務は、知的財産のライセンスの供与とIBMリサーチラボの研究成果の商品化だった。IBMベンチャー・キャピタルグループを運営してきた15年間を合わせると、クラウディアは今や30年以上もIBMに在籍している（なお、著者がこれを書いているほんの数週間前に彼女はIBMを退職し、アドバイザーとしてNEAに就職した）。著者が知るCVCとは異なり、IBMは中規模国家に匹敵するスケールで業務を行なっている、成熟した巨大企業でもあるのだ。

クラウディアは2000年に、当時のCEOルイス・ガートナーの要請を受け、IBMベンチャー・キャピタルグループを設立した。ガートナーは、彼女の社内R&Dの知識を見込んで、彼女こそIBMのポートフォリオの隙間を埋めるスタートアップを探し出し、それを自社に取り込むことができる人物だと考えたのだ。

15年たった現在、クラウディアはIBMベンチャー・キャピタルのトップとしてプロジェクトのかじ取りを行なっている。当初はコーポレートストラテジー部門にレポートを行なっていたが、すぐに体制が変更され、コーポレートデベロップメント部門のトップにレポートを行なうようになった。

クラウディアはIBMにおいて、コーポレートベンチャー事業を推進する上でもっとも効率的な方法は、コーポレートデベロップメント部門へのレポーティングラインを作ること、ひいてはCFOに対して具体的なレポートを行なうことなのだと説明してくれた。

著者はクラウディアに対して、IBMベンチャー・キャピタルグループがなぜコーポレートデベロップメント部門に対して直接レポーティングするようにしているのかを尋ねてみたところ、通常のスタートアップであれば、自分たちが聞いたことを何でもかんでもコーポレートデベロップメント部門と共有してしまうようなコーポレートベンチャーキャピタリストと情報を共有することには極めて慎重になるはずだと考えたからと答えてくれた。

スタートアップにとって、こうしたCVCと情報を共有するということは、コーポレートデベロップメント部門を通じてその企業のM&A部門に、自分たちが今何をしようとしているのかを教えるのに等しい。スタートアップが自分たちの価値を高めてくれる投資家からの資金調達を模索している段階では、たいていの場合、来るべき将来に想定されるM&Aエグジットで買い手となる企業のM&A部門にアプローチするのは適切でないことが多い。なぜなら、それらの企業は、そのスタートアップがディスラプトしようとしている対象の企業であることもあるか

らだ。

　さらに、ひとたび企業の投資を受け入れると、どのように議決権を行使し、スタートアップの取締役会の判断に影響を与えるかについて、コーポレートデベロップメント部門に事細かに介入されてしまう。そして、CVCグループにはスタートアップを成功させるモチベーションが生まれなくなり、M&A部門への単なる橋渡し役に成り下がってしまうかもしれない。このことは、あらゆるVCがスタートアップとの間に抱えている利益相反の問題をさらに大きくしてしまうのだ。

　これに対してクラウディアは、CVCがコーポレートデベロップメント部門に報告することの合理的根拠を自信ありげに説明してくれた。

=========

　「コーポレートデベロップメント部門が社内のコーポレートベンチャー事業と足並みをそろえていないという議論は正しくなく、両者はかなりの程度、足並みをそろえた仕事ができていると思う。

　他のCVCと比べて、IBMベンチャー・キャピタルは、戦略投資がすべてであるという点で異なる。投資の元本を回収しようとはしてるが、意思決定の段階では元本以上の財務的リターンは考慮していない。

　もし元本を下回る額しか得られないのであれば、その会社は長続きしないだろうし、そこには戦略的な価値もない。元本回収を確保しつつ、私たちは敢えて戦略的投資に集中しており、社内でもこのことをオープンにしている。

　IBMベンチャー・キャピタルグループは歴史的に、コストセンターであり続けている。新しいファイナンスグループを作るよりも、献身的なコーポレートデベロップメント部門を活用することで、必要な場合にいつでもダイナミックに資源を投入し、それを梃（てこ）にして効果を上げることができているのだ。

　しかも私たちは多くの人材コストをかけているばかりか、損益計算書（P/L）には載らない多くの社内リソース（資源）を利用している。そのため、実際にはもっと多くのコストを費やしていると思う。

　37万人の従業員を抱え、100カ国以上の国で業務を行なっているIBMのような巨大企業にとっては、コーポレートベンチャー事業が単独で稼働していても、

目立った変化をもたらすことや、そのビジネスにインパクトを与えることはできない。CEOや取締役会にコストセンターではないと見せようとしてCVCのオペレーションコストを低く保とうとすると、より大きい機会を逃してしまう。エグジットの段階で保有しているであろうスタートアップの株式などの経済状態、キャッシュオンキャッシュ[26]の倍率やIRR（内部収益率）、そしてCVC業務のオペレーションコストを考えると、ビジネスに与える影響は取るに足らないものであり、IBMの巨大な事業基盤を揺るがすものではない。

　他方で、CVCグループが本当に意義のある事業買収のパイプラインを生み出し、コーポレートデベロップメント部門の効率性を上昇させるように設計されていれば、IBMの巨大なビジネスに有意義な変化をもたらすことができるだろう。端的に言えば、M&Aは、スタートアップの少数株主となるような、連結財務諸表には表れない投資よりも、よりインパクトのある方法なのだ。

　IBMベンチャーチームの手助けを得てIBMが買収したスタートアップのいくつかは、何百億ドルもの売上を継続的に生み出し、インパクトをもたらしている。投資から回収に至るまでのキャッシュベースでの帳尻を合わせるためにチームの規模を制限しようとすることは、より大きな機会を逃すことを意味するのだ」。

明確な方針を持ったCVCであること

　著者は、この問題についてクラウディアと議論するうちに、第二次世界大戦中に太平洋で活躍したシービー（アメリカ海軍の建設工兵隊）に所属していた亡き祖父と話しているような感覚にとらわれた。

　シービーは戦車揚陸艦を走らせ、軍の上陸準備をし、補給をマネジメントする部隊である。海兵隊とともに真っ先に上陸し、必要であればどこにでも行き、兵士や軍需物資を運び、必要なものを建設し、休めるときに休む。

　祖父は、海兵隊が小さな島々に上陸したり駐在したりするときに、海兵隊員のために、余った小型四駆を折り畳み式ベッド（たまにビール）とどのように交換するかという話をよく著者にしてくれた。20代前半だったにもかかわらず、第二次大戦で指揮を執っていたというのだから、祖父の手腕は大したものだったのだろう。

　これとの比較で考えると、クラウディアは、著者が出会った中で最大のCVC

26 自己資本投資額に対する単年度のキャッシュフローの割合。

業務を、そのミッションが単にCVC業務が財務的に健全なものとして持続させるということを超えたところにあることを理解しつつ行なっているように思えた。

　これは、彼女とCEOとの関係によって可能となっているのだ。もちろん、1年を通じてIBMベンチャー・キャピタルよりも多額の投資を行ない、確実にそれ以上の利回りを実現しているCVCは存在する。

　しかし、IBMベンチャー・キャピタルほど方針に確信を持ってCVC業務を行なっているCVCは他にないと思う。各CVCにとって最良の道はそれぞれ異なるし、効率的なCVCを立ち上げようと試みる個人やチームにとっても最良の道はさまざまだが、ここまで明確な方針を持って運営されているCVCがあることはぜひ知っておいてほしい。「トップによる強力なサポート」はこの本における一貫したテーマだが、CEOや創業者のサポートを得られるCVCを作るために、1つ付け加えたい。明確な方針を持ったCVCを生み出すべき、ということだ。

　クラウディアは次のように述べる。

═══════════════

困難なのはむしろ投資した後にある

　クラウディア・ファン・マンス ── 戦略とは自らが持つ業種やビジネスに関する知見とそれに基づいて発揮するリーダーシップそのものである。私は、CVCグループを、投資案件と『戦略』をコーポレートストラテジー部門に取りあえず任せてしまうようなグループにしたくなかった。コーポレートデベロップメント部門はディールの実行部門だ。そこでは資金が投下され、そしてリターンが報告されなければならない。コーポレートデベロップメント部門に報告することで、私たちは結果について説明責任を果たしたと言えるのだ。

　財務的リターンを生み出す案件を発掘するのは実は簡単だ。IBMのコアビジネスと関連する可能性がある会社を正確に特定するのも大して難しい仕事ではない。
　もっとも難しいのは、投資を行なった後、その会社とどのように提携し、テストソリューションとして、そしてビジネス実務におけるパイロット版として、自分たちの企業に合わせていき、最終的には買収するかという点なのだ。つまり、もっとも重要かつ困難な仕事は、投資すべき会社を発見し、その会社に投資を行なった後に発生する。投資すべき会社を発掘することは簡単だが、その会社の真価を発揮できるように大企業を導いていくこと、このことこそが成功の過程にあ

るもっとも高いハードルなのだ。

スタートアップを育成すること、提携すること、買うこと、これらは、社内の製品やサービスのポートフォリオを改革しようとする企業にとっては自然なプロセスなのだ」。

━━━━━━━━

IBMのコーポレートベンチャー事業の運営に加えて、クラウディアはしばしばIBMの顧客でもある大企業に対し、コーポレートベンチャー事業を自社の事業の拡大のためにどのように活用するのかについて、次のようなアドバイスを行なっている。

━━━━━━━━

クラウディア・ファン・マンス ── すべての大企業が何らかの形でベンチャー業務を行なうべきだ。世界で何が起きているかについてもっと知る必要がある。あらゆるところであらゆるものがものすごい勢いで破壊されているため、IoT、ビッグデータ、ビットコインなどから発生するすべての事業についていくことのできる企業など存在しない。すべてをモニターすることのできる企業も存在しない。

これらの動きを観察し続けているファースト・ムーバー（先発者）は、常にベンチャーキャピタリストだ。大企業はあらゆるところから発生するイノベーションを理解する必要がある。ベンチャー投資と買収は、大企業にとってそのポートフォリオを拡張するための主要なツールなのだ。

私たちは過去10年間でVCから資金調達を受けた企業を82社買収した。これらは今や最終損益ベースで数十億円にもなる新たな収益源となっており、インパクトを与えている。もし私たちのチームがコストセンターとなっていると言われれば、私は成功したM&Aやマーケットインテリジェンス（市場戦略情報）を通じて生み出したボトムラインベースでの価値（会社事業の基礎を構成する要素に関わる価値）を取り上げて反論するだろう。

ベンチャー投資は、IRR（内部収益率）よりもボトムラインに強く関連している。ベンチャー投資は、既存事業を推進することとは異なるベクトルを有してい

るということなのだ。

　コーポレートベンチャー事業の実効性においてIBMが他社と違うもう１つの点は、IBMの階層的組織の中で私が準経営者層に位置しているということである。CEOは経営者層です。他のCVCと会うときは決まって、そのCVCのトップはどんなポジションにいるのかを聞くことにしている。

　私は、買収やスタートアップとの契約といった大きな決断の場面で、CVCのトップがその決断を行なうために必要な権限が十分に与えられているかの実績を知っている。非効率的なCVCでは権限が十分に与えられていないのだ。CVCのトップの中には母体企業の副社長レベルの人もいる。副社長レベルではないにせよ、事業部長だった例もある。しかし、その一方で、幹部クラスの地位におらず、意思決定は幹部の言いなりだった例もある。幹部が、どの程度その事業を推進させたいのかを決め、そのことを、コーポレートベンチャー事業を担当する人員に反映させることが大切なのだ。

　CEOがCVCプロジェクトを奨励しているのであれば、変革を推し進め、スタートアップの水先案内人となり、マーケットインテリジェンスと新しいノウハウを取り込むために、すでにビジネスがわかっていて、決定権限のある幹部にCVCの運営を任せる必要がある。私たちでさえ、スタートアップ企業への投資はそうそう成功するものではないのだ。

　レポーティングラインがどのようになっているのか、また会社の階層の中でどこに位置しているかはCVCの効率性と大きな関係がある。会社の投資の多くはCFOの決裁を経ますし、コーポレートデベロップメント部門はあらゆるステージにおいて変化を推進することができる。

　コーポレートデベロップメント部門はCFOの指揮下にある一機関だ。CFOのラインには事業のあらゆるところから資金が出入りする。CFOはその巨額の資金をチェックしているのだ。レポーティング先をCFOとすることにより、スタートアップに対する投資案件を実行するのに過度な労力をかけずに済み、CVCは容易にサポートを得られるようになるだろう。

　もし、CVCがコーポレートストラテジー部門やR&D部門に連なっていたら、決裁との関係で金額が巨額すぎ、サポートを得るのは困難だと思う。CFOは資金の出入りを管理する司令塔であり、事業の中核だ。もしもCVCをCFOのラインと統合することができれば、CVCは事業の中心に位置することができる。こ

第２章　CVCのケーススタディー

57

れこそがCVCが組織の中でいるべきポジションなのだ。

　IBMはとても組織化された企業である。大半の大企業は、すでに提携を実施しているか、または試行的に共同事業を実施している企業だけを買収するものだ。しかし、IBMベンチャー・キャピタルチームはIBMの戦略を理解しているだけではなく、他のVCの行動も観察している。IBMベンチャー・キャピタルチームはどの技術が商品化できるのかを見極めるにあたり、内外の知見を活用しているのである。

　私たちが現在探し求めている技術は多岐にわたり、ショッピングリストをあまりに制限することはCVCにとって間違いだろうと思う。

　例えば、マイクロペイメントのスタートアップや過大評価されたFOMO[27]スタートアップを私たちが必要とすることはあり得ない。
　他方、非構造化データのソーシャルプロファイリングなど、すべての業界に関連する、時代を変えるような技術へのシフトには強い興味を持っている。その会社の抱える問題を大企業の販売能力によって解決することができるのであれば、買収は合理的な選択肢となる。時には、私たちは、アップルやツイッター、フェイスブックやマイクロソフトといった会社と提携を行なうこともある。私たちは彼らのクライアントにサービスを提供するため、彼らのデータが欲しいのだ。
　私たちが行なっているのは、マッチングである。私たちは、VCとしての側面と事業会社であるIBMとしての側面があり、両者の縁を結んでいる。これこそベンチャーチームなのだ」。

---

27 Fear Of Missing Out。見逃すことにより取り残されてしまうことに対する恐れ。

広く投資することではなく、
どこへ投資するかを見極める

セールスフォース・ベンチャーズ／共同創業者
Box社／戦略・経営企画部門シニア・バイスプレジデント
Villi Iltchev

Box社のシリコンバレー本社オフィスが手狭になったため、レッドウッドシティに移転しようとしていた頃に、著者はVilli Iltchevと話をすることができた。

彼は、1999年〜2000年に行なったひどい投資を清算しつつあった2008年当時のヒューレット・パッカード（HP）での経験や、セールスフォース・ドットコムでCVCプログラムを立ち上げたことなど、さまざまな経験と知見を語ってくれた。

現状、戦略的リターンを生み出しているCVCはほとんどいない

CVCはリードインベスター[28]になるべきではない。他方で、CVCが単にVCがリードインベスターである案件に投資するだけなら、スタートアップの創業者がCVCの資金を受け入れる理由はない。そうだとすると、CVCはどのように投資プログラムを始め、成熟させていけばよいのだろうか？　というのも、多くのCVC投資家は良い案件を見分けられるほど賢くないし、スタートアップにアドバイスできるほど投資家や経営者としての経験があるわけでもない。大半のCVCにとってVCプログラムを軌道に乗せるのは難しい。

母体企業にはVCプログラムを軌道に乗せる情熱がなければならない。

現在CVC市場に参入しつつある大半の企業は、2、3年はもったとしても、その後は1999〜2001年にかけてのドットコム・バブルのように、いずれ立ち行かなくなってしまうことが予想される。名前を聞いたことのあるような多くのCVCやもっと有名なCVCでさえも、母体企業の当期純利益に何らのインパクトを与えられていないし、戦略的な価値も提供できていない。私はCVCがさまざ

28 特定の資金調達ラウンド（ベンチャーの成長のステージに応じた資金調達の場）をまとめるVC企業または個人投資家を指す。リードインベスターはそのラウンドにおいて、もっとも多くの資金を投資し、ラウンドをリードするといわれる。

まなステージで行なっている投資を見てきたが、その投資先は明確な戦略的機能を発揮できていない。では、何が問題なのか。

　私がHPの戦略・経営企画グループに加わった時は、かつてHPが投資したことのあるスタートアップに電話をし、現在の状況を確認することから始まった。というのも、かつてHPのCVCプログラムでは数百ものスタートアップに投資していたが、2008年には当初のチームメンバーは誰も残っていなかったため、HPとしても投資先がまだ稼働しているのか、イグジットしたのか、消滅したのか、又はさらに事業を拡大しているのかという点をまったく把握していなかったのだ。
　HPはその後CVCプログラムを廃止したのだが、先週あったHP時代の同僚によれば、HPはCVCプロジェクトを再び立ち上げようと計画しているそうだ。私は、HPが失敗を繰り返さないことを望んでいるが、歴史は繰り返されるかもしれないとも思っている。

少額ずつ、幅広く投資をするのも1つの戦略

　その後、私は創設メンバーとしてセールスフォース・ベンチャーズ[29]に参加した。セールスフォースのCVCプログラムは、次の4つの投資戦略に従っており、他の多くのCVCとは明らかに異なっていた。

1. クラウド関係のシステム・インテグレーター[30]に投資すること。
　　当時、セールスフォースの内部にはクラウドのシステム・インテグレーターがいなかった。私たちは、数百万ドルを投資して内部で新規部門を立ち上げ、マージンを得るよりも、外部のシステム・インテグレーターに投資をして彼らの事業を手助けするほうがよいと考えた。この事業はあっという間に収益を上げられるビジネスとなり、セールスフォースの中核的な製品を取り巻くエコシステムを作るのに役立った。投資先のシステム・インテグレーターは、ユーザーがセールスフォースとともにビジネスで成功することを助け、セールスフォースの製品がユーザーに受け入れられることを促進したのだ。

---

29 セールスフォース・ドットコムのCVC。セールスフォース・ドットコムは、1999年に設立されたアメリカ合衆国カリフォルニア州サンフランシスコに本拠を置く企業であり、CRMソリューションを中心としたクラウドコンピューティング・サービスを提供している。
30 顧客の業務を把握し、抱えている問題を解決するための企画、設計、開発、運用等を行なう人員又は企業を指す。

2. Force.comのプラットフォーム上でビジネスを展開する会社に投資をすること。

1．と同様に私たちは再度エコシステムを作り出したかった。ただ今度は、Force.comのプラットフォーム上で、ビジネスモデルと知的財産を生み出す企業を狙うことにした。

3. 将来、私たちが買収する可能性のある企業に対して少額投資をすること。

CVCには、M&Aのためのパイプラインを育てるという目的もある。そのために、CVCは母体企業の経営企画部門と密接な関係を持っているのだ。

4. エンジェル投資家やマイクロVCとともに、デモデイ[31]に参加する段階の会社に平均7万5,000ドル程度の投資を行なうこと。

この場合は、大体アクセラレータープログラム[32]を提供しているYコンビネーターやテックスターズのデモデイに参加する。アクセラレータープログラムに参加しているスタートアップは、スクリーニング（選別）を経てプログラムに参加しているから信頼できる。そのため、私たちはデモデイの数時間のうちに判断し、その場で7〜8の会社に対して投資を行なった。私たちはこれを1日のうちに行なっていたが、その結果、スタートアップおよびその創業者たちと良好な関係を築くことができた。そして、その後彼らは私たちに彼らの友人を紹介してくれた。こうした関係はシリコンバレーにおける大きなネットワークに発展した。小規模な投資がとても有用なものとなったのだ。その結果、今ではセールスフォース・ベンチャーズはシリコンバレーの質の高いディールフロー（取引の流れ）をすべて押さえている。

セールスフォース・ベンチャーズの投資プログラムは、セールスフォースの戦略的価値を高め得る企業に対して、少額ずつ広く投資するというものだった。投資契約における情報請求権によって、鍵となる企業やトレンドについての知見を得ることもでき、セールスフォース・ベンチャーズの投資戦略もアップデートされていった。ファイナンシャルVCが資金を増やすことに主眼を置き、うまくいっているスタートアップに集中して追加投資をする手法と比べると、セールス

31 開発したプロダクトや技術を投資元となる企業に評価をしてもらえる機会となる報告会を指す。
32 大手企業がベンチャースタートアップ企業の成長を加速させるために、投資や助言を提供するプログラムを指す。参加できるスタートアップ企業は、選考により選ばれており、プログラムの最後には、プログラム提供者によるデモデイが開催される。

第2章　CVCのケーススタディ

61

フォース・ベンチャーズの戦略は明らかに異なっているのである。

　こうした戦略に基づき、セールスフォース・ベンチャーズは、4年足らずで130以上の会社に合計1億5,000万ドルを投資した。4つの投資戦略に従って、真に素晴らしい会社に投資をしたのである。このような経験から学ぶべきは、最低限の投資さえすれば、情報請求権を獲得し、事業提携を行なうことができるという点である。セールスフォース・ベンチャーズでは、CVCプログラムとして財務的リターンを追求しようとしたことはないが、資金を寄付していたわけでもない。あくまで最低限の投資でオプション価値を最大化したのである。つまり収益を得ることだけではなく、セールスフォースの戦略的機能を強化することも大切なことなのだ。

　この意味で、CVCは財務的リターンの最大化をもっとも重視するリード投資家には決してなるべきではないのである。

財務的リターンよりもM&Aを重視すべき

　私がセールスフォースを去ってBox社[33]に移籍してから、セールスフォース・ベンチャーズの戦略は明らかに変わった。今や彼らは多くの案件でリード投資家となり、多くの異なるタイプの案件に投資をしている。外部にいる私の目からは、彼らが重視している投資戦略を知ることはできず、財務的リターンを求める投資家として活動しているように見える。明らかに、投資戦略のスコープが拡大しているのだ。

　私は、CVCが母体企業にもたらすリターンについて、財務的リターンは戦略的リターンよりも重要性が低いと考えている。年間100億ドルの収益を上げる企業による投資を考えた場合、投資した5,000万ドルや1億ドルに対して大きな収益を得ることができても、その企業のビジネス全体に影響を与えるものではない。

　対照的に、もしCVCプログラムが重要なM&Aを成功に導けば、『the Street』誌が反応し、母体企業の株価向上に役立つかもしれない。重要なM&Aはビジネスに大きなインパクトを与えることができる。CVCプログラムが経営企画部門

---

33 2005年にアメリカで設立された、エンタープライズ向けクラウドストレージサービスを提供するベンチャー企業。

のために投資先とのパイプラインを作り出していれば、CVCプログラムは大きな意味を持つ。ただし、まずもって元となる投資はエコシステム、業務提携およびM&Aを促進する戦略的なものでなければならないのだ。

　なお、CVCのマネジャーの報酬について、例えばSAPベンチャーズのサファイアのような単独LPによるファンドを作るべきではないと思う。そのような体制により、ひとたびCVCのマネジャーに対して通常のVCと同様の体系で報酬を支払ってしまうと、彼らは金銭的なモチベーションで動くようになってしまうため、母体企業に戦略的な価値を生み出すことは難しくなる。むしろ、母体企業がLP投資家として独立のVCに出資するほうが合理的である。

　他方、NASDAQ[34]のように自分のビジネスに影響を与え得るすべての技術を逐一モニタリングしたいとすると、マネジャーに対し、通常のベンチャーキャピタリストと同様の体系で報酬を支払うことも合理的かもしれない。例えばFinTech（フィンテック）[35]に関連するすべての企業に投資を行ないたい場合、高額の報酬を与えることでモチベーションの高いCVCのチームを作ることは合理的といえる。

　繰り返しになるが、仮にCVCプログラム自体からまったく収益が生まれなかったとしても、結果として１〜２でもM&Aを実行できれば、母体企業から見てそのCVCプログラムは成功といえる。例えば、シティ・ベンチャーズのようなCVCにとって、収益を上げることはそう難しいことではない。ただ、彼らがすべきなのは、シティバンクが買収する予定のスタートアップを発掘して投資を行なうことだけだ。なぜなら、シティバンクがそのスタートアップの顧客になった瞬間、他の銀行もそのスタートアップの顧客となるからである。この現象により、シティバンクが投資したスタートアップの価値は少なくとも4倍になり、CVCはシティバンクにとって極めて収益性の高いビジネスラインとなる。シティグループと同じく、自身が顧客になることでスタートアップの価値を4倍にできる企業は他にも存在するだろう。

　私がBox社に入社した時からCEOのアーロン・レビーはCVCプログラムを展開することを歓迎していたが、私は時期尚早だと思っていた。なぜなら、成功するCVCプログラムには投資の基盤となる戦略および、明確な戦略の対象が必要

---

34 全米証券業協会が開設した店頭銘柄市場を指す。1971年に創設され、ベンチャー企業などが上場している。
35 Finance（金融）とTechnology（技術）を掛け合わせた造語。ITを活用した革新的な金融サービスなどを総称する言葉。

だからである。そのため私は、現在のところ長期的な視点で戦略を考えつつ、戦略・経営企画部門に注力している。

戦略的基盤の構築が大事

　これまで述べた私の経験からすると、CVC市場に参入しようとする企業は、私たちがセールスフォース・ベンチャーズで行なっていたような規律あるアプローチを検討するべきだと思う。

　多くの企業はセールスフォースで私たちが持っていたような戦略的基盤を持っていない。おそらくCVCプログラムがもっとも成功するプログラムとは、多くのアントレプレナーが一緒に働きたがるような基盤を構築・活用したプログラムだろう。ただ、これは誰もができることではない。そのため最終的には、リードインベスターとして投資すること自体はファイナンシャルVCに任せ、CVCは戦略的に投資に参加するべきといえる。

著者のコメント

この章を書いた後、VilliはVC業界をリードするオーガストキャピタルにパートナーとして参画した。

投資チームへの報酬を正当で十分なものにする

ヴイエムウェア／戦略・経営企画部門バイスプレジデント
アレックス・ワン

　著者はアレックス・ワンとともに、CVCを成功させる方法について話し合った。これは永遠の課題だが、アレックスはこの話題に最適なキャリアを有している。初の大きなインターネット・バブルがはじけた1990年代後半に、彼はエイパックスのベンチャーキャピタリストとして働いており、その後シスコとネットアップの両社において、戦略・経営企画事業に注力した。現在、彼は巨大テック企業のヴイエムウェア[37]（ちなみにここは、著者がシリコンバレーの中でも気に入っている企業の1つだ）のヴァイスプレジデントとして、戦略・経営企画事業の責任者を務めている。

　アレックスはヴイエムウェアにおける投資の仕組みを教えてくれるとともに、CVCを成功させる方法について、次のようなアドバイスをくれた（ちなみに、ヴイエムウェアの上級幹部の中にはルビコンVCのLP投資家が存在する）。

戦略部門とコーポレートデベロップメントチーム、それぞれの投資のあり方

　ヴイエムウェアでは、2つの異なるチームがそれぞれ、スタートアップに対する投資を行なっている。

　まず、戦略チームは、小規模な投資のみを行なっており、投資先のスタートアップにおいて株式の過半数を保有したり、取締役を指名したりすることはない。
　このチームは、投資業務だけに注力しているのではなく、母体企業の戦略部門としても機能している。戦略チームはシリコンバレーの中心に位置していること

---

36 アメリカ、カリフォルニア州サニーベールに本拠を置く、1992年に設立された企業。企業向けストレージおよびデータ管理ソリューションといったITソリューションサービスを提供している。
37 1998年に設立。アメリカ合衆国カリフォルニア州に本拠を置く、コンピューターの仮想化用ソフトウエアを製造・販売する会社。

により資金調達を模索する多くのスタートアップを観察することができるから、ヴイエムウェアはシリコンバレーにおける最良の取引の全体像を幅広く観察することができ、テック業界における最新のトレンドについていくことができる。

　他方、私の関与する経営企画チームは、対象となるスタートアップの株式の多くを保有する場合に関与することになる。

　これは例えば、株式の20％以上を保有する場合や、買収ないし重要な業務提携の先駆けとして投資を行なう場合である。経営企画チームは、この中でも主に全面的な買収に注力している。

　アーリーステージでの投資を行なうチーム（母体企業の戦略部門の役割を兼ねたチーム［戦略チーム］）は社内組織上独立していて、投資にあたり、特定の事業部の支持を必要としない。他方、経営企画チームは、事業部の描く戦略と明確にフィットし、事業部から正式な支持を受けた場合にのみ投資を行なう。私たちは社内の投資銀行員のようなものだが、戦略チームは社内のマネジメント・コンサルタントなのだ。

　私たちが、ヴイエムウェアの事業との明確な戦略的フィットのために大規模な投資を行なう場合、対象会社の株式を相当程度の比率で保有し取締役も指名するが、他方、戦略チームの業務はこれとはだいぶ異なっている。戦略チームが投資を行なう目的は、常に興隆する複雑なエコシステムにおいて何が起きているかという情報と知識を取得することにあるからだ。また、こうしたアーリーステージでの投資の目的はリスクヘッジにもあるといえる。なぜなら、アーリーステージでの投資先には、ヴイエムウェアの事業と競合したり、技術的なロードマップと衝突したりするような技術を持っているところもあるからだ。

経済面での動機付けと戦略的な投資による経済的リターンのバランス

　私たちの親会社であるEMC[38]が母体となっているEMCベンチャーズでは、ヴイエムウェアにおける２つのチーム制とはまったく異なる方法で投資が行なわれている。私たちが事業戦略の拡張手段として投資を行なうのに対し、EMCベンチャーズは事業部とは完全に独立した投資を行なっており、事業部の支持は何ら

38 1979年に設立された、アメリカ・マサチューセッツ州ホプキントンに本社を置く世界最大のストレージ機器開発企業。ビジネス／サービスプロバイダーの運用の変革およびITaaS（サービスとしてのIT）提供の実現を手掛けている。2016年9月デルにより買収された。

必要としない。ここでのポイントは、EMCでは、チームのインセンティブ（目標を達成するための刺激）がキャリード・インタレスト[39]にあるということである。つまりもし投資に失敗すれば、チームへの報酬に反映されるのである。

このように、CVCチームがキャリード・インタレストによって金銭的な動機付けをされている場合には、CVCチームは、重要な技術を持っており、提案するソリューションが市場で導入され、事業価値を大きく膨らませるようなスタートアップに投資することがより多くなるだろう。

理想的には、経済的な面で動機付けをすることによって、戦略的な投資とともに経済的なリターンを会社にもたらしたことについて、CVCチームに報いるべきだろう。しかしここで問題となるのは、正確な戦略的価値をドルベースで客観的に評価することが極めて難しいという点である。

これに対して、経済的なリターンの計測は金銭換算が可能である。したがって、経済的利益を生むようCVCチームに対してインセンティブを与え、利益をシェアすれば、最終的には私たちの顧客が欲しがるような技術を生み出しているスタートアップに投資する体制の構築に繋がる（すなわち戦略的価値の追求にも繋がる）だろう。ただ、破産するようなスタートアップに対して投資することには、金銭的にはもちろん、何らの戦略的な意義もないという点には注意すべきである。

EMCベンチャーズとEMCの経営企画チームは共にEMCのCFOであるゼーン・ロウへのレポートライン[40]を持っている。EMCベンチャーズのチームは、事業部から独立したVCとして投資業務を行なえる組織になっている。

繰り返しになるが、彼らには各投資業務を支持してくれる事業部は必要ない。CVCの役員はキャリード・インタレストを受け取れるため、利益が発生すればその取り分にあずかることができ、理論的にはチームを継続的にまとめることができる。このことはCVCチームの行動にかなりポジティブな影響をもたらしている。彼らはEMCにとって潜在的にはディスラプティブ（破壊的）な会社や、EMCの事業とはまったく正反対のことをやっている会社に対しても、気兼ねなく投資をすることができる。さらに、彼らは迅速な投資の実行をすることができるから、スポンサーとなる事業部を探している間に流れてしまうかもしれないよ

---

39 ファンドの運用成績がプラスだった場合、そのプラス分について、ファンド運営者はその一部（20%が多い）を優先的に受領できること。
40 企業や組織の中で業務報告や意思疎通を行なう際の系統のこと。

第2章　CVCのケーススタディー

67

うな取引にも参加できる。これほど母体企業による制約が少ない投資を行なっているにもかかわらず、彼らはEMCの広範な事業戦略と明確に結び付けられているのだ。

　私がシスコにいたのは、市場がドットコム・バブルの崩壊から立ち直り始めた時期から2003年にかけての時期である。私がシスコに入社したとき、市場はまだバブル崩壊からの回復途上であり、このときシスコでは、投資は世の中の流れについていくための手段として考えられていた。

　今日のシスコは当時に比べ、耳目を集めるホットなベンチャー投資における活発な投資家であり、もはや単に市場をモニタリングしている投資家ではない。シスコもまた、ファンドオブファンズ（FoF）を採用し、ファイナンシャルVCに対して戦略的に投資を行なっている。私の見るところ、シスコは投資について、自分たちのビジネスを変えるものというよりも、資金の重要な使い道と考えているようだ。

　ポイントは、投資業務を行なう個人の報酬が会社の投資対象の利益と連動しているときに、コーポレートベンチャー事業はハイクオリティなものになるということだ。繰り返しになるが戦略的価値を客観的に測る方法など存在しない。他方で、もしも投資チームに十分な報酬を支払われているならば、彼らが愚かな投資を行なうことは少なくなるだろう。

　企業はそのスタートアップに戦略的価値を見いだした場合、外部のファイナンシャルVCがそのような高いバリュエーションでは投資を行なわないと判断したような場合であっても、かかる高額のバリュエーションに基づいて投資をしてしまう場面を見掛けることがある。これこそ私が、愚かしい価格の資金調達と呼ぶものだ。

　ROI（投資収益率）[41]がなければ、優先したい対象へピンポイントに注力できているかどうかを、適切な基準によって判断することはできない。だから、あらゆる企業は、市場で何が起きているかについて十分留意しなければならないと私は思う。そのための手段としてもっとも強力なツールとなるのが、CVCなのである。

　たとえローテク企業であったとしても、それなりの収益を上げ、一定の数の従業員を抱えれば、テクノロジーは母体企業の事業に影響を与えることになる。た

---

41 Return On Investmentの略である。投資に対して、一定期間にどれくらい利益を生み出せるのかの割合を指す。また、投資した資本に対して得られた利益のことを指す。

とえテクノロジーが直接収益を上げるものでなくとも、最低限、業務の効率性を向上させ、コストを引き下げることができる。そして、シリコンバレーにある200億ドル規模のハイテク上場企業であり、かつ、ソフトウエアベースのネットワークとクラウドコンピューティングの世界を融合する分野で主導的役割を占めるヴイエムウェアにとっては、活発なVC投資家となることも、ツールボックス中のキーツールとしてこの地位を有効活用することも極めて容易なことだった。この意味ではヴイエムウェアが特殊というわけではないのだから、コーポレートベンチャー事業は事実上、すべての大企業で行なわれるべきであると考えられる。

競合に見えるスタートアップとの関係構築も重要

スタートアップはあなたの会社の市場に近づこうとしている。つまり、スタートアップはあなたの会社の営業マンに自分たちの事業の促進をしてもらいたがっているのである。ただ、スタートアップが会社の市場を侵食することは会社にとっては望ましくない。

他方、会社は顧客の役に立つサービスを提供すべきでもあるから、会社が、顧客がある技術を求めていることを認識した場合には、新しいスタートアップと協力し、彼らが求めている技術を提供するべきだ。

すべてのスタートアップは、ヴイエムウェアがその営業力によって、彼らの技術やビジネスを促進してくれていると考えている。もっとも、これを実現させるには、スタートアップとしてはどのような点で自分たちとの取引がヴイエムウェアにとって合理的なのかを売り込む必要がある。(技術的に変革する関係にあるなどの理由で)コラボレーション自体は合理的とは言えないものの、ヘッジ投資としては意味があるというストーリーを説明しなければならない場合もある。この場合、表面的には、スタートアップの製品が私たちの製品と競合するように見えるかもしれない。しかしこのような関係の構築は、新しいイノベーションを把握しておくために、私たちにとって価値のある方法であるともいえる。なぜなら、イノベーションがどの方向に向かっていくかなど、誰も知ることはできないからだ。この種の投資はとても少額であるため、イノベーションに関する情報をだいぶ安く買うこともできる。

スタートアップは、多くの投資家を凌駕するほどの、深奥な知見や複雑なエコシステムに関する知識を有しており、投資家と接触しようとする。そして会社にとっても、スタートアップを会社の市場にアクセスさせ、顧客からの好意的な反

応を見ることで、そのスタートアップを買収するべきかどうかを判断することができる。

M＆Aは強力な手段だ。これらのスタートアップの内部事情を得ること、それがコーポレートベンチャリングの主要目的の１つだ。コーポレートベンチャー投資は、M＆Aの対象会社に対するプレデューデリジェンスであるとも理解することができよう。こうした投資は実に合理的なのだ。会社が何も情報を持っていなくても、情報を持っていた場合と同じ結果に到達できるのであればよいが、そうではないだろう。

あるスタートアップに数百万ドルを投資してそれを失うことや、少額のリターンしか生まないことは、大した問題ではない。私たちと同じような規模の会社であれば、いずれにしても会社に大きな影響を与えることはないからだ。それよりも、仮に大規模な出資をして細かい技術の全容や業務提携の可能性を把握することができるのであれば、経済的なリターンについて懸念することなく投資を行なうべきだ。

私は時々、コーポレートベンチャー投資を行なうことなく、情報を取得することなど可能なのだろうかと疑問に思うことがある。もしセコイア[42]が私たちの経営企画チームに対して、セコイアが投資しているスタートアップの１つを買収することを持ち掛けてきたのであれば、ヴイエムウェアは自らコーポレートベンチャー投資など行なわずに、社内に目を向けていればよい。しかし、スタートアップを買収する前に彼らに投資を行ない、事業のパートナーとしてセコイアと一緒に働こうと試みること自体がぜいたくなことなのだ。

このことをスタートアップの立場から考えてみよう。ひとたび大企業の資金を受け入れると、スタートアップは変わり始める。もしかしたら、その企業に買収される直前かもしれない。特定の大企業と運命を共にすることをよしとするのであれば、それで問題はない。他方で、もしロックスターのように有名なスタートアップであれば、他の買い手によって買収される可能性を閉ざしてしまうことを恐れてCVCから資金を受け入れることを望まないかもしれない。いわばスタートアップ次第なのだ。

私が敢えてこのような言い方をしたのは、スタートアップによる個々の資金調達は、「そのスタートアップにとって合理的か？」、「その投資家にとって合理的

---

42 セコイア・キャピタル。1972年にドン・バレンタインによって設立されたカリフォルニア州のVCであり、アップルやグーグルに投資を行なってきた、アメリカを代表するVC。

か？」という問いを発しつつ、その取引ごとに観察され判断されるべきものだからだ。もしこのことを正しく理解できていれば、その結果はスタートアップにとっても企業にとっても素晴らしいものになるはずだ。

　いろいろなところに投資をすれば、そのうち80％で負けるかもしれないが、気にする必要はない。しかし、もっともイノベーティブな会社を探すことが仕事なのであれば、まずCVCチームを動機付ける必要がある。CVCチームへの動機付けをすることで、会社の事業戦略に合致する企業の選定作業のレベルが保たれることだろう。

　コーポレートベンチャー事業は市場で何が起こっているかを観察するための強力なメカニズムである。シスコで、ネットアップで、そして今はヴイエムウェアで、CVCは有意義なコーポレートデベロップメントを促進し、事業戦略に新しい観点を持ち込むとともに、私たちが適時に適切な企業を買収することに役立っている。コーポレートベンチャー事業は間違いなく、資金を投ずるべき価値ある手段なのだ。

著者のコメント

　このインタビューの後、ゼーン・ロウがヴイエムウェアのCFOになった。

第2章　CVCのケーススタディ

マルチCVCモデル実現のポイント

ドレイパー・ネクサス／共同創業者
ミッチ・キタムラ

　ミッチ・キタムラ（北村充崇氏）は、著者の数年来の知人である。最近でも、彼は数カ月前にサンフランシスコで開催された「ビッグ・イン・ジャパン」にVCのパネリストとして参加し、マルチCVCモデルについて話してくれた。

　彼は2000年以来、シリコンバレーで活発に活動しているVC投資家であり、日本アジア投資株式会社（JAIC）[43]の子会社であり、シリコンバレーに拠点を置くJAICアメリカでは、プレジデントおよびCEOを務めていた。

　彼が創業したドレイパー・ネクサスは、東京とシリコンバレーに拠点を置き、アメリカと日本を股に掛けるVCであり、世界中に展開されるドレイパー・ベンチャー・ネットワークの一角をなしている。ドレイパー・ネクサスの1号ファンドは5,000万ドル規模のものだったが、2号ファンドにより調達された額は1億5,000万ドルを超えた。ドレイパー・ネクサスのLP投資家の80％は日本の一般企業であり、10％は日本の金融機関である。著者が彼の話を聞きたいと思ったのは、ドレイパー・ネクサスがこのように日本と深い繋がりを持っており、著者が考えるマルチCVCモデルを実現している。彼は次のように語ってくれた。

スタートアップの文化を一般企業に学ばせる

　ミッチ・キタムラ ── 私たちのファンドへの出資者の大半は、日本の大企業である。彼らが出資をする最大の目的は、社外で生じているイノベーションにアクセスすることと、シリコンバレーにおいて自社のネットワークを広げることにある。しかし、もし仮にファンドである私たちが彼らに経済的なリターンを提供できなければ、彼らは私たちへの出資を取りやめてしまうかもしれない。

　私はこれまでの経験から、スタートアップにおけるスピード感は、一般企業におけるスピード感とは異なることを理解している。それ故、このようなスピード

---

43 1981年設立。東京都千代田区に本社を置く。投資および、投資事業組合などの管理業務を行なっている。

感の違いにどう取り組み、一般企業とスタートアップとの連携をどのように成功させるかという点について理解することができているのだ。

　私たちは1号ファンドでの経験を通じて、一般企業はスタートアップと連携する方法を最初から理解しているわけではないことを学んだ。そこで、2号ファンドのときには、出資者である一般企業が、アメリカのスタートアップとの働き方や、スタートアップが出資者に求めていることについて学べるよう、トレーニング・プログラムの提供を始めた。私たちは、一般企業がスタートアップに求めることと、スタートアップが一般企業に求めることに重点的に取り組んでいる。一般企業はゆっくりしているが、スタートアップには速さが求められる。私たちが行なっていることの大半は、こういった文化の違いについて、一般企業を訓練していくことにあるといってよいだろう。一般企業が私たちのファンドに投資してくれる場合、それは良いスタートであるといえる。なぜなら、彼らが私たちのようなファンドに投資してくれたということ自体から、その一般企業の中のすでに1人か2人は、企業内の文化を変えようとしていることがわかるからだ。

　そして私たちは、私たちのファンドや私たちの提案するスタートアップとの連携をサポートしてくれる人たちの元で、人々に働き掛け、文化を変えていくことができる。一旦、スタートアップとの連携による1つか2つの成功事例を生み出すことができれば、あとはどんどんうまくいくようになるものだ。

一般企業との関係構築はファンドに利益をもたらす

　LP投資家も、自分たちの業界に関する知識や見解を提供してくれている。彼らは度々私たちを熱心にサポートしてくれており、こうしたサポートによって、私たちは経済的なリターンを生み出すことに集中することができるのだ。

　また、私たちは、一般企業であるLP投資家の存在は、あるスタートアップが成功するか否かを見極めるための視点を提供できるという点で、デューデリジェンスの観点からとても有益であることに気が付いた。このような視点は企業の機密情報に基づくものではないので、私たちにとってもスタートアップにとっても、極めて有益なものとなっている。

　一般企業であるLP投資家と働くことは「出資者に対する単なるサービス」ではない。彼らとの関係は、ファンドが実際に経済的なリターンを生み出すにあたって有益であり、これにより、一般企業、VCファンド、そしてスタートアップは三方良しの関係を構築することができるのだ。このように、これまでとは違ったタイプのVCモデルが生まれつつあると私たちは考えている。

SVG設立条件から見る役割と意義

サイモン・ベンチャーグループ／マネジングディレクター
J・スカイラー・フェルナンデス

先日、サイモン・ベンチャーグループ（SVG）でマネジングディレクターを務めるJ・スカイラー・フェルナンデスから、SVGの設立について説明してもらう機会を得た。SVGはサイモン・プロパティグループ[44]が設立したCVCであり、サイモンはアマゾンとアップルの合計を超える売上を誇る世界最大のショッピングセンターデベロッパーである。

SVGは、小売業に特化した世界最大規模のマルチ・ステージVCである。CBインサイツ[45]のランキングでは、アメリカ国内の小売業向けベンチャー・ファンドのトップ5に入っている。

サイモンのCVCを設立する仕事を受けるにあたって、スカイラーはCVCの運用に関する条件を提示し、サイモン側はそれを受け入れた。スカイラーがサイモンに提示した条件は、次の通りである。

1）サイモンのCVCを母体企業とは法的に独立した法的主体にすること：
　こうすることで、サイモンのCVCは、動きの遅い母体企業に縛られることなく自由に活動できる。自由度は大きければ大きいほど良い。起業家は大企業の投資家を恐れていることが多いから、母体企業から自由でいることが重要なのだ。

2）通常のVCと同じように運用すること：
　CVCのスタッフはVCの出身者や起業家のみとし、事業部門の人間は採用しない。もちろん、事業部門から支援を受けることは構わないが、CVCのリーダーシップを取るのは、ベンチャー投資の世界を知っている者でなくてはならない。

---

44 1993年設立。インディアナ州インディアナポリスに本社を置く、不動産投資信託事業を行なう企業。主にショッピングモールやプレミアムアウトレット、ミルズなどで構成される小売不動産資産の管理・所有・開発を行なっている。
45 スタートアップの資金調達状況や業界レポートなどを提供するスタートアップ企業のデータベースサービス会社。

事業部門の人間は投資のことを何も知らないから事業部門の人をCVCに入れてしまうと、当たり前のことを含めた山ほどのことを一から教えなければならなくなる。大半のCVCはそういう理由で失敗に終わっている。

　ベストバイ・ベンチャーズはそうやって失敗したCVCの一例である。彼らはCVCを運営させようと、インベストメントバンカー（投資銀行家）を雇ってしまったのだ。

　CVCに限らず、VCのインベストメント・マネジャー（資産運用管理者）は、火事場を乗り切ってきた経験のある人間でなければならない。事業部門の人間のほとんどは、失敗を恐れ、荒波の中を航海している不安定な企業には投資したがらない。

　良いVCというのは、荒波の中を航海していても気楽に構えているものだ。そして、そのような姿勢が、イノベーションを引き起こし、成功へと繋がるのである。起業家たちはこのような姿勢をパートナーとなるVCに求めているが、ほとんどのCVCはこのような姿勢に欠けている。

3）CVCの活動に、事業部門の承認は不要である：

　事業部門のトップの承認を得なければ投資を実行できないCVCは多い。しかしSVGではそのようなことはしない。CVCは事業部門に縛られることなく、独立して投資判断をすることができる必要があるのだ。

　ほとんどの場合、事業部門のトップは、自社の業績を次の四半期にでも向上させてくれるようなスタートアップに投資したいと考える。彼らの頭には、業績に反映されるまでに何年もかかるようなビジネスに投資するという発想はない。

　また、彼らは、収益の源泉を脅かしたり、自分たちをディスラプト[46]するような事業には投資したくないと考えている。ほとんどの事業部門のトップは、既存のパートナーとの忠誠関係を維持したいと思っているのだ。

　このような事業部門の考え方は、CVCに与えられたミッションに反する。CVCのミッションは、イノベーションを起こし、既存のビジネスをディスラプトすることにあるのだから、CVCは事業部門に縛られることなく、自由に投資を行なえる必要がある。

46 組織・業界などを崩壊させること。

４）通常のVCと同じ条件の投資を行なうこと：

　戦略的なリターンにばかりに目が行って、財務的リターンの視点を忘れたような、バリュエーション・キャップのない転換型株式その他のナンセンスな投資は行なうべきではない。

　CVCは、通常のVCと同じように運用を行なうことだ。通常のVCであればバリュエーションに参加するのを踏みとどまるような状況のときに、事業会社から資金を調達することで資金調達ラウンドを済ませようとする起業家もいる。だが、そんな甘い基準ではなく、通常のVCのように投資判断を行なうべきだ。

　究極的には、CVCは、経営陣が変わった際に、財務的にどれだけのパフォーマンスを発揮できているかという基準で評価される。財務的リターンが上位４分の１に入っていれば評価されるであろうし、IRR（内部収益率）がマイナスであれば評価されないだろう。

　CVCは、財務的リターンと戦略的リターンのバランスによって評価されるべきである。しかし、戦略的リターンは算定が難しいのに対し、財務的リターンは明確なのである。

５）通常のVCと同じ方針でチームメンバーに報酬を与えること：

　伝統的な2:20モデル[47]ではなく、給与と経費をカバーできるだけの予算と約20％のキャリー（成功報酬）を確保することが重要である。なぜなら、これがないと、そのCVCは投資の才能がある人材を採用・雇用し続けることができなくなってしまうからである。人材こそ重要であり、不適切な人材はすべてを台無しにしてしまう。CVCの約90％は人材で失敗している。

　CVCに在籍する投資家は事業部門に戦略的価値を提供することに関しても報酬を受けるべきではあるが、戦略的価値を測定することは極めて困難だ。誰も、CVCが自らをR&D部門の一部だと勘違いすることは望んでいない。もし戦略的リターンを求めているのなら、もっとも多くの財務的リターンを得られるような取引をめざすことだ。

　インテル・キャピタルの創業者の次の言葉を覚えておいてほしい ―― 「昨年破産してしまった会社に投資しても、戦略的なメリットは何も得られない」。CVC

---

47 運用残高に対して管理手数料2％を徴収し、投資の成功による資金増加分についてパフォーマンス手数料20％を徴収するというヘッジファンドの標準的な料金体系。

がどれだけ存続できるかは、投資よりも多くのリターンを得ることができるか否かに懸かっているのである。

6）投資する金額にコミット[48]せよ：

　ある企業がCVCに1年間で1,000万ドル、5,000万ドル、もしくは1億ドルを投入するというプレスリリースを出すだけであっても、投資する金額にコミットすることは必要不可欠である。もし資金が無限にあるなどと言ってしまうと、自分自身を窮地に立たせることとなる。本当に資金は無限にあるのかもしれないが、未来永劫投資を続けたいというわけではないだろう。だから、具体的な数字にコミットし、目の前にある投資のチャンスのために使える資金がどれだけあるのかを具体的に把握することが重要だ。投資に使える資金を把握していないと、普通のVCのように運用することは難しいからである。

　以上のことは、起業家やVCにとっても、CVCとどのように付き合っていくかを理解するために大事なことだ。それぞれの投資は、ファンドの規模の25 〜 33%のリターンを上げるものでなければならない。これは業界の経験則であって、私たちはこの原理にのっとってCVCを運用するようにしている。ファンドの規模を知らなければ、このルールを守って利益を生み出すビークル（資産と投資家とを結ぶ機能を担う組織）を運用していくことは不可能だ。

　CVCは、VCのベストプラクティス（最善慣行）を守る必要がある。その中には、投資する価値に見合った必要最小限の株式のみ取得するということも含まれている。CVCの場合、望ましい株式の取得割合は通常5 〜 10%というところだろう。なぜなら、CVCは各投資ラウンドにおいて、リードVCと残りのエクイティ（株式資本）を分け合うことがよくあるからだ。

　また、投資判断が事業部門において、リスクを恐れながら行なわれているのであれば、ベンチャー戦略は失敗してしまう。例えば、母体企業のシニア・マネジメントが投資金額を少なくしていったりすると、スタートアップの株式の取得割合は小さいものとなり、いつしか総投資金額はリターンよりも大きくなってしまう。なぜなら、勝者は弱者に埋め合わせをするほど親切ではないからだ。

　事業部門は、CVCの投資対象となる企業の数を増やすことによって、埋め合わせをすることができると言うかもしれない。だが、40 〜 50社のポートフォリオを持つという戦略から、80 〜 100社のポートフォリオを持つ戦略へと転換することはとても難度が高いため、CVCの投資対象となる企業の質は、ポート

48 関わりを持つ、責任をもつことを意味する。

フォリオを増やす前に比べて悪くなってしまうだろう。

　多くの事業会社は、投資したお金を失いたくないという気持ちを強く持っている。それを踏まえると、より多くのポートフォリオを用いて、多くの失敗案件を出すシードファンド[49]の戦略をまねすることは、事業会社にとっては受け入れ難いだろう。

　事業会社は、短期的な目で見て、感情に振り回されすぎていることが多い。しかしそうではなく、長期的な目で見て投資リターンを上げることにもっと心血を注ぐべきだ。つまり、投資した後、早い段階で損失が出たとしても、その事実を受け入れ、できるのであれば投資先企業に追加投資と戦略的支援を行なうことによって事業を救うべきだ。そして、CVCは、リスクを恐れるのではなく、リスクを取ってでも賭けていく姿勢を持つことが必要である。

7）リスクへの耐性を高めること：
　50万ドルまたはそれ以上の額をスタートアップへの投資で失っても構わないという気持ちでいることは重要だ。この程度の損失が出たとしても会社が倒産するわけではないのである。

　スタートアップに投資することに伴うリスクは、ポートフォリオを分散することや事業会社のバランスシートによって調整されるので、問題はない。そのことを考えて、リスクがあると思っても、そこに資本を投入できるような心構えでいることだ。

　多くの大企業のCEOは初期市場とメインストリーム（主軸的）市場の間を渡って成功した起業家である。しかしそうした人たちも、安全な立場に身を置いた今となっては、リスクを恐れるようになってしまっているから、彼らを再びリスクに慣れさせることが必要だ。なぜなら、リスクがあることは、投資の世界では当たり前のことだからである。

　SVGは、CEOが拒否権を持つ投資委員会に投資の報告を行なっている。こうすることによって、SVGは、母体企業から完全に独立していながら、なおそのトップと繋がった状態でいることができる。私たちは母体企業との相互作用で自己資本の利益率を高めるためにCVCを運営しているが、そのメリットは母体企業とCVCの繋がりを残すことによって実現できるのだ。

---

49 ごく初期の大学発のベンチャーなどに投資するファンドを指す。

外部CVCの提案を受け止める人材が
社内にいない問題

AGC旭硝子ベンチャーズ／シニア・マネジャー
マサトシ・ウエノ

著者はマサトシ・ウエノとサンフランシスコで一緒にランチを取り、彼の20年間にわたるCVCに関する経験から得た知見を聞かせてもらった。

AGC旭硝子は1907年に三菱の関連会社として設立され、2014年には110億ドルの売上を達成している。同社の従業員は世界中で5万人以上おり、建物用のガラスや自動車用のガラスでは第1位、ディスプレイ用ガラスでは第2位の市場シェアを誇っている。

また、AGC旭硝子はエレクトロニクス、ケミカル、セラミックの分野でも数十億円の売上を獲得しており、ヨーロッパ、北米、そしてもちろんアジアにおいて、強力な販売網および従業員網を有している。

会社本体からVCファンドにローテーションさせるメリット

AGC旭硝子ベンチャーズは、AGC旭硝子本体のR&D予算で組成され、CTO（最高技術責任者）に対して直接報告を行なう直属組織となっている。R&D部門は内部投資を行なうこともあるが、外部投資を行なうこともある。そして外部投資の際には、直接AGC旭硝子ベンチャーズからスタートアップに投資することもあれば、AGC旭硝子ベンチャーズを通じて、外部のVCに投資することもある。

AGC旭硝子本体もスタートアップを買収することもあれば、限定的な投資を行なうこともあり、投資先を自社がLP出資しているVCに紹介することもある。またはスタートアップとの間で合弁プログラム、共同R&Dなどの提携プログラムを設立することもある。こういった外部R&Dへの投資は、R&Dのアウトソーシングとして、社内ではおおむね好意的に受け取られている。

AGC旭硝子は1997年にアドベントインターナショナルというボストンにあるVCファンドに投資し、初めてVCへの投資という領域に足を踏み入れた。翌年、AGC旭硝子は、同社が投資をし、業務提携を行ない、または参考にできるようなテクノロジーの種を探させる目的で、シニア・エグゼクティブをボストンに送

り込み、VCオフィスで働かせ始めた。これにより、エグゼクティブに複数のプログラム（VCを含む）でのローテーションを経験させるという、日本企業によくある実務が始まった。

　AGC旭硝子は、イノベーションへのアクセスを確保するという目的でVCへのLP出資を20年間にわたり一貫して継続してきた。そして、シリコンバレーのほうがボストンよりもVCとの関係性が強いことがわかると、2005年には、シリコンバレーにオフィスをオープンさせ、2008年、AGC旭硝子ベンチャーズはスタートアップへの直接投資を初めて行なった。
　ウエノによれば、AGC旭硝子の戦略でもっともよく考えられていた点は、一連のVCに対するLP投資を何年間にもわたって続けることからCVC投資を始めたことである。つまり、AGC旭硝子のエグゼクティブのためにオフィスに机を用意してくれるようなVCと関係を深め、エグゼクティブがVCでの訓練期間を経てからAGC旭硝子本体に戻ってくるという体制を構築することができた点において、AGC旭硝子の戦略は優れていた。

　このようにエグゼクティブたちを会社本体からVCファンドにローテーションさせることのメリットの1つは、会社本体が、自社の従業員を通じて、自社とはまったく異なるVCファンドの文化を吸収するとともに、情報やイノベーションにアクセスすることが可能になる点である。もう1つはVCオフィスやスタートアップのダイナミックな生態系の中で次々と現れてくるスタートアップに定期的に接触することができる点が挙げられる。

　AGC旭硝子ベンチャーズがシリコンバレーにオフィスを設立した時から、AGC旭硝子本体は自社のエグゼクティブを3～4年の間AGC旭硝子ベンチャーズに送り込み、その後日本の本社に復帰させるようになった。
　しかし、ウエノは、このプラクティスは理想的でないという。その理由は、3年間経過した時点というのは、出向してきたエグゼクティブがVCの生態系の中でネットワークを築き始めたばかりの頃、つまり物事がどのように動いていくのかを理解し始め、VCのプロセスに貢献できるようになってすぐの頃なのである。AGC旭硝子ベンチャーズにおけるトレーニングやネットワークが実を結び始めた頃になって、これらのエグゼクティブを本社に返し、本社から出向してきた新たなエグゼクティブの訓練を新たに始めなければならないのだ。

ローテーションで来たエグゼクティブが築き上げたネットワークは、次に来るエグゼクティブには引き継がれない。一般的には、これらのエグゼクティブは本社に帰って大きく出世し、個人的には利益を得ることとなるが、他方AGC旭硝子ベンチャーズのほうは、構築されたネットワークがエグゼクティブの交代のたびに途絶するという問題を抱えることになってしまう。

ウエノは、エグゼクティブをローテーションさせるという日本の実務をよりよい形にするためには、もっと柔軟で、トレーニングの成果を素早く吸収できる若いエグゼクティブを送り込むことが必要だという。

「キャッチャー」育成のためには、ローテーション期間を短くすべき

もう1つウエノが提案したのは、ローテーション期間は1年間に限定するということである。180億ドルの売上を誇る別の盤石な日本企業は、CVCに出向中のエグゼクティブのためのシラバス（計画書）とカリキュラムを作成したという。ウエノは、これこそ模倣すべきモデルだという。

彼は、アメリカのベースボールの例えを出し、古いCVCのモデルはピッチャーが多すぎてキャッチャーが十分いないようなものだから、もっと多くのキャッチャーがいる新しいモデルをとるべきだと主張した。なぜなら、彼の説明によれば、CVCで働いている従業員はしばしばスタートアップやテクノロジーを発見し、そのチャンスを母体企業に「投げる」のだが、本社側には、外部にいるCVCから「投げられた」このチャンスを受け止め対応することのできる「キャッチャー」がいないからということであった。

そのような状況の中、ローテーションを経験するエグゼクティブは、母体企業でキャリアをスタートし、CVCで1年間経験を積んでから、母体企業に戻って「キャッチャー」の役割を果たすことができる。そして、場合によってはその後、パートナーまたはマネジングディレクターとしてCVCに戻り、CVC部門が見つけてきたチャンスを母体企業に還元する方法についての知見を活かして、CVC投資家としてキャリアを送ることもできる。

若いエグゼクティブが母体企業に戻ってくるまでのサイクルを短くするというウエノの新しいアイデアによれば、VCでトレーニングを積み、母体企業のさまざまな部署に配置されたエグゼクティブは、CVCチームによって「投げられた」機会の「キャッチャー」として機能することができる。これらのエグゼクティブ

は母体企業で働きつつも、本質的には、CVCに対してもオープンな感性を持っているダブルエージェントとして機能することが可能なのだ。

　ウエノによれば、ピッチャーとキャッチャーの比率は、キャッチャーのほうが多くなるようにするべきだという。どんな大企業においても、CVCが投げてくる新しいアイデアへの抵抗が母体企業には自然に、かつ根強く存在している。「我が社で発明されたわけじゃない」という母体企業の反応は、CVCが大企業をナビゲートし、チャンスの扉を開くことができるようになるにあたっての天敵といえる。

　母体企業はしばしば四半期ベースで物事を考えるが、CVCは3～5年、時には10年のサイクルで物事を考えることが多い。また、根本的な問題として、母体企業側にはテクノロジーや製品に関するはっきりとしたロードマップが存在しないという問題もある。しかし自社が何を行なっていくべきかについては、会社全体に、そして相対的に独立した部門であるCVC部門にも共有された一貫した考えがあるべきである。

　誰もが、利益を生み出す製品やサービスを作り出し、株主その他のステークホルダーをハッピーにしたいと考えている。この目標を実現するために、自社ですべてを開発しようとすることも可能ではあるが、それがベストな答えではないことはほとんどの人が同意するところだろう。めざすべきは、社外に手を伸ばし、CVCを通じてイノベーションを自社に持ち込むことであり、世界中に存在するスタートアップとライセンス契約を締結し、業務提携を行なうなどの形でコラボレーションをすることである。これは全社的な経営企画戦略として優れたものといえるだろう。

　ただ、難しいのは、ここまで説明してきたような社外でのイノベーションについてのストーリーを社内で売り込むことだとウエノは言う。だからこそ、CVCから投げられたボールを受け止め反応できるキャッチャーを定期的に供給できるようにすることは、この問題を解決し、母体企業で起きていることをCVCの側でも把握できるようにするための1つの重要な方法なのだ。

良いCVC投資家の6つの条件

インテル・キャピタル　インテル・キャピタルEMEA ／元代表
ウィリアム・キルマー

CVCが定着したのはなぜか？

　かつて、CVCによる投資は、フォーチュン100[50]にランクインするような大企業が余剰資金を使って取り組む一時的な流行にすぎないと考えられていた。確かに、CVC投資が、これまでも、そしてこれからも、景気の影響を受けながら発展を続けるのは確実だろう。だが、同じことはイノベーション全体にもいえる。景気が上向いていて企業に豊富な資金があるときには、企業はより多額の投資を行なうことが多く、CVC投資もその一部なのである。

　社外のスタートアップに投資してCVC投資に取り組むことは、競争の激しいグローバルマーケットにおいて生き残ることがいかに厳しいものかという現実を表している。

　なぜならウーバーやエアビーアンドビー（Airbnb）[51]のようなイノベーターは、新興企業が何もないところから突然現れて、一瞬で既存のサービスに食らいつくことができるということを証明した。そしてドーモやフェイスブックなどは、数年前には何も存在しなかったところに、数十億円規模のマーケット[52]を作り上げた。

　そのような環境の中で、既存の事業会社にとって、イノベーションを起こしながら同時に市場における現在のポジションを維持、イノベーティブなスタートアップへのアクセスを確保することは、喫緊の課題となっている。

　何が現在のCVCのビッグウェーブを巻き起こしているのだろうか。企業に豊富な資金があることもあるが、本当の要因は、イノベーションへのアクセスが容易になったことにあるだろう。

　スタートアップに投資されるファンドの規模がこれまでより大きくなったことから、スタートアップはありとあらゆるマーケットに進出し始めており、テック

---

50 アメリカ合衆国で発行されている『フォーチュン』誌が毎年1回編集・発行する企業リストの1つ。全米上位100社の総収入に基づいたランキングが掲載されている。

51 宿泊施設・民泊を貸し出す人と利用したい人が活用できるウェブサイト。サンフランシスコに本拠を置き、2008年に設立された。世界192カ国以上で宿を提供している。

52 2010年設立。アメリカのコンピュータソフトウエア企業。ビジネスインテリジェンス・ツールとデータ可視化を専門に扱う。

第2章　CVCのケーススタディ

系ではないマーケットですら、新たに起きたイノベーションに脅かされている。特に、IoT関係のイノベーションは既存企業への大きな脅威になっているといえよう。

CVCは一過性のブームにすぎず、
かつてのようにいつか崩壊してしまうのか？

現在はCVC投資が流行しているが、いつかは確実に収束するだろう。すべての会社が同じレベルでコミットしているわけではなく、マーケットがピークにあるときに投資をしてしまった企業は、景気が下向き始めて売上が落ちてくると、大きな損失を被るだろう。

インテルでは、以前からCVC投資業務は戦略的な柱であり、重役たちや取締役会からも支持を受けてきた。CVC投資業務は、インテルのDNAに刻み込まれているのだ。

私たちは、景気の変動に合わせて投資の振れ幅を広げすぎないように注意してきた。つまり、マーケットが盛り上がっていても投資額を増やしすぎないようにし、逆にマーケットが落ち込んでいても投資を引き揚げすぎないようにして、過剰反応しないようにしていたのだ。たとえば、マーケットが収縮し始めたタイミングで、次に景気が上昇するタイミングに素早く目をつけ、動き始めたばかりのイノベーションに投資をしたことが何度かあった。これらの投資は、いずれも最高の結果を残してくれた。

チームメンバーの選び方についてはどうか？

CVC投資業務で活躍できる投資家を見つけるのは簡単ではなく、また、独特のスキルが必要であるから、これを定式化することが難しい。この中でも、多くの企業が犯してしまう最大の過ちは、事業部門の人間を引っ張ってくることだ。そういった人たちは事業会社の目線でしか物事を考えられないので、優れた投資家とは言い難いのである。

振り返ってみると、CVC投資業務における良い投資家には、次のような素質があった。
①投資対象のテクノロジーの基礎をマスターしている
②スタートアップまたは業界団体に在籍していたことがある

84

③素晴らしいビジネスチャンスがどういうものかわかっている

④ビジネスに伴うリスクを発見し、それを受け入れることができる

⑤事業を発展させるための取引のストラクチャーを組むことができる

⑥そして、創造的に考えることができる

　素質あるCVC投資家にとって重要なポイントの1つは、独立心を持っていることだ。自分のビジョンや投資スコープの範囲内にある事業部門から少し外れたところで仕事ができない投資家であれば、その投資家は所属する会社の役に立てていないといえる。

　また、投資家がマーケットで起きていることや、それが自分の組織にどのような影響を与えるのか無関心な同僚に囲まれて働き続けているのだとすれば、自分自身を騙していることに等しく、それは会社の利益にもならない。

　個々のCVC投資家はVCファームのパートナーと同様の役割を果たすものではないが、彼らこそが自社のブランドとなるのだ。だから会社としては、自社のファンドを率い、CEOたちと毎日のように会うCVC投資家にはどういった人物が望ましいのかを考えなければならない。どのような人物ならば自社の事業や戦略をもっともうまく代弁し、強力なライバル会社に競り勝てるような投資判断をしてくれるのかを考えることだ。なぜなら、最終的には、どんなCVC投資グループの業績も、個々の投資家の実力によって決定されるからである。

インテル・キャピタルに学ぶ「企業の目と耳になる」投資法

　CVCにとって、事業部門に対するリスペクトを持っていなかったり、事業部門をまったく尊重しない投資家を抱えることほど最悪なものはない。

　私があるスタートアップのCEOを務めていた頃、ある会社の事業部門に、その会社の歴史あるCVCに属する投資家を通じてアクセスしようとしたことがある。私たちは投資をしたかったわけではなく、その会社と良いビジネスパートナーになり、その会社の事業部門を通じて顧客へのアクセスを獲得したいと考えていた。

　しかし、何度かお願いしたものの、その投資家からは事業部門を紹介することはできないと言われてしまった。その理由は、その会社にはすでに私たちのライバル会社を紹介していて、そのライバル会社から資金調達を行なう可能性があるから、というものだった。彼は、自分自身の投資ポートフォリオを維持するため

に、私たちとその会社との良いビジネス上の関係性を台無しにしても構わないと思っていたのだ。

しかしその2年後、私たちのスタートアップ企業はその会社に買収され、例のCVC投資家は、会社を去ることになった。

彼が会社にとって何がベストなのかではなく、単に投資をすることだけを考えていたことから、彼の属していた会社は、私たちの会社と一緒にビジネスを行なえたはずの2年間を逃してしまっていたのだ。

他方で、CVCで投資業務を行なう場合、事業部門は自分たちの色眼鏡で物事を見ていて、会社の利益とは逆行するようなアイデアや投資さえもプッシュすることがあることを理解しておかなければならない。

インテル・キャピタルにいる間に、これから重要になるであろうソフトウエアにおける処理機能を開発した会社を見つけてきたことがある。その会社を自社内のある部署に紹介したところ、その技術はすでにロードマップでカバーされている、つまり、自社内で同等の技術を開発すると言われてしまった。何度か事業部の説得を試みたが、結局、その技術は自社の先端研究部門であるインテルラボに託すことになった。

ところが、その技術の評価を行なっていた研究者（もちろんロードマップのことも知っている）と話したところ、彼は、自社ではそのスタートアップが作り上げたものに匹敵するものは開発できておらず、ロードマップも達成できない恐れがとても大きいとのことだった。

こうして、そのスタートアップの発明した製品のほうが技術的に自社製品より優れており、ビジネス全体としても彼らが優位にあることを確かめた私は、事業部門の反対を押し切って、そのスタートアップに投資をすることにした。そしてそのわずか18カ月後、事業部門が見落としていた技術を獲得するため、私たちはその会社を買収することになった。

これは事業部門を尊重するというルールの例外に当たるものだが、CVC投資家は、このような判断をしなければならないことがあり、そのために独立性を保つ必要があるのだ。

個々のCVC投資家は、スタートアップと事業部門の架け橋として極めて大きな役割を担っており、両者から中立の立場でなければならない。すなわち、一投資家としては、投資対象のスタートアップを成功させ、事業部門による邪魔が入らないようにしなければならない。他方、企業に属する投資家としては、会社が

スタートアップとの関係性にメリットを見いだせるよう手助けをするという目的を追求し続けなければならない。このバランスを取ることが、CVC投資家として成功するためには必要不可欠なのだ。

　事業部門によって日々実行される典型的なディールにおける諸条件について、インテル・キャピタルは素晴らしい改善をいろいろと加えたが、その１つに「企業の目と耳になる」という投資法がある。これはレス・ヴァダス（インテル・キャピタルの創業者）の時代に採り入れられ、私たちのストラテジーの大事な要素となったものだ。

　投資担当者が事業部門やインテル本体のビジョンの外にあるディールや、自分たちをディスラプトする可能性があるビジネスを発見したとき、私たちは「企業の目と耳になる」というフラッグを掲げて、事業部門のサポートなしにその取引を推進することにしている。こういうときには常に、そのビジネスがゆくゆくは重要なものになることを証明する負担が大きくのしかかってくる。そのことを証明する論理を事業部門に教えてもらうことすらあったが、ディールを実行するために事業部門の同意を求めたことはなかった。

　こうして行なった投資の何件かは、２、３年後、インテルにとってとても重要

図表2-1●2015年に投資頻度の高かったCVC

投資を行なっている数の多いCVCは下図の通りである。世界中で投資活動を行なっているインテル・キャピタルは、2位のグーグル・ベンチャーズよりも約18％多い、75社への投資を行なっている。彼らは海外企業（アメリカ国外の企業）への投資に積極的であり、2015年には海外企業への投資が32％を占めた。

ランキング	CVC	近年の投資先企業			
1	Intel Capital	DataRobot	Savioke	Chargifi	LISNR
2	Google Ventures	ARMO BioSciences	PINDROP	Toast	Udacity
3	Qualcomm Ventures	Housejoy	MindTickle	Attune Technologies	CloudFlare
4	Salesforce Ventures	BloomReach	FinanceFox	MapAnything	CARTO
5	GE Ventures	APX Labs	Omni-ID	Morphisec	Omada

な案件となった。

　CVCの投資担当者がスタートアップの取締役になることにはいくつかの大きな問題がある。

　まず1つ目として、株主としての利益と会社の役員としての義務との間の利益相反が挙げられる。

　2つ目は、CVCの投資担当者には、取締役会のメンバーとしてスタートアップの役員のメンター（指導者）となることや、経営陣をマネージングすることを期待されるが、多くのCVCの投資担当者にそれだけの能力はないことだ。

　インテル・キャピタルでは、投資対象のスタートアップの取締役の席を得るようにというインテル本体からの要求があった。その結果、私は投資ラウンドをリードしつつ、同時に投資対象のスタートアップの取締役を務める投資家になった。

　しかし、それは、難しい試みであった。そのスタートアップでは、私たちは従来のCEOを解任したが、それは結局、彼に、新しいCEOを辞任させて自らが返り咲くための政治的努力をさせただけだった。

　たくさんの時間と労力はかかったものの、そのスタートアップに対する直接的な義務を負いつつ、ハンズオン（経営に深く関与するスタイル）でスタートアップの経営に携わったことは本当に良い学びの機会となった。

戦略的リターンと財務的リターンのバランスを
どのように取っていくべきか？

　戦略的リターンと財務的リターンは、二者択一ではない。いわば、両者は互いに直接交わるものではなく、1つの連続体の両端なのである。すなわち、どちらも視野に入れる必要があるし、どちらも生み出されなければならない。

　財務的リターンが期待できないのなら、その投資はやめたほうがよいし、逆に、財務的リターンだけを気にかけているのならば、評判や資産を危険にさらしてまで投資を行なう必要はない。しかし、そのような一般的な投資家のままでは母体企業に価値を提供することはできないのだ。

信頼とCVC投資家との関係性

　優れたCVC投資は、信頼の上に成り立つものだ。母体企業のCEOやベンチャー投資家たちが、あなたであれば母体企業に利益をもたらしてくれると信頼してく

れることが必要なのである。事業部門の管理職（エグゼクティブ・マネジメント）があなたのことを信頼し、短期的にも長期的にも、あなたが母体企業をイノベーションを起こす企業にアクセスさせてくれると思わせる必要がある。最初は、どのCVCも母体企業のブランドに守られながら活動できるが、最終的にその成否は、投資家がどれだけ尊敬され、信頼されるかに懸かっている。

　実際、CVCへの信頼は、財務的リターンとビジネス上の戦略的リターンという、2つの内的要素に懸かっている。

　かつて私は、このどちらの価値も提供できていないがために低い評価を受けていたチームを任されたことがある。そのチームは、社内の誰も気にかけていないようなビジネスに投資をし、しかも財務的にも成功していなかった。そのため、そのチームはVCから評価されていなかった。

　そこで、私はそのチームを基礎から再出発させることにした。つまり、堅実な企業への投資から始めて財務的リターンを獲得しつつ、もっとイノベーティブなビジネスについては事業部門と協働することでCVCの価値を示す戦略的リターンを提供したのである。

　この戦略は功を奏し、最終的には、VCがそのチームのところにディールを持ってくるようになり、事業部門と相談すべきものがあれば、事業部門と気軽に検討をすることができる協力関係を作り上げることができた。

CVCはどのような点で付加価値を生じさせることをめざすべきか？

　すべてのVCは、自分たちは付加価値を提供できる投資家だと主張したがる。しかし、VCにとっての付加価値というのは、完全に主観的なものだし、VCごとに、もっと言えば個々の投資家ごとにばらばらである。

　これに対して、CVCの世界では、自分たちが価値を生み出す組織だということに疑いがあってはならず、疑いがあれば失敗だといえる。なぜならCVCが差別化できる本質とは、他の誰もが提供できないような価値を提供する点にあるからだ。

　事業上の付加価値を提供できないのであれば、スタートアップに資金をつぎ込む理由はないに等しい。

　私たちの組織では、ガイドラインとして、あらゆる投資について、「与えるものと手に入れるもの」と名付けたシートを作成している。このシートは、私たちがその会社に何を与え、投資から何を得ようとしているのかを示すものである。

第2章　CVCのケーススタディ

89

このシートによって、私たちが投資先の会社と関係を築いていく際の行動指針ができ、それぞれの投資が戦略的に成功したか失敗したかは、シートに照らして判断できるようになった。

　私たちがポートフォリオをレビューするときには、必ずこのシートに基づいて議論をする。こうすることで、私たちと投資先の会社が互いに十分なメリットを得ているのかを検証することができるからだ。
　またこの方法は、両者の関係性が一方に偏りすぎたものになっていないかを見直す際にも、良いバロメーターになっている。

CVCの立ち上げに成功するための鍵

インテル・キャピタル／元マネジングディレクター
ジタ・バサント

ジタ・バサント —— CVCをうまく立ち上げるためには、財務的リターンと戦略的リターン、そして効率化されたオペレーションに特化したチームを作ることが必要だ。CVCが、市場である程度の地位を築き、内部のオペレーションを洗練させるには時間がかかる。

私が12年間働いたインテル・キャピタルと、CVCコンサルティング・プロジェクトでの出来事を簡単に紹介しよう。

ジタ・バサント —— 私は、2000年にインテル・キャピタルで働き始めた。当時はドットコム・ブームの絶頂期で、インテル・キャピタルも、多数のディールに投資を行ない、多様性に富んだポートフォリオを構築していた。

その反面、インテルではディールを成立させること自体に注力しすぎる傾向があり、手一杯の状態に陥っていた。あるときには、私は25件もの投資を同時にこなしていた。

当時は、トップレベルのVCのように財務的リターンを得たり、トップレベルのCVCのように戦略的リターンを得たりできるような運営をする時間的余裕がまったくなかった。

私は、75社以上の会社に投資をしてみて、CVCにとって、経験がいかに大事なのかがわかった。インテル・キャピタルの規模が大きくなり、私たちメンバーが経験を積んでいくと、個々の役割もより重要なものになり、それぞれがディールをリードし、分野ごとに専門性を高め、相互に戦略的関係を築いていったのである。

私たちの会社の報酬体系は、IRR（内部収益率）ベースのものへと切り替えられた。これにより、投資に成功することへのモチベーションが高まり、私たちは投資対象の選択眼を養い、戦略的な視点を持つようになった。

インテル・キャピタルでは、有能なインベストメント・マネジャーは、自分たちが投資している分野について学ぶことやよりよいディールを獲得することに時間を使っていた。

また、彼らはVCやアントレプレナーとのネットワークを発展させ、インテルの事業部門と投資先の企業との戦略的なシナジー（相互作用）を確立することにも時間をかけていた。

それに対して、有能でないインベストメント・マネジャーは、CVCの仕事を頑張ることよりも、会社内における自分のキャリアのことしか頭にないのである。

アントレプレナーには次のことを覚えておいてほしい。

VCパートナーと同じく、慎重にインベストメント・マネジャーを選ぶことだ。なぜかというと、彼らは母体企業の事業部門における支持者となってくれるかもしれないからだ。インベストメント・マネジャーを選ぶポイントは、誠実さ、経験、ネットワーク（母体企業内部におけるネットワークだけでなく、VCその他の戦略的パートナーとのネットワークも大事である）である。

実力のあるCVCは例外なく、効率的だが漏れのない意思決定プロセスを備えた、実効的なガバナンス体制も有している。VCがディールを成立させるスピードを考えれば、ディールに関する意思決定は効率化されたものでなくてはならない。

だが、このことは、事業会社にとっては難しいことだ。事業会社は官僚的組織で、上司が意思決定を行なうプロセスになっているからである。

CVCは、効率的に活動できるようにするため、ある程度自分たちで意思決定ができる体制になっていなければならない。

CVCにおいて肝心なポイントは3つある。財務的リターン、戦略的リターン、社内における承認である。

ただ、戦略的リターンは測ることが難しい。母体企業の目的が変われば戦略的リターンも大幅に違うものになってしまう。そのため、CVCの成功のためには、事業部門との関係性をどう築いていくか、また、母体企業の文化や市場とどう付き合っていくかが重要である。

究極的には、CVCのリーダーが、こういった目標をしっかりと定めて、CVCの使命をはっきりと示さなければならない。また、リーダーは、チームを作り上げ、モチベーションを与えなければならない。さらに、母体企業における信用を勝ち取り、CEOレベルに至るまで、全社的なサポートを得られる立場になければならないのだ。

リーダーシップと、経験を積んだチームは、CVCの成功にとって欠かせない存在である。

インテル・キャピタルには、3つのタイプのリーダーが存在した。①CEOに近い立場の戦略的なリーダー、②事業部門のトップ、③CFOタイプのリーダー、である。それぞれにメリットとデメリットがあるが、私は戦略的なビジョン（①）と財務面での厳格さ（③）を併せ持つことがいちばん大事だと考えている。

ある保険会社のCVCに関してアドバイスをした際に、この考えに確信を持った。

その会社のCIO（最高投資責任者）は素晴らしい戦略眼を持った人物だったが、彼は、CEOに任命された後、ポートフォリオの収益力が物足りないことから、その会社のCVCプロジェクトを終了したのだ。

CVCをうまく運営するためには、母体企業のカルチャーとの結び付きを深め、戦略的価値の有無という視点から、できるだけ多くのディールに注目することだ。さらに、たくさんのキャピタルゲインを得ることにコミットしてくれるチームを組成することも重要である。

インテル・キャピタルが関与したディールのうち、戦略的リターンがもっとも大きかった案件は、財務的リターンも大きかった。もし投資先の会社が破綻してしまったら、戦略的リターンも得ることはできないのだ。

つまり、会社内外での経験を積んでいるメンバーを集め、チームを作り、母体企業のトップからのサポートを得て、できるだけ多くの事業部門から案件をもらうことだ。そして、ガバナンス体制を効率化し、合理的な意思決定プロセスを作り上げておくことが重要なのである。

百聞は1ドルに如かず

　インテル・キャピタルの従業員は、最近、「百聞は1ドルに如かず」（たった1ドルでもCVC投資を行なえば、投資を行なわずにいろいろな議論をするよりも、多くの価値を創出できるという意味）という言葉をメールの署名欄に記載するようになった。

　「1991年以来、インテル・キャピタルは世界57カ国において、1,440社の企業に110億ドルもの投資を行なってきました。私たちは、これからも年に3 ～ 5億ドルという歴史的な金額で投資を続けようと考えています」。

　この話を聞いて著者はとても驚いた。
　考え直してみると、ディック・クラムリッヒがNEA[53]を設立したのは1977年で、最後に著者が見たときには180億ドルという規模にまで成長していた。NEAは現在、世界最大のVCファームに成長している。
　こうしたNEAの成長を考えたとき、CVCがまだ始まったばかりで、国際的に広まっていくのはこれからだという著者の予言が正しいとしたらどうなるかイメージしてほしい。
　CVCが普及すれば、より多くの投資が実行され、その結果、とてもたくさんのポジティブな影響を社会に与えることになるだろう。

---

53 New Enterprise Associates。アメリカ合衆国発祥の世界最大級のVCの1つ。1977年に、Dick Kramlich、Chuck Newhall、Frank Bonsalにより設立された。

シスコのCVCのあり方

シスコ・システムズ　クアルコム・ベンチャーズ／元マネジングディレクター
クアルコム・ベンチャーズ・ヨーロッパ／創業者
フレデリック・ロンボー

フレデリック・ロンボーからも話を聞くことができた。

彼は、1998 ～ 2004年にかけてエイパックス・パートナーズでパートナーとして活躍した。そこでVC、プライベート・エクイティ[54]業界の先駆者であるアラン・パトリコフとともに仕事をしていたのである。その後、2006年にクアルコム・ベンチャーズ・ヨーロッパを設立し、2011年まで在籍した後、翌年にはシスコ・システムズに移籍した。そして2016年までマネジングディレクターとコーポレートデベロップメント・インターナショナル部門のトップを務め、そこで投資チームも率いていた。

現在、フレデリックは、自身が2016年3月に設立したファウンダーズ・ファクトリー VCの投資チームでマネジングパートナーを務めている。

彼との話し合いの内容は以下の通りだ。

シスコのCVCについて

シスコは、毎年30 ～ 50億ドルもの予算を組んで、1年間に12 ～ 15件のM&Aを行なっている。世界でもっとも活発にテック企業の買収を行なっている企業だ。

M&AはシスコのDNAにしっかりと刻み込まれていて、シスコがイノベーションを実現するための構想の中核をなしている。創業以降、シスコがこれまでに行なった買収は200件以上にもなる。

---

54 Private Equity。広義の意味でのプライベート・エクイティ投資は、VC投資など、未上場企業の株式の取得・引き受けを行なう投資行為をすべて含むが、通常は、立ち上げ期のベンチャー企業への小規模な投資をVC投資と呼び、プライベート・エクイティ投資は成長・成熟期の企業に対し比較的大規模な資金を提供する、または株主に売却機会を提供する投資手法となる。

シスコは今では、戦略的な価値を創出するという観点からも、買収後の統合という観点からも、M&Aに関しては世界的に見てトップクラスにあると認識されている。

　だが、実はこれまでは、私たちが手掛けてきた買収はアメリカ企業にばかり偏っていた。シスコは近年、アメリカ企業の買収とヨーロッパ企業の買収のバランスを劇的に変え、その結果、ここ4年間で、シスコが行なう買収案件に占めるヨーロッパ企業の買収比率は5～50%近くまで急上昇したのだ。

　同じように、投資という観点からも、20億ドルの投資ポートフォリオを組んでいるシスコは、世界でもっとも活動的なCVC投資家といえ、エグジットでも2位に位置している。

　シスコの投資ポートフォリオは約100の企業、45ほどのVCファンド、そしてヴイエムウェアとの提携のような大規模なパートナーシップから成り立っている。

　だが、買収という観点では、これまでシスコが行なってきた投資はほぼアメリカ企業に限られており、シードステージにあるイスラエルのスタートアップへの若干数の投資を除けば、ヨーロッパ企業への投資は、4年前まではシスコの投資計画に入っていなかった。

　しかし、2012～2015年にかけて私がリーダーシップを取ったことで、シスコはヨーロッパへの投資にも重きを置くようになり、シスコの投資戦略はまったく違ったものとなった。

　まず、シスコ・インベストメントは、シスコのCVC投資家としての付加価値を高めるためのマーケティング・プログラムを行なうことからスタートした。その狙いは、より戦略的な思考、マーケティング、そしてR&Dをシスコの経営陣にガイダンスすることにあった。

　そこで、私たちは、私たちの投資ポートフォリオに載っている企業を売り込むために積極的にネットワークづくりをし、シスコの顧客や上層部、シスコが投資しているGP（ゼネラル・パートナー）、ポートフォリオ企業のアントレプレナーに対するブリーフィング（簡単な状況説明・報告）なども行なった。

　また、世界中で行なわれているシスコのライブイベントにポートフォリオ企業

---

55 General Partner。ファンドの運営を担う無限責任社員。

を招待し、シスコの主要な得意先と出会う機会を与えた。

そして、アーリーステージのスタートアップと連携して共同研究や共同開発を行なう能力を高めたのである。

その結果、こうした試みは、シスコが投資先候補である企業に提供する新たな形の共同開発のモデルとなりつつある。

次に、シスコは、社内で投資を検討するプロセスにおいて、スポンサー候補になる事業部門の数を増やした。それまでは、シスコのCVC投資に関してスポンサーになってくれそうな事業部門は1つだけであり、それだと、中期的に売上高に良い影響を与えることができる分野にばかり注力し、他の分野に目を向けることができなくなる。

長期的な視点からの投資が必要であることの良い例の1つが6WINDに対する投資案件である。

彼らのソフトウエアアクセラレーターのおかげで、シスコはSDNのアーキテ[56]クチャを可能にしつつある。

SDNアーキテクチャが成功するには長い時間がかかるが、一度実装されれば、ビジネスをどんどん加速させるのにとても役に立つ。3年前、シスコの投資テーマに、新規の投資テーマが何件も追加されたが、これらはいずれも、より長期的な意味でのイノベーションや周辺的な領域を志向したものだった。

こうした取り組みが、例えばEverythingという日用品に特化したIoT用プラットフォームや、InterSecというビッグデータに関する高速プラットフォームへの投資に繋がったのだ。

こういう分野では、シスコ・インベストメントはとても素早く意思決定をすることができた。

だが、こうした投資において、私たちのCVC投資家としての付加価値を明確化することは困難を極めた。なぜならば、長期的なイノベーションなどをめざす案件に投資する際に、スポンサーとなってくれる事業部門がシスコには存在しなかったからである。

---

56 Software Defined Network。ソフトウエアによって仮想的なネットワークを作り上げる技術全般を指す。SDNを用いると、物理的に接続されたネットワーク上で、別途仮想的なネットワークを構築することが可能になる。

最後に、去年シスコは「カントリー・デジタル・アクセラレーション・プログラム」という新しい取り組みを始めた。このプログラムに関連して、フランスをはじめとする複数のヨーロッパ諸国で、いくつかの重要な投資にシスコがコミットすることが発表された。イギリスで10億ドル、ドイツで5億ドル、フランスで2億ドル超、イタリアで1億ドル超の投資である。

これらの投資は、縦割り式に分割されている複数の市場をボーダレス化するのを加速し、水平的なソフトウエア・ネットワークのプラットフォームとなることを狙って行なわれたものである。

なぜシスコは戦略的リターンと
財務的リターンを両立できるのか

約45のVCファンドをポートフォリオに持つシスコは、最良のGPを見つけ出してパートナーとなり、共同で投資を行なうことにはかなり注力してきた。だが、より興味深いのは、シスコが採用している他のVCファンドへの投資戦略の背景にある戦略である。このことを理解するためには、シスコの他のVCファンドへの投資の歴史をいくつかの期間に区切って検討してみよう。

2004年までの間、シスコはFoFにおいて幅広く投資を行なってきた。シスコは、実際に苦境を乗り越えることによって、投資家としてどう行動すべきかを知っていかねばならなかった。

ドットコム・バブルがはじけたときに、多くのVCファンドは利益を生み出せないことがわかった。だが、シスコの場合は、それによって生じた損失を埋め合わせるに十分な利益をいくつかのVCファンドが生み出してくれていたから幸運だったといえる。

ヨーロッパでは、ポートフォリオ企業のうち、インデックス・ベンチャーズがその頃から生き残り続けた唯一の例となった。アジアでは、ソフトバンクがシスコの成功にいちばん貢献してくれた。

2005 〜 2014年の間は、シスコの他のVCファンドへの投資は新興国に集中していた。これには、CSR（企業の社会的責任）の意味合いもあった。この良い例がブラジルでの投資で、私のチームは、素晴らしいGPであるMonashees CapitalとRedpoint eventures Brazilを見つけ出すことができた。

前者には2012年と2015年に、後者には2012年に投資を行なった。もっと

も、私たちの投資先はブラジルに限られていたわけではなく、ロシア、ヨルダン、エジプト、パレスチナ、イスラエルなどでも投資を行なっていた。

2015年以降、シスコは再びヨーロッパでの他のVCファンドへの投資を再開した。私がリーダーだった間に、シスコは3つのファンドをポートフォリオに加えることを発表している。Partech Ventures、Idinvest、Invitaliaである。

これらのファンドは共に、「カントリー・デジタル・アクセラレーション・プログラム」から資金援助を受けていた。また、シスコは、IoTに特化したアクセラレーターへの投資を行なうことも決定した。例えば、スタートアップ・ブートキャンプというヨーロッパの先進的なアクセラレーターなどである。

こうした取り組みのかいあって、シスコはテック企業に投資するCVCの中では、さまざまな領域でトップクラスになることができた。

つまり、エグゼクティブ・イン・レジデンス[57]、スタートアップアクセラレーター、VCファンド、スタートアップへの直接投資、レイターステージの技術系企業、大規模なジョイント・ベンチャーといったものから、さまざまな規模のM&Aまで、全般においてトップクラスということである。

また、シスコは、エグジットという観点から見ても、2番目に利益を出しているCVCである。このことは、戦略的なリターンの追求と財務的リターンとが両立し得ることを示している。

シスコ・インベストメントは、実はシスコのコーポレートデベロップメント部門の一部であって、別々の組織ではない。その主な理由は、シスコが、明確なイノベーション構想の下で投資を行なっていることにある。

この構想の下では、それぞれ補い合う3つのプロセスが存在する。つまり、Build、Buy、そしてPartnerであり、それぞれR&D、M&A、パートナーシップ（CVCによる投資を含む）を意味している。

シスコが内部でのイノベーションを素早く実現することができないときはいつでも、買収・統合し、規模を拡大する。そして、シスコ・インベストメントは、買収先候補を供給するのに貢献しているのだ。

最近起きた大きな変化としては、シスコがIoE（すべてのインターネット）[58]市

---

57 客員起業制度。経営幹部経験者が、VCに一時的に籍を置いて、相互に助け合うことがよくある。（CB Insights：https://www.cbinsights.com/blog/corporate-venture-capital-ipos/）

58 Internet of Everything。「すべてのインターネット」。IoTを基盤にして、そのうえですべての人間と情報システム、データがネットワークでつながることを指す。IoEではあらゆるモノが接続されることが前提となり、そこで行き交うデータとそのデータの扱いが主役となる。さまざまなタイプのデータが解析・最適化され、アプリケーションやサービスとしてアウトプットされることになる。

場の発展を促進することに前向きな姿勢になったことが挙げられる。

　この分野は、私たちのエコシステムにおいても、もっと多額の投資がなされる必要があったのだ。

　IoEは、無数に分割されたさまざまなセグメントの市場 —— AdTech（アドテック）、FinTech、MedTech（メドテック）、スマートリテール、スマートシティ、スマートマニュファクチャリング、スマートトランスポーテーション、スマートアグリカルチャー、工業向けIoEなど —— から成り立つようになるとシスコは考えている。

　また、これらの市場のそれぞれに新規のアントレプレナーが参入する必要があるとも思っている。

　つまり、新たに参入したアントレプレナーたちが新規のコンセプトやユースケースを作り出し、収支のバランスが取れるビジネスモデルとなるまで顧客との関係で必要な改善を行なうことが必要なのである。

　そして、シスコは、各市場の鍵を握るリーダーたちと提携することで、このような動きを加速させたいと考えているのだ。

　こういった動きは、シスコの「プラットフォームとしてのネットワーク」という考え方にも合致している。

　この考え方は、ネットワークインフラを通じて、ノースバウンドAPI[59]を数百個単位でアプリケーション開発者に提供するというものだ。ソフトウエア・アプリケーションはネットワークインフラを活用して、ネットワークを通じてあらゆるデバイスにバーチャルにアクセスできるように設計されているが、同時に、処理能力の追加、ストレージ、セキュリティ、マイクロビリング[60]、ロケーションといった恩恵を享受することができるのだ。

　面白いのは、Huawei[61]も最近同じようにストラテジーを発展させたことである。

　つまり、「ハードウエアから始まり、次にソフトウエアで定義・制御する環境、そしてアプリケーション開発者が制御する環境へ」ということである。

---

59 アプリケーションからSDNコントローラを制御できるAPIを指す。API：プログラムからソフトウエアを操作するためのインターフェイスを指す。
60 インターネット上の商取引で、少額の決済を成立させるための請求の仕組みを指す。
61 中国の総合通信機器メーカー。中国表記は華為技術有限公司。1987年、中国・深センに設立され、本社を同地に置いている。

クアルコムとシスコの
コーポレートデベロップメント戦略に関する大きな違い

クアルコムが持っているワイヤレス機能に関するテクノロジーのR&D用プラットフォームは素晴らしいものだ。同社は、売上の20%に当たる54億ドルをR&Dに投資して、科学や知的財産をベースとしたイノベーションをたくさん起こすことをめざしている。

そうしたイノベーションの中には、ワイヤレスでの高速通信、ワイヤレスのモバイルデバイス、電気自動車の充電、ワイヤレス充電機能、仮想現実・拡張現実（VR・AR）、接近探知システム、電子送金、ドローンに関する技術、マルチコアプロセッサー、4Gフェムトセル、次世代型ディスプレイ、生体センサーなどが含まれている。

チップセットやIPベンダーとして、クアルコムは、バリューチェーン全体において自社のビジネスを発展させてきた。コンポーネントから始まり、携帯電話、モバイルオペレーターやそこで使用されるネットワーク、モバイルアプリといったものまで含まれている。

クアルコムの投資部門であるクアルコム・ベンチャーズは世界最高レベルのCVCだが、かつては、自社の事業にとらわれずに投資できるようにすることを重視し、事業部門から独立して活動を行なっていた。

現在では、自社のコアビジネスに変化をもたらすわけではないものの、多額の投資リターンをもたらしつつ、4Gに関するエコシステムの発展をも促進する役割を果たしている。

クアルコムは時折買収を行なっており、シスコの投資ポートフォリオ企業の一部であるArterisやNujiraを買ったり、イギリスのケンブリッジに拠点を置くチップメーカーを24億ドルで買収したりしている。

しかし、クアルコムは、もともと自社のR&DやIPが強力な文化を持っているために、技術を社内で開発することを好んできた。

これに対して、シスコはより商業的なアプローチを取っている。つまり、顧客の声に耳を傾けることを重視しているし、自社が起こすイノベーションもテクノ

---

62 アメリカの移動体通信の通信技術および半導体の設計開発を行なっている企業。1985年に設立され、カリフォルニア州サンディエゴに本拠を置く。
63 顧客に価値が届けられるまでの間に、企業間で付加される価値の繋がりのことを指す。

ロジーから出発するというよりは、セールスのためのものという要素が強い。

　もっとも、シスコは最大50億ドルのR&D予算を組んでいるから、革新的な技術を社内で開発してイノベーションを起こすスタイルではないからといって、技術革新が行なわれないわけではなく、SDN、仮想化・ビデオインフラストラクチャー、オープンソースで開発されたサイバーセキュリティ、IoEなどの技術革新は進められている。

　だが、創業当初から、シスコのDNAにはM&Aが深く刻み込まれている。シスコは、マーケットに進出するための時間を買うことができる場合や競争上のメリットがある場合、インフラストラクチャー・ソフトウエア・プラットフォームに加えて売上を増やすことができる場合には、ためらわずに買収を行なってきた。

　シスコの投資戦略は、イノベーションを加速し、リスクを分散しつつM&Aの案件数も増やしていくというものである。シスコのコーポレートデベロップメント部門がM&Aとシスコ・インベストメントの両方から成り立っているのはこういう理由なのだ。

戦略的な付加価値の有無で
投資を決めるという手法

クアルコムライフファンド　ドイツテレコム・キャピタル・パートナーズ／代表
dRxキャピタルAG ／ゼネラル・パートナー
ジャック・ヤング

クアルコム・ベンチャーズは、インテル・キャピタルとグーグル・ベンチャーズとともに、トップ3に挙げられるVCで、それら3つのVCの活動年数は、業界内では最長クラスだろう。

クアルコム・ベンチャーズは2000年からこの業界に参入している。ちなみに、クアルコム・ベンチャーズは、サンフランシスコのルビコンVCと同じビルにオフィスを構えており、ナブディへの共同投資者となっている。

ジャック・ヤングは、2008年からクアルコムライフファンドの代表を務め、今は、ドイツテレコム・キャピタル・パートナーズのVCの代表を務めている。インタビュー当時はdRxキャピタルAGのGPだった。

戦略的リターンと財務的リターンのバランスを取る

dRxキャピタルAGは、ノバルティスとクアルコムが5,000万ドルずつを出資して設立した合弁会社である。主にアーリーステージの会社に投資し、製薬、モバイルIT、投資業界での広範なネットワークを活かして、デジタル医学の分野に取り組んでいる。

クアルコム・ベンチャーズは常にイノベーションにアンテナを張っており、サンディエゴ、シリコンバレー、ボストン、ロンドン、イスラエル、インド、中国、韓国、ブラジルにオフィスを構え、グローバルに活動している。

すべてのオフィスを合わせると、20人の正社員がおり、シードステージからレイターステージのスタートアップまで幅広く投資を行なっている。

クアルコムの投資ポリシーは、①クアルコムにとって戦略的な価値のある投資をする、②クアルコムにとって十分な財務的リターンが期待できる投資をするというものだ。

クアルコム・ベンチャーズは、常に、最新の技術や最新のビジネスモデルを追

第2章　CVCのケーススタディー

103

い求めている。そして、そのスタートアップが戦略的な意味での付加価値を提供できると確信できる場合にしか投資はしない。このような考えに基づいて投資を行ない、大きな利益を生み出してきた。

　おそらく、多くのCVCが失敗しているのは、戦略と財務のバランスがうまく取れていないからだろう。つまり、戦略と財務の正しいバランスを見つけ出すことがCVCプロジェクトにおける永遠の課題なのだ。

　クアルコム・ベンチャーズは、常に将来を見据えることを重視している。その視点で、独自のポリシーに基づいた投資を行ない、利益を生み出しながらも、母体企業と投資先企業に新たな戦略的価値を与えてきた。クアルコム・ベンチャーズは、勇み足で業界に参入してきている他の多くのCVCとは違って、100年後にも、誰もが想像もできないような分野でイノベーションを支え続けているだろう。

　最近のノバルティスとの協業は、誰もが想像しなかったことの一例であり、私はdRxキャピタルAGのメンバーを率いていることを誇りに思っている。

財務的リターンの実現と
自社事業の強化を満たす投資

ベライゾン・ベンチャーズ／インベストメント・マネジャー
スレッシュ・マドハヴァン

　著者は、ベライゾン・ベンチャーズのマネジャーであるスレッシュ・マドハ
ヴァンとCVCについて議論する機会を得た。

　多くの大企業が変化を試みるように、スタートアップへの投資は、財務的リ
ターンの実現をするということと、コアとなる事業の強化や新規事業分野への拡
大といった方法により母体企業の経営戦略を推し進めることという2つの目的が
ある。

　スレッシュによれば、ベライゾンは、製品市場でのギャップの穴埋めや、顧客
にとって魅力的なバリュープロポジション（価値の提供）を目的とした投資を始
めているそうだ。

CVC設立は市場のトレンドを把握する役割を果たす

　企業がCVCを設けるいちばんの理由は、今後生じ得るディスラプションを把
握しておくことにあると考えている。確かに、スタートアップの存在は自社のコ
アとなる事業や新興事業にとって脅威となる可能性があるから、異なるステージ
にわたるスタートアップに積極的に目を向けておくことは合理的であるといえ
る。変化やトレンドを把握したり、まさに形成されつつある新しい市場を認識す
れば、ベライゾンのような大企業でも新たに事業を拡大することができる。

　またCVCは、企業の成長や将来的な業務提携に繋がるような強固なパイプラ
インを生み出すという役割も果たしている。これまでにも私たちは、提携による
シナジーが期待できるメッセージサービス、企業向けサービス、AI（人工知能）
といった事業に関連するアーリーステージでのイノベーションを市場で数多く目
の当たりにしてきた。

　組織内において、新しいアイデアを共有できるようにすることは、コーポレー
トベンチャーの主目的でもある。チームによっては、自分たちの製品を市場に出

すことに集中してしまうあまり、現在開発中の製品の方向性を変え得るものを見過ごしてしまうことがある。そのような状況に陥らないためには、新しい情報を内部で認識しておくことが極めて重要だ。

　そういった情報は自社での新製品開発に繋がるとは限らないが、現在の製品業務からの方向転換や、将来廃れる可能性の高い製品の生産中止といった決断を促すことができる。

　ベライゾン・ベンチャーズは、内部の運営チームのためのイベントを定期的に開催している。そこでは、ビジネスパートナー、業界のリーダー、投資先企業その他のスタートアップからプレゼンテーターが選ばれ、しばしばIoTといったような特定の分野に関連するテーマでプレゼンテーションが企画される。

　私たちはその分野で現に進行しているイノベーションについての市場分析を共有し、アイデアや成功例、課題についてのオープンな議論をすることを促している。また私たちは、主要な技術分野のトレンド、CVC投資の傾向、時にはサイバーセキュリティなどの分野でのバリュエーションといった特定のトピックについて分析レポートなどを作成している。

　ベライゾン・ベンチャーズは、過去10年間、毎年平均して少なくとも5～6の新しい会社に投資をしている。その時期の投資機会の有無によって変動はするが、私たちの投資資金の約70～80％は新規の取引への投資に用いられ、20～30％は既存の投資先企業への追加投資に用いられている。

　ベライゾン・ベンチャーズは、CEOに直接レポートラインを有するベライゾン社内の製品チームリーダーとも連携している。プロダクト・マネジャーたちや、既存の製品や企画済み製品の強化に努めているビジネスユニットの長たちを支援するために、CVCとして、母体企業内部のビジネスユニットと連携することは大変興味深いものだ。

　私たちの投資が大企業のどこに価値をもたらすのか、投資先企業がどのように製品やビジネスユニットを補強、強化、または拡大していくのかという点について知っておくことは、私たちにとって重要だ。製品チームと投資チームの間では当然優先順位が異なるとはいえ、チームを超えた滑らかな連携を実現するためには、外部で発生しているイノベーションについてだけでなく、会社内部での優先順位についても把握することが必要なのである。

ベライゾン・ベンチャーズによる投資は、シリーズBかそれ以降のものとなることが多い。私たちは、投資先のスタートアップとベライゾンにとって最善の決断をするため、社内上層部の意見と取引ごとの重要性や投資先となるスタートアップのステージのバランスを調整しようとしている。

　ベライゾンでの投資プロセスは、投資先スタートアップのステージやその要望によって大きく異なり、私たちは、その都度社内の経営委員会と意見の調整を行なっている。そして、そのような調整は、個々の投資についてプロダクトリーダーとの情報共有を図り、プロダクトチームとの連携を確保するための究極的手段であるといえる。

　シリーズBやその後のステージのスタートアップへの投資は、その投資によって堅実なビジネスプランを実現させていくことに繋がるもので、とてもやりがいがある。だが、そうはいっても、多くのディスラプションはそれより早熟なスタートアップによって引き起こされるものであるから、早熟のスタートアップにアクセスできるようにしておくことも重要だ。

　私たちはそういったスタートアップへの投資を主に他のVCファンドへの投資により行なっており、VCファンドへの投資を通じて、若いスタートアップと繋がることが可能になっている。さらに、アクティブな投資のプログラムも、信頼できるGPファンドのマネジャーから取引フローを発掘することに繋がる優れた手段である。

第2章　CVCのケーススタディー

107

戦略としてのCVC

USAAベンチャーズ／創業者
ナショナルベンチャー・キャピタルアソシエーション／コーポレートデベロップメント部長
ヴィクター・パスカッチ3世

著者はヴィクター・パスカッチに、CVCがもたらす母体企業とのシナジーについて聞いてみた。ここからは、彼にUSAA[64]ベンチャーズのことを語ってもらうことにしよう。

戦略的投資家なのか財務的投資家なのかを知る

まず問題なのは、そのCVCが戦略的投資家であるか、財務的投資家であるかということだ。財務的投資家であるなら、独立系ベンチャーファームと同じように、その目的はキャピタルゲインを得ることだろう。戦略的投資家であるなら、その目的は、母体企業の目的を達成すること、競争優位性を強化することだろう。

次に、CVCは、「戦略」の意味を明確にしなければならない。これにより、どういった取引を行なうか明確になる。

「戦略」の意味するところは、起業家や共同投資家だけでなく、CVCによっても異なる。自身のCVCにとって「戦略」の意味するところは、自社のマーケットに関連する企業や自社が興味を持つ企業に投資するということなのか、それとも、投資先企業の潜在的可能性を取り込むことを意味するのかを考えてほしい。

「戦略」には、競争力の強化、新製品の開発、R&Dの増強またはアウトソーシング、知的財産の開発、新規市場へのアクセス、イノベーションへのアクセス（情報収集拠点や情報源を得るための案件で買収を目的としないもの）などさまざまなものがある。

---

64 United Services Automobile Association。テキサス州サンアントニオにあるアメリカ軍の軍人、軍属およびその家族を対象とした金融業、保険業を専門とする会社。1922年に設立される。

CVCは資金を委ねられているのだから、「戦略的」投資家であったとしても、キャピタルゲインが期待されている。何かしらの成果を上げなくてはならないのだ。

　私の経験からすると、自分自身の戦略に従えば財務的リターンは自然とついてくるものだ。USAAは、IRR（内部収益率）およびCCR（キャッシュオンキャッシュリターン：自己資本配当率）の両方で、一流のVCに引けをとらない結果を残すことができた。戦略にフォーカスした投資によりさまざまなIPOや企業買収によるエグジットを生み出したのだ。

　優れた起業家たちは、資金調達のソースを選択することができる。CVCがもたらす利益や付加価値は、母体企業とのコネクションおよび取引関係だ。その付加価値には、単なる取引上の関係にとどまらず、ビジネスパートナーからのアドバイス、見識、指導も含まれる。

　スタートアップは何千、時には何百万もの顧客、何百もの投資家、何十ものビジネスパートナーを持つことになる。顧客でもありビジネスパートナーでもある投資家としてCVCおよび母体企業との繋がりを持つことは、見識、アドバイスを得られるとともに、リスクの軽減という恩恵を受けることになる。そのような投資家と一緒にリスクを取ることはスタートアップの成功への最短ルートなのである。

　CVCにとっては、そのスタートアップの事業についてだけでなく、その産業全体の見識も得られるだろう。CVCが投資先企業と良好な関係にあるのであれば、母体企業に影響を与えるような決定についても、（それぞれにおけるフィデューシャリー・デューティーの範囲内で）ある程度は意見できるようになるだろう。

　プライベート・エクイティ投資から得られるアップサイドは、単にリスクを負って投資することや取引関係だけによる成果ではなく、CVCや母体企業が与えたアドバイスや見識、リソースによる成果ともいえる。さらに、すべての企業はサードパーティーリスク（純正品でないものに対するリスク）に対応する必要があるが、そうした第三者リスクは、スタートアップのバランスシートの強化だけでなく、CVCや母体企業との提携、アドバイス、見識の提供によっても軽減できる。母体企業がスタートアップの戦略に依存しているなら、それを達成させるべく、母体企業との提携、見識、アドバイスの提供を行なうことがもっとも理にかなうだろう。

第2章　CVCのケーススタディー

109

目的に応じた戦略をとる

USAAでは、戦略はミッションによって決められる。そのミッションとは、軍事コミュニティーの経済的安定性を促進することだ。USAAは、戦略的投資家として、これまでもそうであったように、今後も軍事コミュニティーに選ばれ続ける金融サービスの提供者でありたいと思っているし、それを可能にする新しいトレンド、テクノロジー、破壊的ビジネスモデルを探し求めている。USAAは、投資先企業を頼りにし、競争力の高い製品やサービスを自社にもたらすために投資をするのだ。

CVCが戦略的投資家と財務的投資家のいずれであるかを区別したいのであれば、投資の承認プロセスに着目することだ。

ビジネス部門のサポートなく投資の承認が得られるのであれば、戦略的投資家ではない。

また、投資先を統合することを意図していないなら、戦略的投資家ではない。投資委員会に誰がいようと、ビジネスサイドの同意やサポートなしに投資ができるのであれば、そのCVCは財務的投資家である。

CVCの仕事は、スタートアップによる外部のイノベーションと母体企業による内部のイノベーションを結び付けることだ。R&D、インキュベーション（起業支援）、プロダクトイノベーション、マーケティング、さらにはコンプライアンスも含むすべてのチームの知識を集結させれば、結果は必ずよりよいものになる。ただし母体企業内部の強化とスタートアップの強化に必要なものは相反することが多いので、CVCは、全体の利益のために、両者の風土や文化の橋渡し役にならなければならない。

またCVCは、起業家、投資家、インキュベーター、アクセラレーター[65]、バンカー、教育機関、各種専門家からなる大きなエコシステムの一部であることを認識すべきであり、単なる投資チームにならないのが理想だ。

CVCは、このエコシステムにとって、信頼できるアドバイザーであり、自身のビジネスパートナーをまとめることが求められている。また、母体企業内部においてCVCは単なる投資チーム以上の存在として認められなければならないし、クライアントにとって信頼できるアドバイザーでなければならない。

---

[65] 起業に関する支援を行なう事業者。広義には既存事業者の新規事業を含む起業支援のための制度、仕組み、施設などを含める場合もある。

この広いネットワークは、CVCの努力の成果であり、ネットワークの構築が母体企業にとってかけがえのないリソースをもたらすだろう。

調整力の重要性

CVCが成功を収めるためには、特に投資先企業を取り込もうとする戦略的なCVCとなるためには、抜きんでた調整スキルが必要となる。つまり、社内の関連する経営部門や総務部門だけでなく、異なる事業部門をまたいで良い関係を築かなければならない。CVCは、破壊的テクノロジーおよび新たなトレンドにとどまらず、母体企業と競合するとも思われるビジネスでさえ採り入れていくことになる。

こうしたことは、ともすれば、母体企業にとって脅威に映るイノベーションを促すものであったり、母体企業に対する批判として捉えられたりする恐れもある。

結局のところ、会社のためによかれと思って考えられたCVC構想であっても、激しい抵抗に直面することがある。十分な社内政治スキル、信用性、人脈、影響力、会社の事業部門をまたぐ良好な関係がなければ、CVCは実効性がないものになってしまう。

そして、CVCが外部との関係でやらなければいけないこと（取締役会、ディールフロー管理、セミナーなど）と、社内の人間関係を維持するためのコミュニケーションとを両立することはなかなか難しいのも現実である。

そんなわけで、CVCのメンバーには母体企業の人間と外部の人材の両方を雇うことが望ましいだろう。母体企業の人間には、社内で確立した人間関係があるが、外部のネットワークや経験は期待できないので、外部から来たチームメンバーとのバランスが取れる。

外部から来たメンバーは大企業で働く意欲やカスタマーサービスのスキルが求められる。

適切なバランスが図られれば、時間がかかるかもしれないが優れたチームが生まれる。母体企業の人間は経験を積み、外部の人材は母体企業の人材と人間関係を構築することになるのだ。

また、CVCは、投資先企業のために、母体企業とのコンタクトポイントやリソースを確保するべきだ。企業において、人、業務、優先順位、予算、戦略、計

画などに変化はつきものなので、スタートアップに母体会社とのコンタクトポイントを設定することで、投資先企業は母体企業からサポートを得ることができ、そうした変化にうまく対応することができる。

　CVCは、各投資の根拠やバリュードライバー（価値を生み出す源泉）を持つべきで、それらがCVCの全体的な戦略を基礎付けることになる。そして、CVCの戦略は、母体企業の戦略や優先事項に沿うべきだ。こうした根拠やバリュードライバーは、戦略的要素と財務的要素の両方を考慮するものである必要がある。

始める前に確認および決めなければならないこと：

- 目的は何か？　戦略的投資か、財務的投資か？　を決定しよう。
- CVCの目的を決めた後に、「何」を「どのように」やるかを決定しよう。
- 戦略は何か？　投資先との統合を検討しているか？　を明確にしよう。
- 長期にわたるコミットメント[66]を示すために、十分な資金（最低でも1億5,000万ドル）を準備しよう。
- 母体企業を納得させるために、意思決定プロセスを整備して、迅速な投資を実現するための仕組みを備えよう。
- 起業エコシステムに貢献することができる独自の価値を考えよう。
- CVCが母体企業に伝えたいことを考えよう。
- 誰が社内のトップで、誰がCVCの成功にとって必要不可欠かを考えよう。
- CVCが成果を上げるには長い時間を要することを覚悟しよう。各投資を社内のニーズと統合するのに12カ月以上、その後、財務的リターンを生むまでに7〜10年かかることもある。
- CVCにおける評価基準を定めよう。
- 投資はどのように決定され、誰に報告され、どのようにフォローされるかというプロセスを考えよう。
- 投資規模、ステージ、対象とするセクターを決めよう。
- リード投資家となる戦略を視野に入れるか考えよう。
- ファンドオブファンズの形態とするか考えよう。
- 取締役会に参加するか？　するとして、取締役としてか、それともオブザーバーとしてかを考えよう。

---

66 単なる口約束ではなく「自分の行動を縛る具体的な仕組み」をつくることを指す。実際的な関与、責任を伴う関わりのこと。

- どのように、CVC戦略の決定に母体企業を巻き込むか考えよう。
- どうやって、会社全体の事業プロセスや事業計画、戦略とCVC投資とを連携させるか考えよう。

著者からの一言

　著者は、ディールフローを共有する際に、USAAベンチャーズのチームと知り合った。ヴィクターは、CVCを創設し、スケールさせるため、USAAのサポートを得ることや、シリコンバレーのチップメーカーであるアルテラのVC業務とM&Aを主導したアレクサンダー・マルケズ（元インテル・キャピタルとゴピランガンにおいて勤務）を含む外部の優秀なプレーヤーを雇い入れることで、CVCのチームにおける自社の人間と外部の人材のバランスを取ることに成功していた。

　その後、市場で投資を行ない、その戦略を母体企業およびスタートアップに適合させ、結果的に極めて優れたリターンを母体企業にもたらしたようだ。

　USAAベンチャーズは、多くの人気企業に投資をし、素晴らしいリターンを生み出した。他方で、ヴィクターがこの本の執筆に協力してくれた後、USAAベンチャーズのメンバーの多くはCVCを離れて、別のチャンスに取り組んでいるようだ。

　こうして、チームのリーダーたちが、CVCを離れてしまうとなると、高まりつつあるCVCの評価、とりわけ、ベンチャーの世界での位置付けは、簡単ではない。実際の理由はもっと複雑だとは思うが、優秀なベンチャーのプロフェッショナルたちに見合う企業内部の長期的なポジションを用意することはなかなか難しいものがあるということだろう。

広く投資するボルボ・ベンチャーズのやり方

ボルボ・ベンチャーズ／マネジングディレクター USA
ジョナス・ランドストローム

ジョナス・ランドストロームは、ボルボ・ベンチャーズについて語ってくれた。ボルボに乗っている読者ですら知らないだろうが、ボルボの自動車部門は1998年にフォードに買収された後、2010年に中国のジーリーに買収されており、現在は中国資本となっている。

ボルボ・ベンチャーズはトラック、バス、建設機械、モーターその他業務用自動車にフォーカスしており、ボルボは、自動車部門の売却額の倍以上である340億ドルを投じて、マックトラックなどの多くの有名ブランドを買収したのだ。

投資先企業との連携を主導する人材を発掘する

ボルボ・ベンチャーズは、1997年にエバーグリーンファンドとして設立され、業務用自動車にフォーカスしている。自動車産業は今後5〜10年の間に、これまでの100年よりも大きく変わるといわれている。自社の中核事業がテクノロジー事業だと考えない大企業もあるが、実質的にすべての企業は、中核ではないにしろ、さまざまな形でテクノロジーと関わっている。

考えてみれば、自動車はいつでもテクノロジー事業だった。自動車産業における変化は今や誰の目にも明らかである。自動車産業の中で、急激な変化を勝ち抜こうとする熾烈な競争に脅かされていない分野を見つけたりすることは難しい。

コネクテッドカーやセルフドライビングカー、機械工学、ソフトウエア工学、デザイン、カスタマイズ、エコカー、テレマティックス、購買パターン、レンタル、シェア、交換、サービスなど、枚挙にいとまがない。公共交通、自家用車についての人々の考え方、関わり方はこれから大きく変わっていくだろう。

ボルボ・ベンチャーズは事業を開始してからもうすぐ20年となるが、その規模を倍増させ、今や1億2,000万〜1億3,000万ドルで推移している。

現在は、この資金のうち約3分の1が手元資金であり、約3分の2が非公開会社

の株に投資されている。なお、昨年はボルボの本社に新たなCEOを迎えたこともあり、新たな投資は2件だけだった。

ボルボ・ベンチャーズはボルボの戦略部門の一部であり、戦略部門長の指揮命令に服している。戦略部門には、ヨーテボリに6人、シリコンバレーに2人の正社員がいる。ジョナスに、ディールを探すCVCチームの4分の3を技術的イノベーションの中心ではないスウェーデンの本社に置いて、イノベーションの中心であるシリコンバレーに4分の1しか置かなくていいのかと尋ねてみた。

ジョナスは、その数字をひっくり返したいとは言っていたが、CVC業務とその母体企業とを密に連携させることの重要性を語ってくれた。

ボルボ・ベンチャーズは、外部委員会を設けており、投資を実行するにはその承認を得なければいけない。外部委員会は、戦略部門長、コーポレートデベロップメント（M&A）部門長、キャップマンの元会長である外部役員から構成されている。なお、キャップマンは、定評あるスカンディナビアのレイターステージのプライベート・エクイティおよびVCファンドである。

ボルボに外部から新たなイノベーションを取り込むという目標に加えて、ジョナスは、ボルボ・ベンチャーズは次の3点にフォーカスしているという。

1．新たな才能を見つけ、自社で確保すること。
2．スタートアップとボルボが提携するチャンスを見つけ、検討をすること。
3．M&Aチームのためのパイプラインを作ること。

ボルボ・ベンチャーズは、特定の投資候補リストに拘泥せず、幅広くテクノロジーとトランスポーテーションが交錯する分野に投資している。プレシードステージからグロースステージといったステージにはとらわれないが、スタートアップのプロダクトがマーケットに適合することが実証されるシリーズAやBのラウンドで、100〜1,000万ドルを投資している。

また、ボルボ・ベンチャーズはできるだけオブザーバーを置くことにしているとのことだ。

約20年間のCVCプログラムの歴史や、独立した財務基盤を持つファンドの運営経験を振り返って、ジョナスは財務的基盤の安定性の重要性を強調している。

とはいうものの、ボルボ・ベンチャーズは、スタートアップとの提携に向けた明確なビジョンが見えない限り投資をしない。ボルボが、スタートアップに対し

第2章　CVCのケーススタディ1

115

て短期間で価値を与え、自らは長期的な戦略的価値を得ることがベストシナリオなのである。これこそCVC業務において達成すべきWin-Winの関係である。

　ボルボ・ベンチャーズは、65社を超える投資先企業とボルボとの間の取引を繋ぐ中心的役割を果たしている。投資後には、さまざまな事業部門からの反発を取り除き、提携による効果を最大にするため、ボルボ内で主導的役割を担うことになる。

　ジョナスは、最後に、自社の事業から孤立したCVCを運営することは無意味だと言った。

　CVCはその母体企業とのコラボレーションを図らなければならない。CVC事業において重要なのは、投資先企業とのビジネスをリードする適切な人材を母体企業から見つけ出すことにある。これは常にトップダウンで行なわれるわけではなく、ボトムアップで行なわれることも多い。

　有能なコーポレートベンチャーキャピタリストに求められるスキルは、通常の独立系VCにおいて求められる能力に加えて、その企業を効率的に、忍耐強く、戦略的かつ継続的に導く能力なのである。

変革を迎えている時期にこそ、
自ら動くことで達成できる

BMWiベンチャーズ／シニア・アドバイザー
Icebreaker Ventures ／共同創業者
マーク・ブラトン

　著者がマークとサンフランシスコで会った際に、彼は、CVCについて次のように語ってくれた。

企業内のCVCの位置付けを明確にする

　もしあなたの業界が大きなディスラプトを迎えているなら、旗印を掲げ、「私たちは資本、人材、市場へのアクセス、関連分野のノウハウなどスタートアップをスケールさせるために役立つ多くのリソースを持っている」と打ち出すことだ。この旗印こそ、VCである。

　BMWは大企業だが、これからの競争相手は、アップル、テスラ、インビディア、リフトといった、これまで予想だにしなかった新しい面々なのだ。私たちは、自分たちの産業が非常に大きな変化を迎えていることに気付いたのである。

　電気自動車、カーボンファイバー、自動運転車、コネクテッドカー、ロボットといったさまざまな自動車関連のサービスが生まれてきており、ウーバーやリフトのような新しいビジネスモデルが登場している。主要購買層はどうなるのだろうか？　どのような購買行動が見られるのか？　都市部に住んでいる人々は、自家用車を欲しいと思うのだろうか？　アジアは、アメリカやヨーロッパの市場と同様に発展していくのか、それとも違った発展を遂げるのだろうか？

　こうした変化は、ガートナーによるレポートを読んだり、学会に参加したりすることで学ぶこともできるが、自分で手を動かして、今進んでいるディスラプトを感じ取ってもよいだろう。そうすることにより、最良の投資先を選ぶことができる。

　投資を行なうということは、責任を生み出すということだ。キャリアにおけるレピュテーション（評価）と、資金を賭けることで、このゲームは、次のステージに移ることになる。

　私たちが6年前にBMWiベンチャーズを始めた時点では、BMWにはイノベー

第２章　ＣＶＣのケーススタディー

117

ションに関するボトムアップの事例がまったくなく、すべての戦略はトップダウンで実行されていた。本来は、イノベーションに関して、情報がすべてのビジネスユニットからCVCに集約され、そこから本社の経営陣に報告され、必要に応じてフィードバックされることが望ましい。

企業においてCVCをどのように位置付けるかは、慎重に考えるべきである。CVCグループを、特定のビジネスユニットの内部に設置するのは間違いだ。じっくり考えたり戦略を立てたりする人間を、思い立ったらすぐ行動する人間によってマネジメントさせるようなことはすべきではない。だから、私はGP-LPストラクチャーを組成してCVCを運営するべきだと考えている。CVCは独立していればいるほどよい。

砕氷船を例に説明したい。砕氷船が北極の氷を切り開き、母船が通ることのできる道を作り出している。砕氷船が自律的な活動を行なえなければ、道を切り開くことはできないだろう。

自動車産業は急激な変化に突入しているから、単にスタートアップと一緒に活動することで得られる以上の成果を、CVCに求めるべきだ。

私は機能不全に陥っているCVCをたくさん見てきたが、そこではCVCの投資マネジャーが、ポートフォリオ企業の取締役会に参加するための飛行機代を払ってもらうために、わざわざ本社に承認を求めに行かなければいけないようなこともあった。

もし新たなCVCを設立し、VC業界ではなく会社内部からスタッフを集めても、そもそもディールへのアクセス権を持たないだろうし、仮にアクセスできたとしても、参加したい投資には参加できないだろう。CVCを運営するために優秀なVCの経験者を招くには、報酬の問題があり、それを解決するために、GP-LPストラクチャーを組んでCVCをスピンオフ（分離）させるべきなのである。通常のVCと同様、2：20モデルの報酬体系を提供すれば、優秀なチームができるだろう。

ビジネスユニットのトップは、よくCVCに自らが作成した投資先候補のリストに従わせようとしてくるが、それに従っていたら、ウーバーやウェイズ、初期のコネクテッドカー、センサー、産業用インターネットなどの案件を見逃していたことだろう。私たちがリストを軽視していると文句を言われるだろうが、CVCは、自律的であるべきだ。求めているものが何なのかわからない、それこそベンチャーのあり方なのだ。

明確なゴールを持ち、
市場ニーズを知った上での投資であるべき

ドコモイノベーションズ／インベストメント・ディレクター
ボーダフォンインキュベーション＆ベンチャーズ／元インベストメント・プロフェッショナル
インテル・キャピタル／元インベストメント・プロフェッショナル
クリスティーナ・クー

著者は、スタンフォード大学のすぐそばの寿司屋で、クリスティーナと情報交換を行なった。以下は、成功を収めたCVCと、失敗に終わったCVCから彼女が得た教訓である。

ボーダフォン・ベンチャーズ＆ボーダフォンエックスワン

クリスティーナ・クー —— 私は、成功を収めたCVCと、失敗に終わったCVCで投資を担当していた。いずれも、携帯電話やインターネットといった通信分野を扱っていた。アメリカのベンチャーエコシステムの参加者である通信事業者のCVC、ボーダフォンエックスワン／ボーダフォン・ベンチャーズとドコモイノベーションズである。

それでは、私がこれらのCVCから得た教訓に基づいて、コーポレートベンチャー事業において何をすべきかをお教えしよう。

私は、CVCは、まずはキャピタルゲインを得るために投資をしなければならないと思っている。一方でCVCは組織内の起業家であり、自社にイノベーションや新しいアイデア、チャレンジをもたらしてくれる。

私は、ボーダフォンエックスワンの創業者と出会い、ボーダフォンという国際的なブランドによる投資を通じて、モバイル分野での起業家のビジネスの発展を手助けするというアイデアに感銘を受けた。そのアイデアは、私の起業家・投資家としての情熱を刺激したのである。

私は、2011年に、ボーダフォンエックスワンの、フェイ・アルジョマンディのチームに加わった。それはちょうど、ボーダフォンが、ベンチャー事業をサンフランシスコベイエリアにまで拡大しようとしていた時期だった。

ボーダフォン・ベンチャーズは2000年に設立されたボーダフォンエックスワ

ンの前身のCVCであり、運用総額1億ポンド、平均投資金額が200〜1,000万ポンドで、シリーズAからグロースステージを対象としていた。ピーター・バリーに率いられたボーダフォン・ベンチャーズは、一流のVCと良好な関係を築いていた。

2010年には、ボーダフォンエックスワンは、モバイル関連のスタートアップに投資する世界的なCVCとなった。代表的な投資として、モバイルアイロン、アモビー、エボリューションロボティックスが挙げられる。投資先のスタートアップはすべて、資金面での支援だけでなく、ボーダフォンとの提携によるビジネス上の支援を受けることができた。

2012年には、フェイがボーダフォン・ベンチャーズを引き継ぎ、ボーダフォンエックスワンと統合し、レッドウッドシティにオフィスを開設した。オフィスには、素晴らしい設備と、情熱のある新しい才能が集った。

ボーダフォンはR&DとCTOの獲得のため、シリコンバレーに投資することとしたのだ。起業家向けのオフィスが併設された実験施設に巨額の資金が投じられ、開発者たちはレッドウッドシティからボーダフォンのグローバル2G、HSPAやLTE回線にアクセスし、開発したアプリケーションやハードウエアをテストすることができた。

ボーダフォンエックスワンは、潜在能力があるスタートアップを見つけ、実証実験まで一気に持っていくことを重視していた。

モバイル関連の事業を行ない、シードや試作段階からようやく顧客が付き始めたようなアーリーステージのスタートアップが投資のターゲットだった。そこでは、ボーダフォンエックスワンは百万ドル未満のNRE（設計・開発用）の資金を提供した。

スタートアップにとっては希薄化の心配がない資金調達であり、ボーダフォンにとっては、スタートアップにボーダフォンのための製品あるいはボーダフォンが活動する市場向けバージョンの開発にリソースを割いてもらうために支払う、いわばコンサルティングフィーだった。

その後、スタートアップが投資ラウンドに到達すると、ボーダフォンのファンドは投資の検討を始めることになる。

このような流れを実現するため、また、ボーダフォンエックスワンは技術的知識、ビジネスのアドバイス、製品がボーダフォンの回線と適合するかを確認するために研究所を使用させている。ボーダフォンエックスワンのゴールは、製品のマーケットへの投入を促進することであり、それは、事業会社としてのボーダ

フォンの利益につながる。

　これらの製品は消費者、企業インフラで使用される可能性があるが、まずは、センターでの研究成果を、6 ～ 9カ月かけてユーザーによる使用テストを経る計画である。

　ボーダフォンエックスワンは、ベイエリアにいるボーダフォンの重役たちにとっては、さながらスタートアップの展示場のようであり、ボーダフォンのベンチャー事業を把握することができた。

　だが、2013年まで、ボーダフォンエックスワンは、満足のいくイノベーション、製品、知的財産やボーダフォンが連携できるプロジェクトを実現できなかった。2014年になるとボーダフォンエックスワンは、徐々に縮小され、フェイは去ってしまった。およそ18カ月の間に、ボーダフォンエックスワンはシリーズAのスタートアップのように雇用を急激に増やし、ボーダフォン・ベンチャーズと統合し、しかし徐々に活動を収束させていったのだ。

　ボーダフォンエックスワンがレッドウッドシティで得た、いくつかの教訓を紹介しよう。

1）スタートアップとの間違った関係を構築してはならない：

　ボーダフォンはスタートアップに対し、ボーダフォンが使用するための知的財産を開発することの見返りとしてNRE用の資金を提供した。だがこれでは企業にイノベーションをもたらすことはできない。

　つまり、スタートアップに新たな技術製品を創出させ、事業提携や投資を呼び込む際に、いわゆる逆選択の問題が、大きな課題として生じる。アメリカ、特にシリコンバレーに本社を置くスタートアップは、投資を受けるにあたって多くの選択肢を持っていて、製品開発の初期段階から知的財産に制約が生じてしまうような方法でシリーズAにおける資金調達をすることを望まないのだ。

　スタートアップに提供できる価値は何か、スタートアップが見返りに与えてくれるものは何か、もっと考えなければいけない。自社の言いなりになるスタートアップではなく、自社にとってベストなスタートアップと協力しなければならないのだ。

2）スタートアップと連携するための正しい仕組みを見つけよう：

　CVCは、とことんスタートアップをサポートしなければならない。また、スタートアップを締め付けるのではなく、彼らにとって有利な契約を締結しなければならない。大企業との間の契約のように、相手から一方的に何かを獲得したり

リスクを相手に押し付けたりするような態度で臨むのは厳禁だ。

3）シリコンバレーのエコシステムにおけるキープレーヤーからのディールフローが必須：

　ボーダフォンエックスワンは、シリコンバレーのエコシステムと連携をしなかった。ただ、投資先を決めるにあたって、ボーダフォンのビジネス部門、フェイのネットワーク、ボーダフォン・ベンチャーズから紹介があったスタートアップに受動的に対応するのみだったのだ。

　私たちは、トップレベルのベンチャーキャピタリストや起業家と連携をしなかった。自分たちですべてできると勘違いし、シードステージのスタートアップを自力で見極めようとしてしまった。CVCは、シリコンバレーのエコシステムの一員として活動すべきだろう。

4）スタートアップの自主性を尊重しよう：

　私たちは、スタートアップに指示して製品を作らせていた。スタートアップの革新的な考え方をフルに活用するには、スタートアップに対する上から目線の指導は慎むべきであり、彼ら自身にアイデアや解答を考え出させる必要がある。

　私たちは、しょせんはボーダフォンの従業員にすぎず、スタートアップのプロダクト・マネジャーでもなければスタートアップの唯一の顧客でもない。

　私たちは、多くの時間を使い、ボーダフォンの事業とマッチする新しい製品をスタートアップに作り出させようとした。

　スタートアップは、自分自身のために製品を作り、その製品と適合する市場を見つけるべきだ。製品ができて、その活用方法がわかった後に、そこで初めてCVCがそのイノベーションを自社でどう活用できるか考えるべきなのだ。

5）ベンチャービジネスとスタートアップに対しては根気が必要：

　CVCは、スタートアップに根気強く付き合わなければならない。特にボーダフォンのようなグローバルプレーヤーは、Win-Winの関係を築けるよう付き合うことが必須だ。

　手練のスタートアップでない限り、短期間でビジネスを世界展開するというのは無理がある。アーリーステージのスタートアップは、大企業とフルスケールでの取引をするリソースは持っていない。両者の戦略と目的を理解していなければうまくいかないのだ。

6）理念や意思決定が、シリコンバレーやその経営層に由来していなかった：

　ボーダフォンエックスワンの意思決定、哲学、運営や目標は、シリコンバレーのエコシステムとは切り離されていた。メディアのインタビューでは、ジャーナリストが、フェイとボーダフォンエックスワンの目的にとって、もっとも重要な質問をしていた。「ボーダフォンはイギリスに本拠を置いており、あなたはキャリアの多くをカナダで過ごしています。シリコンバレーでそれはどう影響しますか？」というものだ。

　フェイは、「率直に言って、シリコンバレーで活動することが他の地域と何か違うのか」と答えており、それはボーダフォンエックスワンの運営方針を端的に言い表していた。シリコンバレーは他のどの地域とも異なるのに。

　シリコンバレーはインターナショナルであるように見えても、そこには確固とした起業家とベンチャーキャピタリストのコミュニティーがある。シリコンバレーは日々変化しており、そのシステムをディスラプトする新しいプレーヤーにも開かれている。しかし、そこにはエコシステムがあり、成功したプレーヤーがシリコンバレーを動かしている。

　ボーダフォンはそのエコシステムと連携せず、何百万ドルもの資金をその外側に小さなエコシステムを作るために投資した。ただ単にシリコンバレーにオフィスを置きさえすれば、何か良いことが起こるはずだと信じていたのだ。

　ベンチャーファンドのリーダーは、その企業の経営層でなければならないし、会社全体の方針を決定する本社の人間でなければならない。スタートアップにビジネスと投資の機会をスムーズに提供できるよう、社内の利害を調整できるポジションにいる人間でなければならないのだ。

　つまり、インキュベーションとCVCを混同してはいけないのだ。

　CVCチームは、インキュベーションを通してもたらされるものが投資に値するものであるかどうか、その分野にとって最高のものであるかどうかの判断を下さなければならない。また、CVCチームは、ファイナンスの知見を持ち、キャピタルゲインを求める投資家と同じ基準を持ってスタートアップに投資しなければならない。

スタートアップの要望を適切に把握する

　マーケットにおいて素早くイノベーションに挑戦して、それを阻むバリアを壊さなければいけない。スタートアップが抱える最大の問題は、ビジネスモデルの実験やイノベーションの実証に時間がかかることだ。私は、ボーダフォンエック

スワンやボーダフォン・ベンチャーズが正しいモデルであるとは思っていない。ビジネスの課題やマーケットのニーズを見つけ出し、そのニーズに応えることができるスタートアップを見つけることが最短ルートだろう。

スタートアップはリスクから生まれ、そのアイデアを支えてくれる資本を必要としている。

これは、短期間に成果を出すことにフォーカスした大企業の目標とは相いれないものだ。そこで投資家として何を提供できるのか明確にしよう。①資本、②事業部門への紹介、③提携、④特定の市場に参入する機会を与える、が考えられる。

スタートアップは、大企業に製品を作ってもらったり、製品にマッチする市場を見つけてもらったりすることを期待していない。資金を提供してもらい、顧客や新規マーケットに繋いでさえしてくれればいいのだ。

ドコモイノベーションズ＆ドコモキャピタル

私は、2012年にドコモイノベーションズとドコモキャピタルのチームに参加した。ドコモイノベーションズの理念や意思決定は、ボーダフォンエックスワンとはまったく異なるものであった。

私がチームに参加した当時、ドコモイノベーションズは、稲川尚之氏がリーダーで、ドコモのR&Dグループの一部だった。重要な意思決定は、CTO直属の東京本社の経営層によりまず行なわれていた。ニール・サダランガニーは、ドコモキャピタルのポートフォリオを管理しており、私は、ビジネスデベロップメントと投資を手伝うために雇われた。

ドコモイノベーションズにおけるビジネスデベロップメントとは、日本市場に進出するスタートアップを手伝うことだ。

これは、ASP[67]市場へ参入しようとしているスタートアップにとっては、大きな付加価値となる。国際的に携帯電話部門を拡大する場合、ヨーロッパとアジアは、最大の市場であり、その中でも中国と日本は大きい市場なのである。日本に関して言えば、その地域のパートナーとともに市場に参入することは重要だ。スタートアップにとってのバリューは単純明快だ。

ニールは、スタンフォード大学のMBA（経営学修士）を取得しており、以前はベイ・パートナーズのGPで、さまざまな会社に投資をしていた。彼はシリコンバ

---

67 Apploication Service Provider。アプリケーションをインターネットを通じてサービスとして提供する事業者を指す。

レーの出身で、トップベンチャーファームのパートナーと知り合いであり、シリコンバレーのスタートアップに投資して取締役を務めていた経歴を持っている。

彼のベンチャー事業とシリコンバレーのキーパーソンに関する知識は、ドコモキャピタルにとって、最新のトレンドを見つけ、よりよいディールフローを利用して、ベンチャーのエコシステムと連携するのに役立った。

また、ドコモのチームは、役員や事業部門と連携した本社からの駐在員と、私のような現地採用社員の混成部隊であった。アメリカンフットボールに例えれば、私がエンドラインまでスタートアップを進め、駐在員が東京の事業部門と協力してスタートアップをゴールに導くといったところだ。

1つの投資から、スタートアップとドコモのさまざまなシナジーが生まれる。ドコモイノベーションズのチームは、自社のビジネスデベロップメントを強化するという意味も持っていたのだ。

ボーダフォン・ベンチャーズ、
ドコモキャピタルから得られる教訓

1. 各国の通信会社との共同での市場参入という具体的かつ明確なゴールを持つこと。
2. CVCは、スタートアップのための市場参入を提案し、スタートアップは私たちに株式を提供するという、互いにメリットのある関係を作り上げること。
3. シリコンバレーのエコシステムの一員として活動すること。
4. その分野で最高のスタートアップを探し出し、それ以外のスタートアップに最初に投資しないこと。もし、投資がイノベーションや、その分野でリーダーとなるスタートアップを発掘するためのものだとすれば、デューデリジェンスの結果は、VCによるものと一致していなければならないはずだ。
5. VCへの参入を望んでいる企業は我慢強くなければならない。投資とスタートアップの展開の5～10年後に初めて利益が得られる。VC業界は、次世代のイノベーションやイノベーターをいち早く発掘できるようコミュニティー内部での信頼を築くために、一貫性のある行動を求められる。たった2年で目に見える成果が得られるようなことを期待して右往左往してはならない。
6. ベンチャーチームには、資金のおよそ20%を現在のビジネスの考え方の範囲を超えて、先を行くビジネスに投資する権限を与えるべき。ボーダフォン・ベンチャーズは、ツイッター、ユーチューブやフェイスブックの黎明期に投資することができなかった。ベンチャーチームからの進言にもかかわら

ず、シニア・マネジャーがアーリーステージにあったそれらの企業のビジネスと自社の事業との関係を理解することができなかったのだ。

7. CVCファンドは常にROI（投資収益率）を実現し、財務的に自立し、そして高い成功率を実現しなければならない。

つまり、CVCの投資先企業それ自体が、属する業界で成功を収めている必要がある。もし投資先企業がすべて破綻したとしたら、あなたの会社はCVC投資から何も利益を得ていないことになる。経済的リターンを追求する通常のVCとは違い、スタートアップと戦略的関係を築くCVCでは、たった一度リターンを得られたからといって、喜んではいけない。

このため、リスクの高い創業期の企業ではなく、もう少し先の成長ステージの企業に投資をするほうがCVCでは有利である。しかし、大企業にとっては、複数のファンドを持っていさえすれば、投資先企業がどのステージにいるかは問題ではない。複数のファンドを立ち上げリスクの分散を行なう戦略は、通常のVCがまさに行なっていることであるからだ。VCは、アーリーステージと、それ以降のステージのために資金を持ってリスクを分散している。

また、CVCが独立してさえいれば、CEOなど役員が変わったとしても、CVCは長期間生き残ることができる。間違いなく、CVCは、キャピタルゲインを主要な目的とすべきなのである。

8. なお、投資に限らず、新規のトレンドを強調する時に、スタートアップが最終的に関与しないとしても、社内において新しい計画を立ち上げるというのがはやっている。この典型例はM2Mだ。

ボーダフォンはJasper Wirelessを発表し、以前の分析でこの領域をいかに過小評価していたかを強調して、新しいM2M/IoTビジネスを開始した。結果的に、ボーダフォンは、グローバルM2Mビジネスの初期におけるリーダーとなった。グローバルM2Mビジネスは、ボーダフォンにおいて急激に成長した収益源の１つになっている。

紐付きの資金調達と
現物での投資についての考察

　これまで、資本ではないリソースによって投資するという、クリスティーナの
ボーダフォンでの経験を見てきた。この経験について、著者の考えも少し述べた
いと思う。

　ドイツ、オーストリア、スイスにおけるキー局であり、ヨーロッパ最大級のテ
レビ局が、シリコンバレーにCVCのオフィスを開設した。
　彼らは、スタートアップにわずかの出資をするか、まったく資金を出資せず、
代わりに自分たちの媒体での広告枠を提供することでエクイティを得ている。ス
タートアップがシリーズBからDの増資ラウンドに進むと、スタートアップはテ
レビ局と取引をまとめる。すなわち、そのスタートアップはエクイティを渡すこ
とで、キャッシュを支払わずにヨーロッパにおけるプロモーション活動を行なえ
るという仕組みだ。

　ただ、このような仕組みは失敗に終わり、投資担当者は全員ドイツに戻ったよ
うである。シリコンバレーにおけるリレーション（継続的に維持できる関係）を
何も構築できていないのに、ドイツからシリコンバレーに内部のテレビ担当者を
送り込んだことも失敗だった。著者は、他のテレビ局の役員が同じようなアイデ
アについて話しているのを聞き、失敗するからやめたほうがいいと忠告したこと
もある。優秀なスタートアップのCEOは、自らの判断により資金を調達し、紐
付きの資本を避ける。テレビ局の人たちは、CVCによって収入をダイレクトに
増やせると思っているが、スタートアップがそんな思惑に乗ることはないので、
そうした考えは捨てることだ。

サービスのみを対価としてエクイティを得るのではなく、
資金も提供することによって、よりよい成果を獲得する

　著者がルーセントテクノロジーズから資金の調達とベンダーファイナンスを受
けていた1990 〜 2000年代、融資を受けた資金の多くは、もともと必要だと
思っていた電気通信交換機やネットワークデバイスには使わず、後から必要だと

わかったサービスに用いた。著者はルビコンVCにおいて、フォックスコンやフレクストロニクス[69]とともに多くのスタートアップに投資した際に、同じことを行なった。この2社は、しばしばキャッシュとサービスを組み合わせて提供している。

アジアにおける多くのTier IIIのパートナーの興味を引くには小規模すぎる生産量しか提供できないスタートアップに対し、最高品質かつ最適な環境を提供して提携してくれる数十億規模の世界的な電子機器メーカーと提携できるのだから、スタートアップにとってはプラスの取引といえる。ルビコンVCは、フォックスコンやフレクストロニクスと並行して投資することを好む。より多くの製造メーカーが、そうしたプログラムを始めるべきであるが、サービスのみを対価としてエクイティを得るのではなく、資金も提供することによって、よりよい取引を獲得すべきだと思う。

製造メーカーは、トップVCを、投資先を選択するためのフィルターとして利用し、トップVCと一緒に投資すれば賢明だろう。もし学生がハーバードの全額支給奨学金を得ていて、スタンフォードの奨学金は得ていないなら、ハーバードに行くだろう、ということと同じだ。

スタートアップはしばしば、オフショア開発[70]またはニアショア開発[71]の業者にアワリーレート（時間給）または固定額でウェブやアプリのデザインやソフトウエアなどを作ってもらっている。ベストなスタートアップのチームでさえ、自前のフルタイムの従業員を増やすとともに、外部への委託を増やしている。ここ何年も、良い代理店は、自らの従業員へ賃金を支払うよりも、クライアントにチャージすることにより収益を増加させており、また、クライアントが数億ドルでエグジットした後は、クライアントにキャッシュを出資する、または（常に実現できるタイミングを見計らっているのだが）開発リソースを対価として出資する。

通常彼らは、スタートアップに対して70〜80%をキャッシュで出資し、残り20〜30%を次の資金調達ラウンドにおける株式の取得またはコンバーティブルノート[72]の転換に充てる。

---

68 フォックスコン・テクノロジーグループ。台湾に本社を構え、生産拠点は主に中国。電子機器の生産を請け負うEMS（Electronics Manufacturing Service）では世界最大の企業グループ。
69 シンガポールのEMS企業。
70 情報システムやソフトウエアなどの開発業務の一部または全部を海外の会社などに委託することで、開発コストを削減する手法のこと。
71 情報システムやソフトウエアなどの開発業務の一部または全部を、比較的距離の近い遠隔地の事業所に委託すること。
72 転換社債の1つ。事前に定められた転換価格によって株式に転換できる権利が付いている社債を指す。

キャッシュこそ重要であり、現物のサービスは二の次

　キャッシュによる投資と、現物での出資を組み合わせて受け入れれば、スタートアップはより素早く、より多くの資本を確保できるという考えには合理性があるようにも見える。しかし、開発と投資のハイブリッドによりスタートアップが支払うコストが、アウトソーシングして開発を行なうことによるコストよりも20 〜 50%ほど高くなり、そのような考えが間違っていることに気付くことが多い。スタートアップは注意しなければ、そうしたハイブリッドの投資家に対し、通常支払われるべきアワリーレートに加えて、エクイティも渡してしまうことになるのだ。

　著者がここから得たものは、キャッシュこそ重要であり、現物のサービスは二の次ということだ。なぜなら、現物による出資によって、投資家が紐付きの出資を行なっているように見えてくるからだ。マイクロソフトのような良い投資家は、キャッシュの投資をするだけで、豊富なリソースにアクセスさせてくれる。マイクロソフトは、自身のソフトウエアとウェブホスティングサービス[73]に無料でアクセスを可能にする、ディーラー誘引モデルを用いている。これによって顧客を囲い込み、アマゾンウェブサービスや他の競合するプラットフォームに流れることを妨げている。

　他方で、VCファンド（ファンドオブファンズ［FoF］）に投資する際、企業は多くの見返りを求める。VCファンドのLPとなる企業とVCファンドとがバランスを取ることは重要である。GPは、LP投資家が要求する「紐付き投資」に引きずられて方針を変えることがないように注意しなければならない。一般的にGPは、すべての関係者がうまくいくよう、LP投資家である企業の要望を踏まえた戦略を導入することが可能なのであり、それによってこそGP、LP投資家である企業、そしてスタートアップのWin-Win-Winの関係を築くことができるのだから。

---

73 情報発信用のコンピューターの機能を遠隔から顧客に利用させるサービス。

アンカー投資家の経験知を活かす

ロステレコムヴィータ・ベンチャーズ／元CVCマネジングディレクター、パートナー
ニコライ・ドミトリエフ

　著者は、ニコライとモスクワの屋上レストランで食事をした際に、ロステレコ
ムでCVCを運営した経験について話を聞くことができた。彼の経験談を紹介し
よう。

　ロステレコムは、総収益が100億ドルにも上る、ロシア最大手の通信事業者
だ。CommIT Capitalは、そのCVCファンドであり、投資規模が1億ドルの大規
模ファンドである。

　彼らは、ファンドの運営にあたってアンカー投資家のノウハウを活用すること
で、ファンドの価値を向上させるとともに、ロステレコムの長期戦略と合致する
投資を実践した。その投資戦略によって、ロステレコムには、内製化、シナ
ジー、M&Aのシミュレーション、VCファンドとの連携といったプラスの効果が
もたらされた。

　彼らはそれにとどまらず、ディールフローを確立するために、アーリーステー
ジにおける投資を行なっているIIDF（インターネットイニシアチブデベロップメ
ントファンド）と提携した。また、チームを作るにあたり、VC市場で実績のある
プロ投資家や、ロステレコムの経営企画グループでの経験を有するマネジャーを
メンバーに迎えた。さらに、ファンドにおける迅速な意思決定を行ない、マー
ケットプラクティス（市場慣行）を補足できるよう、独立した組織を作り上げた
のだった。

---

74 ロシア最大の固定電話において最大手の通信会社。国内の長距離電話、国際電話などを強みとしており、
全国20万kmにも及ぶネットワーク網と、海外70カ国以上にダイレクトに接続されている通信網を保有。

「戦略的投資+財務的投資」という
革新的なビジネスモデル

レジェンドホールディングス／元バイスプレジデント（シリコンバレーオフィス）
サマン・ファリド

　著者とサマン・ファリドは、サンフランシスコのオフィスで、これからレジェンドホールディングスをどう組み立てていくかということと、「戦略的投資＋財務的投資」モデルについて話をした。

　サマンはアメリカと中国で生まれ育ったことから国際経験が豊かであり、さらに3つのスタートアップでの実績があった。その後、彼はレジェンドホールディングスのアーリーステージを対象とした投資グループであるレジェンドスターのマネジャーを務めている。最近では、アメリカと中国を拠点してロボットとAI関係のスタートアップに投資・支援を行なうVCファンドを立ち上げている。

　レジェンドスターは、中国ではトップクラスのアーリーステージにおけるテクノロジー投資家である。なお、レジェンドホールディングスは、レジェンドスターを通じて、ルビコンVCにLP投資家として出資している。それでは、サマンの教訓を紹介しよう。

========

戦略的投資と財務的投資の共存

　サマン・ファリド —— 私はもともと起業家だったので、レジェンドホールディングスから投資先企業の1つとして投資を受けたことがある。その後、レジェンドスターの投資チームに加わり、そのシリコンバレーオフィスを率いることになった。

　レジェンドホールディングスは、①戦略的投資部門と②財務的投資部門で構成されている。レジェンドスターは、財務的投資部門の一部であり、アーリーステージの投資をカバーしている。これに対し、レイターステージにおける投資とプライベート・エクイティ投資を行なっているレジェンド・キャピタルとハニーキャピタルがある。

　戦略的投資部門は、世界的なPCメーカーであるレノボの支配権を有していることで知られている。また、不動産関連のホールディングス、中国最大級のレンタカー企業のほかさまざまな投資分野（IT、金融、サービス、農業、食品、不動

第2章　CVCのケーススタディ

131

産、化学物質・エネルギー資源）に投資していることでも有名だ。

　2015年末の時点で、レジェンドホールディングスの収益は3,098億人民元（462億5,000万ドル）であり、総資産はおよそ3,062億人民元（457億ドル）だった。レジェンド傘下のVCやプライベート・エクイティ・ファンド[75]の投資家には、多くのアメリカおよびカナダの年金基金、ビル＆メリンダ・ゲイツ財団、ゴールドマン・サックス、中国の国家社会保険基金が名を連ねており、ホールディングス傘下企業全体での雇用人数は756,000人に上っている。

　レジェンドホールディングスは、今や、中国における最大級の多角的投資グループであり、革新的なビジネスモデルである「戦略的投資＋財務的投資」のモデルを考案している。そこでは戦略的投資部門が、純粋な財務的リターンよりも、戦略的リターンおよびシナジーを生み出すことを目的とする一方で、対照的に、財務的投資部門は、財務的リターンを目的としている。これにより、二つの部門間にシナジーが生み出され投資ポートフォリオの価値を向上させることに成功したのである。この点で、レジェンドホールディングスは他にない強みを持っているといえるだろう。

　この戦略を示す好例として、シェアオフィス事業を営むWeWork社[76]への投資が挙げられる。

　まず、レジェンドの財務的投資として、ハニーキャピタルが、WeWork社に大規模な投資を行い、取締役を送り込んだ。その後、戦略的投資部門も、同規模の投資を行ない、取締役を送り込んだ。これとは別に、不動産会社を保有しており、その会社は、ハイテクスタートアップを開発プロジェクトに取り込むことを目的として、中国政府から不動産を好条件で取得している。WeWork社への投資により、より多くのスタートアップをこの開発プロジェクトに取り込む道を切り開いた。レジェンドにとって、この投資は戦略的なもので、保有する不動産会社の価値を伸ばすことに繋がっている。ハニー・キャピタルにとっては財務的投資だが、戦略的投資と組み合わせることで、単なる財務的リターンを求める投資家が提供できない価値をWeWork社にもたらしている。だからこそ、ハニー・キャピタルは差別化を図ることに成功して、WeWork社への投資機会を勝ち

75　複数の機関投資家や個人投資家から集めた資金を事業会社や金融機関の未公開株を取得し、同時にその企業の経営に深く関与して「企業価値を高めた後に売却」することで高いIRR（内部収益率）を獲得することを目的とした投資ファンドである。
76　2010年設立。創業者はマダム・ノイマンとミゲル・マケルヴィ。起業家向けのコワーキングスペースやシェアオフィススペースなどを提供する会社。15ヵ国49都市に155の拠点を持ち、同社の提供するスペースは、社員1人の企業からマイクロソフトなど大企業まで多彩。

取ったのだ。

　私自身、VCからの資金提供を受けた起業家としての立場とベンチャーキャピタリストとしての立場から市場を見れば、ほとんどのCVCは財務的投資を行なうVCほど質の高いディールフローを得ることができていないように思われる。

　レジェンドスターが支配権を持つレノボは2016年5月に、500万ドル規模のVCファンドのローンチ（立ち上げ）を発表した。このファンドには質の高い投資プロジェクトを引き付ける魅力があることを確信しているが、一方で、CVCが有するしがらみのために、シリコンバレーの勢いがあるスタートアップの中には、CVCからの資金提供を受けたがっていない企業が複数あることもまた確かである。それらの企業は、CVCの競合他社とビジネスを行ないにくくなってしまうのを恐れているのだ。また、M&Aでの買収や取引価格の取り決めにおいて利益相反が生じる可能性もある。さらに、CVCは送金が遅いことでも知られている。つまるところ、レジェンドスター、レジェンド・キャピタル、ハニー・キャピタルのような純額ベースのVCは古典的なVCよりも優れたディールフローを引き付ける。

　私は、レジェンドがやっていることはまだ大規模な実験、つまり戦略的投資のメリットと、財務的投資のメリットのマッチングを試行している段階だと思っている。スタートアップが投資家を選べる競争的なディールは、ほとんどCVCではなく財務的投資を行なうVCに持っていかれる。実際、レノボが最高のテクノロジー会社にアクセスするときにも、ファンドオブファンズ（FoF）プログラムにより、レジェンドホールディングスか他の独立系のVCを通じて投資を行なっている。そうすればCVCと財務的投資を行なうVCのいいとこ取りができるのだ。

　今、私が新しく参画したVCファンドは、レジェンドスターからスピンアウトしたもので、レジェンドがアンカーLP投資家かつGPの共有持分者になっている。このVCは、中国とアメリカの、B2BのロボットおよびAI関連のスタートアップに投資・育成する初のVCである。最初のファンドは、25の企業に投資をしており、アンカーLP投資家であるレジェンドの支援の下、もうすぐ2つ目のファンドのクロージングも発表できる予定だ（http://cometlabs.io/）。

　これからも、ルビコンVCを含む多くのVCと協働して、世界中の企業に投資するのが楽しみだ。

第2章　CVCのケーススタディー

133

コーポレートベンチャーにとって重要な視点

テレコムイタリア　フィンインベスト／シニア・インベストメントアドバイザー
マウロ・プレトラニ

　著者とマウロ・プレトラニは旧友である。

　マウロはVCであるFondo Italiano d'Investimentoの投資顧問であり、TLcomキャピタル・パートナーズの共同創業者でもある。TLcomキャピタル・パートナーズは、マウロが仲間と立ち上げ、スタートアップにおよそ2億2,500万ユーロの投資を行なっている。

　マウロは、1990年代後半のテレコムイタリアやフィンインベストのコーポレートベンチャー創業期におけるアドバイザーであり、著者も、10年来アドバイスを受けていた。

　テレコムイタリアは、イタリアの大手電気通信事業者である。また、フィンインベストはメディア事業をはじめとする企業集団である。

　フィンインベストはシルヴィオ・ベルルスコーニ一族の会社であり、現在はシルヴィオ・ベルルスコーニの長女であるマリーナ・ベルルスコーニにより運営されている。同社はいまや数多くの大企業を傘下に有しており、代表的なものとしては、イタリア有数の出版社であるモンダドーリ出版や、イタリア最大手のテレビ局であるメディアセットを挙げることができよう。これらの会社は、イタリア国外でも大規模に事業を展開している。

　マウロは、ロンドンで著者と朝食を取りながら、企業におけるファンドオブファンズ（FoF）とCVCによる投資について語ってくれた。

CVC事業における2つのキーポイント

　テレコムイタリアとフィンインベストは、さながらFoFのようなことをやっていた。現に、両社はアメリカやイスラエルのVCファンドに投資を行なったり、スタートアップに投資を行なうCVCを設立したりしていた。決算を見れば、VCファンドへの投資は成功であったことがわかるが、スタートアップへの投資とい

う意味では、必ずしも成功とはいえない結果もあった。

テレコムイタリアは、テレコムイタリア・ベンチャーズとメディアユーロ・ベンチャーズを立ち上げた。これらの会社は1996年の創業から2000年まで、万事うまくいっているようだ。成功の要因は、スタートアップのノウハウをテレコムイタリアにうまく取り込むことができていたことにあると思う。

当時、インターネットに関しては、間違いなくイタリアはフランスを追い抜いていた。そのような状態は、フランスがイタリアをリードする今日からは想像もできないが、近年、テレコムイタリアとフィンインベストグループはCVCの分野に再進出している。

この本の読者に、コーポレートベンチャー事業における2つのキーポイントを教えよう。

1. 結果を出すには、母体企業は、長期間、CVCに関わり続けなければならない。一般的な会社組織においては、迅速な決断と短期間での結果が求められるのとは対照的だ。CVCは最低でも10年、できればその先を見据えて設立しなければならない。

2. 母体企業は、CVCが獲得したノウハウや知識を、自社の経営幹部（CEO、CTO、CFOなど）に共有することにより、それらを活かす体制を構築しなければならない。

テレコムイタリアでは、CVCから経営幹部に新たな分野における買収、国際的パートナーシップや、投資といった重大な選択をするための根拠等について、十分な情報が共有されていた。また、より重要なこととして、テレコムイタリアにはそういった情報を活かす能力を持ったマネジングディレクターがいたのだ。

後に、LBO[77]によって長期的な投資に充てる資金が減少してしまい、CVCグループは解体されてしまったが、CVCプログラム自体は成功したといえる。

情報の共有・共通認識なくして成功はない

これに対して、フィンインベストは致命的なミスを犯した。

CVCは、フィンインベストグループの持株会社のCEOにレポーティングラインを持っていたものの、それが機能していないことが、時間とともに明らかに

---

77 買収先の資産やキャッシュフローを担保に資金調達するM&Aの手法。

なった。すなわち、フィンインベスト傘下の事業会社は、CVCに直接アクセスすることができていなかった。そのため、CVCの報告を参考に決定されたホールディングスの経営方針を押し付けられることには、それらの事業会社から強い抵抗感が示されたのである。もしCVCがフィンインベスト傘下の中核となる事業会社（特に、モンダドーリ出版とメディアセット）に直接報告をすることができていたなら、CVCは、より効果を上げていただろう。

　また、フィンインベストは、傘下の事業会社に、CVCの投資先のスタートアップを支援するインセンティブを与えることにも失敗した。フィンインベストグループがアグレッシブなプロジェクトをローンチするにあたり、私たちは傘下の事業会社が当該プロジェクトに貢献できるよう、投資先の資本の過半数を事業会社が保有するスキームを勧めた。しかし残念ながら、フィンインベストグループは私たちのアドバイスに従わず、持株会社が投資先の支配権を有することとした。その結果として、当設プロジェクトと事業会社とのシナジーを生み出せなかった。

　どうすればCVCと企業が良好なコミュニケーションを取ることができるのだろうか。

　私は、これまでいくつもの成功例および失敗例を見てきた。この中で、数十人のさまざまな部門の管理職からなる「イノベーション移転委員会」を設立するというものがあった。これは一見下策に見えるが実は成功した事例の1つである。

　CVCにおいては、通常はR&D部門か経営戦略部門の役員さえ関わっていれば足りると考えがちだが、それでは足りない。人事部門をはじめとして代表される多くの異なる事業部門から人材を巻き込むことが重要なのだ。もし、人事部門がCVCに関与するようになれば、どのような人材を採用すべきかがよくわかるようになる。また、ノウハウを共有することは極めて重要であり、それだけでCVCの活動は意味がある。私の経験からすると、CVCが提示した投資案件が、グループの管理職からなる委員会の興味を引かなければ、すぐにそのことを教えてくれるので、そのような委員会を設けることには意味があるのだ。

　最近、ヨーロッパの大手航空・宇宙企業であるエアバスグループのCTOであるジーン・ボッティに、彼の会社でのCVCへのアプローチについてインタビューを行なった。

　エアバスグループは、1億ドル規模のファンドを立ち上げたばかりであり、アンドリーセン・ホロウィッツからヘッドハンティングしたティム・ドンブロウス

キが運営に携わる予定とのことだった。話の中で衝撃的だったのは、エアバスグループの役員であるジーンが、「これは実験なのだ」と言ったことだった。

しかし、スタートアップにとって、投資事業を「実験」と位置付けている投資家は危険とも考えられる。純粋な投資または戦略としてのVCは、長期的な投資でなければならないし、それは実験であってはならない。

私たちは、かつて、インテル・キャピタルと共同投資を行なったことがあるが、インテル・キャピタルが素晴らしかったのは、長期的にコーポレートベンチャー事業にコミットしていることだった。多くの企業が、CVCに参入しては、CEOの交代や不況により、失敗や撤退をしている。しかし、インテル・キャピタルは、投資とは実験ではないこと、またVC投資家を選べる立場にあるCEOにとっては、インテル・キャピタルが良い選択肢となることを、その実績をもって証明したのだった。

FoFから始めよ

また、CVCと独立系VCの発展を20年以上見続けてきた経験から言えることは、企業はVCにフルコミットする前に、FoFの投資戦略から始めるべきだということだ。

VC自身は、いくつもの教訓により、VCのことは何でも知っている。しかし、大企業のCFOの多くは、VCについての深い知見を持っていないのである。

VCと企業とのハードな交渉が行なわれるFoFから始めることで、VCのことを手早く学ぶことができる。それによって得た知識と、投資先であるファンドのGPとの関係性を構築することにより、企業はCVCにおいてよりよい成果を上げることができるだろう。

第2章　CVCのケーススタディ

137

現実的な視点での投資を考える

メルク・ベンチャーズ／シニア・バイスプレジデント
ロエル・バルスイス

ロエル・バルスイスは、MSベンチャーズの創業者兼業務執行取締役で、著者が以前いたファウンダーズクラブの相談役の一人だった。MSベンチャーズは、ドイツのダルムシュタットにあるメルク社のCVCである。

著者は、ロエルがCVCを立ち上げる数週間前に、彼とロンドンで朝食を共にした。その時彼は次のように話してくれた。

アーリーステージでのファイナンスは、バイオテクノロジー分野におけるイノベーションになくてはならないものだ。それと同じように、製薬会社がバイオテクノロジーのイノベーションへアクセスすることは、現代における新薬開発の重要な要素である。私たちは、製薬業界のエコシステムにおける積極的役割を担うため、MSベンチャーズを2009年に立ち上げた。MSベンチャーズは当初4,000万ユーロ規模のシードファンドとして設立されたのだが、今や1億5,000万ユーロ規模のエバーグリーンファンドを運営するまでに成長している。製薬業界においてもっとも活発なアーリーステージのCVCといえるだろう。

MSベンチャーズは、近年、メルクグループの株式投資を担当するなど、業務範囲を広げている。約5万人規模の従業員を抱えるメルクは、ヘルスケア、ライフサイエンス、機能性材料の業界を科学技術でリードする企業であり、人々の健康と生活の改善・向上のため日夜研究を重ねている。その研究対象は、がんや多発性硬化症の治療のためのバイオ医薬品から、研究と製造をサポートする最先端のシステム、スマートフォンやテレビの液晶画面にまで及ぶ。

現代の市場環境は、バイオテクノロジー企業とVCの双方にとって選別的であるといえる。そして今後は、製薬業界が直面している種々の課題により、新薬のパイプラインはより選別されていき、投資モデルは市場圧力を勝ち抜いたVCにより、種々の点で現実主義的なものとされていくだろう。

サイエンスよりも市場での成功を優先すべき

　私たちは、バイオテクノロジー企業やVCが「失敗」したとは考えていないが、これまで、非現実的な期待をしている例をたくさん見てきた。そうした企業の多くは（アメリカ企業よりもヨーロッパ企業に多いのだが）、科学にフォーカスしすぎている。製薬業界では、科学がそのビジネスの基礎であることは明白だが、市場における成功も大切であることを忘れてはならない。

　私たち製薬会社は、厳しさを増す規制、保険会社からの圧力、熾烈な競争などにさらされており、できるだけ差別化を図るため、市場の状況から逆算してR&Dの意思決定をしている。

　ところが、バイオテクノロジー企業はまったく逆で、開発の意思決定が先行しており、市場戦略が後まわしになっている。また、学術的な権威があるからといって、何の戦略もリーダーシップもないのに、科学者が創設メンバーとしてCEOのポジションに就任している例も散見される。特に、ヒエラルキー（階級制）が濃い国では、こうした「科学のおごり」が非常に強いようだ。

　さらに、バイオテクノロジー企業のCEOや取締役会は、高いビジネススキルを有する人材をチームに加えることを先延ばしにしたり、人材への投資をケチったりする。多くの場合、ディールの準備が整った後に事業部のトップを雇うことを考えているのだ。しかし、①開発プロジェクトの成否の大部分はマーケティングに懸かっているということ、②新薬開発では多くの場合パートナーが必要であること、③スポンサーとなってくれるパートナーを見つけるのには長い時間がかかることを考慮に入れれば、サイエンス先行になってしまうのは正しくないのだ。

　バイオテクノロジー企業には多くのビジネスモデルがあり得るだろう。ただし、ビジネスモデルを選択する際には、開発している製品に必要なリソースを見据えておくことが重要だ。例えば、プラットフォームを提供する企業はフルスケールのリサーチ・開発の体制が必要である。それに対して、１つの製品に特化した企業は小規模のチームを組み、大部分をアウトソーシングで賄うことができる。より詳しく言えば、適応症と治療法によって、アウトソーシングが可能であるか、内部で開発する必要があるかが決まる。

　現在のバイオテクノロジー企業のファイナンス市場においては、CVCの役割が高まっている。こうした背景の中で私たちは、戦略的投資をすることに加え、バイオテクノロジー企業が製薬会社との取引がしやすくなるように、資金提供以外にも製品や技術の開発に関するアドバイスを提供するという目的で、MSベンチャーズを6年前に設立したのだ。

私たちは、厳選されたCVCとVCとともに、「共創」における重要な役割を担っているのである。

3つの異なるCVCでの経験

著者の古い友人／アニル・ハンシー

IDGベンチャーズについて

　アニル・ハンシー ── 私は、2000年代の初めに、IDGベンチャーズのパトリック・マクガバンの下でCVC業務をスタートした。パトリックは、紙媒体の広告が下火となっていた中で、VCを通じて業務の多角化を進めていた。1980年代には、中国での売上を自国に送金することが制度上難しかったため、早い時期から中国でVC事業を始めたのである。

　IDGベンチャーズの投資委員はGPとパトリックだけだった。そのため、投資を行なうためにわざわざ母体企業のビジネスデベロップメント部門と合意をする手間を省くことができた。IDG[78]は、デジタルメディアにおける新しいビジネスモデルが登場し、新興市場への参入ルートも多様化する中で、活動を活発化させていった。

　ただ、IDGがCVCとしてパトリックに依存していることのリスクもあった。ひとたびパットが他の案件に注力したり、IDGが他の案件に資金を優先して投入したりすると、CVCとしての、案件に対する長期的なコミットメントが弱まってしまったのである。

グーグルについて

　私は、2000年代中盤からの数年、グーグルのロンドン支社でヨーロッパ、アフリカ、イスラエルにおける戦略的投資およびM&Aに携わった。グーグルの収入のおよそ半分がヨーロッパで生み出されていたときでも、ほとんどの製品開発はカリフォルニア州のマウンテンビューで行なわれ、他方、投資やM&AについてはEMEA諸国（ヨーロッパ、中東、アフリカ）で幅広い活動を行なう必要が

---

78 1964年に設立。メディア、情報サービス、マーケティングサービス等を手掛ける企業。

第2章　CVCのケーススタディ

141

あった。

　グーグルのロンドン支社における投資委員はラリー、セルゲイ、エリックだけで、そこに製品部門および開発部門のシニア・バイスプレジデントが何度も参加して議論が行なわれていた。これにより、開発とエンジニアリングの観点から素早い意思決定がなされた。また、当時のグーグルの投資方針は、投資先における持分割合を重視するのではなく、エコシステムやバリューチェーンに着目した戦略的なもので、投資先への影響力や関係性が重視された。特に、インターネットアクセスやテレコム分野、その中でもAndroid開発の初期段階ではそうだった。

　グーグル・キャピタルとグーグル・ベンチャーズ（GV）のやり方が正式なストラクチャーとなったのは、後のことである。

　グーグル・キャピタルは、先述した戦略的投資を引き継いでいる。一方GVは、独立したVCのように活動をすることを意図して設立された。その狙いは、グーグルが生み出した豊富なディールフローや、グーグル内部に蓄積されたビジネスや製品を創る技術を用いて、新たなビジネスモデルを作り、投資を行なってリターンを得るというものだ。

　グーグルはインターネット業界の中心におり、私たちはアーリーステージのあらゆる活動に関与できた。活発な市場では、起業家はさまざまな資金調達手段を持っており、CVCをはじめとしたVCは、スタートアップや投資家に対して自身の価値を示さなければ生き残ることができない。とくに複雑なエコシステムでは、スタートアップの発展に役立つノウハウやプラットフォームを持っていることは重要だ。

　長年、グーグルはEMEA諸国で多角化を推し進め、特に製造およびエンジニアリング分野において、ヨーロッパに人員を拡大してきた。その過程でEMEA諸国のスタートアップ業界の質が向上したことで、M&Aの案件が発生するようになったのは、グーグル全体にとって意味があるものだった。

　グーグルが買収したGlobal IP Solutions、ウェイズおよびディープマインドのように、スタートアップのエコシステムが発展して、多くのスタートアップがヨーロッパで登場し、このエコシステムを成熟させようと活動を充実させてくれることで、グーグルはスタートアップのコミュニティーで活発に活動することができた。

　例えば私は、グローバルなスタートアップ養成施設であるグーグル・キャンパスで、ロンドンオリンピックと連動した活動をリードした。この活動の結果、GV

はヨーロッパ全域に人材を送り出すことができたのである。

　また、GVは独立して活動を行なっていたが、資金を投入すればするほど
M&Aのチャンスが多く得られた。私たちはVCの活動を通じて、グーグルをより
有名にすることで、M&Aのチャンスを増やそうと考えていた。グーグルが買収
したネストは、ベンチャー投資、育成、コミットがM&Aに繋がった好例である。

　今から考えると、アルファベット社の設立過程は、多角化を達成するにあたっ
て自然な経過を辿ったといえる。グーグルは、その資産のコアである人材、資本
およびプラットフォームを、アルファベット社の傘下に置いてさまざまなビジネ
スユニットとして再構成したが、その過程では買収と投資が大きな役割を果たし
ていたのである。

モダン・タイムスグループ（MTG）について

　その後、私は、スウェーデンの上場テレビ局であるMTGのM&A部門とCVC
部門の設立に携わった。

　MTGは、テレビの視聴者数が減り、特に、ユーチューブ（言うまでもなく
グーグルのグループ企業だ）のような事業によって若者の視聴者数が減少してい
ることを懸念していた。また同時に、自分たちの持っている収益源を食い合うこ
とも懸念していた。例えばMTGは、イノベーティブなVOD(ビデオ・オン・デ
マンド）のプラットフォームを持っていたのである。このサービスは、常に有料
テレビ放送の付随的サービスとして提供されてきたものにすぎず、その結果、デ
ジタル事業へのシフトがなされないままになっていた。

　このような状況で、私はMTGの収益源をすぐにデジタル事業にシフトさせ
た。M&Aはこのようなシフトに役立つが、目まぐるしいイノベーションの世界
では、計画的なCVCプログラムがなければ、無駄な支出を生み出すキャッチアッ
プ的なM&Aに終始してしまうことになる。後れを取る前にイノベーションを積
極的に探し求めていくことが大事なのだ。

　私たちは、MTGのデジタル事業を軌道に乗せることに成功した。ユーチュー
ブをベースにするマルチ・チャネル・ネットワークを買収したことや、世界的な
eスポーツ運営事業者となれたことは大きな収穫だ。

　実のところ、私たちはもっと早くこの活動を始めるべきだった。MTGのよう
な映像、エンターテインメントコンテンツおよび広告事業者は、例えば、アド
テック、デジタルセールス、ギャンブル、音楽やインタラクティブビデオなどの

事業に関してCVCを運営する等して、基幹事業で頭ひとつ抜けることができたはずだ。活動が遅かったことにより逃した機会は大きい。

　放送業界のエコシステムは複雑であり、その中で、スタートアップは、生き残るためにメディアパートナーを求めている。独立系のVCは、チャンスさえあればMTGと協業しただろうし、ProSiebenSat.1、Burda、Skyといったメディア事業者のようにMTGもVCとの繋がりを強めるために投資を行なったはずだ。

　また、VCを通じた投資を模索するヨーロッパ企業が、VCを自国の市場でのみ探すというのは間違いである。海外のVCファンドに投資することによって、企業はシリコンバレー、ニューヨークおよびロンドンのスタートアップ・トレンドをいち早く確認することができるのだ。

　伝統的なテレビメディアとは異なり、デジタル領域では事業がグローバル化している。だから、ひとたび投資先とのネットワークを確立できれば、M&Aは容易になるのである。テクノロジーは急速に変化するが、ネットワークを確立して投資の結果を出すことは時間がかかるものなのだ。

　結局、CVCがファンドや起業家とうまくやっていくためには、その業界やエコシステムにおいてバリューを提供し、M&Aに必ずしも紐付かない投資を行なうのがよい。そうすれば、M&Aのチャンスは自然とやってきて、企業は案件でベストポジションが取れる。このようなアプローチこそ、投資の結果を出すためにはベストなのだ。

ほとんどの会社が持たない
2つのものを持つマイクロソフトの強み

マイクロソフト・ベンチャーズ＆マイクロソフトアクセラレーター／創業者
ラフルスッド

マイクロソフト・ベンチャーズとマイクロソフトアクセラレーターのプログラムがどのように生まれ、なぜ、ラフルスッドがユニカーンを設立するに至ったか。ラフルは次のように語ってくれた。

ラフルスッド ── 私は当時、マイクロソフトで働いていて、何か面白いことができないかと思いを巡らせていた。例えば、大企業はどのようにして産業内部でイノベーションを起こすのか、そしてその同じ産業について、スタートアップであればどのように外部からイノベーションを起こすのか、といったことを考えていたのだ。

ある時、私はマイクロソフトが極めて多くの顧客を有していることに気が付いた。マイクロソフトが、サーバー市場で多くのシェアを得ていることは言うまでもない。それに加えて、アメリカの大企業や、ウィーン、オーストリアの官公庁では、すべてのパソコンにウィンドウズが入っている。我々は、マイクロソフトが大企業とスタートアップを繋ぐリーダーになれないかと考えた。

マイクロソフトは、自身の顧客にスタートアップがアクセスできるようにする。これにより、スタートアップは顧客からの売上を得られるようになり、スケールすることができる。特に、顧客にアクセスさせることに関しては、マイクロソフトは非常に優れているといえるだろう。

では、どうすれば効率よくマイクロソフトに取り込むべきイノベーションを選択し、それを顧客に提供することができるのだろうか。私たちは、このチャレンジを、①マイクロソフト、②顧客、③協働していくスタートアップ、それぞれの視点から考えた。

マイクロソフトの投資の視点

私は、この夢のようなチャレンジを、いかに実現させるか考えた。マイクロソ

フトのリソースを利用できるとなると、おのずとスケールは大きくなる。しかし私は今までとは少し違った考えを持っていた。

　マイクロソフトの著名なシニア・マネジメントの何人かと交渉をした上で、私たちはマイクロソフトのグローバルスタートアッププログラム（マイクロソフト・ベンチャーズ＆マイクロソフトアクセラレータープログラム）の包括的な計画を作成した。「Bing Fund」を含むアクセラレーターのいくつかはすでに始動していたので、私たちはそれらを１つにまとめ、マイクロソフト・ベンチャーズを作り上げた。

　私たちにとって、儲かる投資かどうかは最初からどうでもよかった。イノベーションを見つけ出し、スタートアップを開花させることが目的だった。そうすることで、マイクロソフトにとってもプラスになると考えていた。

　私は、マイクロソフトのベンチャープログラムの創設者として、次のコア・ガイドラインを作り上げた。

１．スタートアップの立ち上げおよび成長を支える。
２．マイクロソフトの顧客が、イノベーションへ容易にアクセスできるようにする。
３．マイクロソフトに利益をもたらす

　マイクロソフト・ベンチャーズを立ち上げる頃には、VC業界はレイターステージの投資にシフトしていた。他方私たちは、アーリーステージの投資を行なうことにした。そして、次の7つのマイクロソフトアクセラレータープログラムを繋ぐネットワークを立ち上げた。

　①シアトル（アメリカ）
　②テルアビブ（イスラエル）
　③バンガロール（インド）
　④ベルリン（ドイツ）
　⑤パリ（フランス）
　⑥サンパウロ（ブラジル）
　⑦北京（中国）

　私たちの成果の１つとして、北京のアクセラレータープログラム出身の会社の時価総額の合計がわずか数年で45億ドルを超えたことが挙げられる。

これはまさに、大成功という他ない。このような成功事例ひとつを見ても、このプログラムはマイクロソフトにとって利益を生み出すものだったといえる。

　私たちのアクセラレータープログラムの期間は、3〜4カ月ほどだ。私たちは、資本投資をしない限りエクイティを保有しない。あくまでも企業の設立や成長の支援をすることに注力したのだ。

　支援にあたって、マイクロソフト以外の会社が、マイクロソフトをまねるべきか、違う戦略をとるべきかを考えることがある。そのようなとき、私は、マイクロソフトとほとんどの大企業とでは置かれていた状況が異なるということに注意するようにしている。
　マイクロソフトは、ほとんどの会社にはない2つのものを有していた。それは、①顧客や財産への独自のアクセスと、②スタートアップに提供することができる、優れたソフトウエアやサービスのプラットフォームである。これらはまさに、スタートアップにとって必要なものだった。

　会社が独自にアクセラレータープログラムやVCプログラムを立ち上げて、取引の流れをよくしたり、事業を価値あるものにしたりしていくことは、難しいことだ。例えば、通信事業者がプラットフォームを設立しようとする場合は、独自のソフトウエアや技術を持っていないという現実を乗り越えなくてはならない。
　しかし、マイクロソフトには、提供できるプラットフォームがあった。文化、テクノロジー、カスタマーアクセスのコンビネーションともいえるその独自のプラットフォームは、スタートアップの成長を後押しすることだろう。

　マイクロソフト・ベンチャーズの財務的な目標やIRR（内部収益率）について聞かれることもあるが、マイクロソフトのような巨大企業では、財政的な目標よりも戦略的な目標が常に優先される。
　マイクロソフトのプラットフォームをもってすれば、一貫して、収益性の高いビジネスユニットを企画することも可能であり、ビル・ゲイツのサポートも得ることができた。
　さらにマイクロソフト・ベンチャーズは、予算やリソースへのアクセスに関して非常に柔軟だった。例えば私たちは、シードステージおよびシリーズAのラウンドの投資にフォーカスして取り組んだが、私がプログラムを運営していた時は、そのスタートアップがすでに収益を生んでいるかどうかにかかわらず投資対象と

第2章　CVCのケーススタディ1

147

していた。マイクロソフトの巨大な事業をバックに、マイクロソフト・ベンチャーズは、業界で注目されているセクターに関連するものについて、常に門戸を開いていたのである。

　私がコーポレートベンチャーキャピタリストから起業家になったことについて話そう。
　私がマイクロソフトにいた頃は、トレンドを意識するようにしていた。ほとんどのVCは、投資資金が大きくなるにつれて、シードステージの投資から手を引いていったように思う。
　私たちは、エンジェル投資家やマイクロVCを参考にしたところ、eスポーツ、ゲーム、ゲーム内広告の重要性が増しているというトレンドを発見することができた。その中でも特に、オーストラリアのピニオンという会社に強い興味を持った。そしてマイクロソフト・ベンチャーズがピニオンに投資をしたことで、さらにその会社のことを深く知ることができた。
　私はマイクロソフトを辞めた後は、ゲーム業界に戻ると決めていたので、ピニオンを買収することにした。そしてピニオンのCEOはユニカーンでの私のパートナーになった。
　もう1つ私たちが目を付けた会社として、タブコープという大企業があった。タブコープは数十億ドル規模のゲーム会社で、イノベーションへのアクセスに関して、大企業ならではの課題を抱えていた。
　私は、マイクロソフト・ベンチャーズで培った、新進気鋭のスタートアップと大企業の橋渡しをしたという経験を活かすことで、ユニカーンとタブコープとのパートナーシップを結ぶことに成功した。そして私たちは、カジノ（ギャンブル）が合法化されているイギリスやオーストラリアといった国において、商品と交換ができる独自の通貨（ユニコイン）によるギャンブルサービスを開始したのである。もちろん、ユニコインを使ったギャンブルは世界中でプレイできる。
　今日では、ユニカーンは、eスポーツにフォーカスしたゲーム・エンターテインメント会社である。世界中の100を超える国における何百万人ものゲームコミュニティーのネットワークを持っている。
　私たちは、eスポーツのファンやプレーヤーが集まって、ゲームや賭けができる、安全で合法的な場を提供しているのだ。
　ユニカーンでは、いつでも、リーグ・オブ・レジェンズ、カウンターストライク、グローバルオフェンシブ、ドータ2といったゲームを観戦して、賭けをすることができる。私たちは、マット・マイケルソン（ルビコンVC後援の創業者の1

人）や、ルビコンVC、その他の投資家から資金の提供を受けることができたし、その後も、バイナリ・キャピタル、マーク・キューバン、アシュトン・クッチャーを含む著名なテクノロジー産業への投資家から追加の資金提供を受けている。

　私たちは、調達した1,000万ドルの資金、優れた技術力、成長市場における強固な地位を有しており、現在も急激な成長を遂げている。

第2章　CVCのケーススタディー

第**3**章

アクセラレーター&インキュベーター
──その他企業にとってのエコシステムのオプション

> 「向上とは変化することである。
> 完璧とは、変化し続けることである」
> ──ウィンストン・チャーチル

アクセラレーターとの協働の真価

企業が外部からイノベーションを採り入れる方法の1つとして、アクセラレーターと協働することがある。具体的なやり方はさまざまであり、マイクロソフトアクセラレーターやシトリックスアクセラレーターのように、「"企業名"アクセラレーター」という名前で自らのアクセラレーターを立ち上げ、運営する企業もあれば、ディズニーアクセラレーターやバークレイズアクセラレーターの「パワードバイテックスターズ」といった、テックスターズやスタートアップブートキャンプのような既存の独立系アクセラレーターと提携する企業もある。他にも、アクセラレーターへの資本投資を行なう方法や、投資はまったくせずに単にその従業員をアクセラレーターにメンターとして配属するといった方法もある。

ロンドンにある7つのアクセラレーターでメンターを務め、まずイギリスやヨーロッパのスタートアップをアメリカのデラウェアの株式会社に転換し、さらに、そのスタートアップに関する仕事を獲得しているアメリカの弁護士もいるくらいだ。

それぞれに個性あるさまざまなアクセラレーター

こういったアクセラレーターが関与する段階のイノベーションへの投資は非常に安価で済むが、失敗した際のレピュテーションリスクは非常に高くつくことになる。しかも、アーリーステージのスタートアップは多くの難題を抱えているもので、適切に進めなければ投資の失敗は目に見えている。

そうしたアーリーステージのスタートアップが数多く存在する一方で、サンフランシスコのベイエリアをとってみても、すでに何千ものアクセラレーターが存在し、ロボット工学からデジタルヘルスケアまで無数のトピックをカバーしている。膨大な数のアクセラレーターが、企業が外部からイノベーションを採り入れようとする動きに関わろうとしていることは驚くべきことだ。

これらのアクセラレーターはそれぞれに個性的であり、また状況に合わせて変化し続けている。例えば、Yコンビネーターは、ハンズオンのアクセラレーターから投資先企業に広いネットワークを提供する投資ファンドにシフトしたようであるが、スタートアップと共用のワークスペースは設けなかった。他方アドミッ

152

ションプログラムのようなものを設定し、ボランティアメンターたちが集まる、世界でもっとも参加者の多いデモデイを開催している。

ほとんどの場合、アクセラレーターを立ち上げる大企業は、あまりいいスタートアップには巡り合えないようだ。そして第1章で列挙したゴールを達成できずにいることが多い。実際に、優れたスタートアップは、マイクロソフト・ベンチャーズやマイクロソフトアジュール、キネクトとあまり初期の段階で提携することはしていないようだ。彼らは、Yコンビネーターや、500スタートアップス、テックスターズの元に行きがちだ。

スタートアップは、複数のアクセラレーターを利用したり、500スタートアップスやYコンビネーターを利用したりすることで成功することもあるだろう。また、スフィロのように、大規模なVC投資を受けた後の段階で、ディズニーアクセラレーターパワードバイテックスターズの支援を受けるということもある（これは大成功で、それによって新しいスターウォーズのドロイドであるBB-8が生み出された）。

近頃、サンドヒルロードのVCは、昔に比べレイターステージに投資をするようになっている。例えば、シリコンバレーのシリーズAの平均的なサイズは1,000万ドル程度である。シリーズAの投資を受けるスタートアップは、その投資を受ける時点ですでに初期的な製品を製造・販売して売上を計上し、さらにはすでに安定的な売上を生み出していることも多い。

しかし、スタートアップにおいては、もっとも重要な事業上の決定はシリーズAの投資家が関与する前になされていることがほとんどだ。だから、もし企業の投資における目標が、アーリーステージのイノベーションにアクセスすることであるなら、より早いステージで関与していくための戦略が必要といえ、アクセラレーターは、まさにそこで価値を発揮するものだ。

企業がアクセラレーターと協働する手段はいくつかある。例えば、企業は、アクセラレーターに投資することもできるし、アクセラレーターが提供するプログラムのスポンサーをするだけでもよいし、単純にフルタイムの従業員をアクセラレーターにメンターとして配属することもできる。また、単独でアクセラレーターを立ち上げたり、スタートアップブートキャンプやテックスターズのようなパートナーと協力して立ち上げたり、あるいはその両方を行なうこともできる。

そうした企業に対しての私からの忠告としては、VCの運営と同じく、株価やEPS（1株当たり純利益）を四半期ベースで見るような短期の視点から抜け出し、7～10年、できることなら20年くらいの長い目をもって成果や結果を見るべきということだ。

スタートアップへの資本投資は長くても3 〜 7年以内に収益を生み出すものだ。しかし、これはVCについてもいえることなのだが、アクセラレーターを利用した投資については、それよりもさらに時間を要することや、短期的に見ればむしろ損失が生じてしまうことがある。厳密に言えば、アクセラレーターを利用した場合の投資が収益や自己資金の積み立てに繋がるまでには、VCの場合よりもさらに長い時間を要するものである。

多くのアクセラレーターは良好なユニットエコノミクス[1]を図ることができておらず、運に頼ることでしか利益を生み出せていないように思われる。また、こうした投資を行なう際には、アクセラレーター、インキュベーター、ワークスペースの共用、VCファンドについて、それぞれの違いを明確に理解しておかなければならないのであるが、自らを別のものとして位置付けている者は非常に多い。

CVC設立が困難なときの
コーポレートイノベーションプログラムという選択

大企業が運営するプログラムの中には、コーポレートイノベーションプログラムへのアクセスに年間2万5,000 〜 25万ドルをチャージしているプログラムがいくつかある。例えば、スタートアップブートキャンプの共同創業者、パトリック・デ・ゼーウは、イノリープス.comという素晴らしいプログラムを運営している。また、サンフランシスコにあるロケットスペースのCEOであるダンカン・ローガンも別の優れたプログラムを提供している。

こうしたプログラムは、企業がLP投資や、スタートアップへの直接投資などの実際の投資ができない場合にこそ、真価を発揮するものだと考えられる。企業がCVCを立ち上げることまでは難しい場合であっても、こうしたプログラムは、外部のイノベーションへのアクセスや、CVCプログラムの立ち上げに向けた内部からのサポートを得る足掛かりとするための最善のオプションとなり得るからだ。

一方で、私は、スタートアップやVCファンドに実際の現金を投資しないコーポレートイノベーションプログラムを高くは評価していない。なぜなら、実際に資本投資をした場合には、スタートアップと業務提携するにすぎない場合に比べて、より自らの行動に責任をもつようになるからだ。実際の金銭が懸かっている場合には、当然、デューデリジェンスやコミットメントの質は格段に高いものと

---

1 「1個当たりの経済性」という意味で使われる。1顧客単位、1アカウント単位など、ユニットの単位は事業によって異なる。

なるはずだ。

　もっとも、パトリックのイノリープス.comだけは例外で、これは非常に優れたプログラムだと思う。このプログラムは、大企業内の起業アイデアや起業チームを切り出して独立させ、外部の起業家たちがしのぎを削る場に放り込み、その後、またその企業内に戻し入れる支援をしている。

　彼のプログラムは大きな付加価値を与えるもので、その他のいわゆる「オープンなイノベーションプログラム」とは少し違っている。その他のプログラムは、企業の従業員や一定のスタートアップには付加価値をもたらす場合もあるが、私自身はそうしたプログラムに時間を割こうという気にはなれない。

　最近、ある日本の大企業が私に依頼してきたことがある。依頼の内容は、その企業がイノベーションプログラムを提供するから、それに参加するよう、私の投資先企業に促してほしいというものだった。しかし、そのプログラムというのは、投資を伴わない単なる業務提携であったし、さらには、そのプログラムへの参加申請をオンラインでした上で、東京まで面接に出向かなければならない、というものであった。

　私は投資先にそんなことで面倒をかけさせるつもりはなかったし、そのプログラム自体、そのまま軌道に乗っていくとは考えられなかった。だから、その話は断ることにした。私なら、そんなプログラムを使うことは考えないし、むしろ、その話を断ることで、投資先企業が低レベルな経営者と関わらないで済むようにするだろう。

　そもそも、かつてルー・ガーストナーの下で働き、IBMベンチャーズを立ち上げたあのクラウディア・マンスでも、何億ドルもの投資をしたときに事業部門との提携を勝ち取ることができたのは50％程度だったのに、オープンイノベーションのミドル・マネジャーがそれを楽に成し遂げられるわけがないのである。ちょうど、キューバ・グッディングの演じるロッドがトム・クルーズ演じるジェリー・マグワイアに言ったように、「金を見せろ！」と言いたくなる。

　ちなみに、ジェリー・マグワイアのモデルになったというレイ・ステインバーグは、スポーツ関連のスタートアップにフォーカスするVCファンドである、ステインバーグ・ベンチャーズ（http://steinbergventures.com）を立ち上げている。かつて、私も同社の「ローンチスーパーボウルパーティー」に出席したことがある。

第3章　アクセラレーター＆インキュベーター──その他企業にとってのエコシステムのオプション

アクセラレーターの運営によりもたらされる
リターンは、戦略的な場面に限られず、
さまざまな領域で現れる

シトリックスアクセラレーター／共同創業者
マイケル・ハリーズ

著者はシトリックスアクセラレーターのローンチパーティーで初めてマイケルに会った。それから4年半がたち、先日、彼とそのプログラムについて、さらにはアクセラレーターが、いかに大企業がイノベーションにアクセスし、第1章のゴールを達成する上でのオプションたり得るかについて話し合った。

採用や企業のイメージアップにもつながる

マイケル・ハリーズは、2011年の初めにシトリックスアクセラレータープログラムを共同で立ち上げた。少し背景事情を説明しておくと、シトリックスは創立25年の会社で、2000年にはわずか1種類の製品だけを持つ会社だったのだが、10年で4つの主要な事業部門を持つ会社にまで成長した。他方、事業が大規模になり、より複雑になっていくにつれて、クラウドコンピューティングや携帯機器、バーチャライゼーションといった複数の事業エリアにおいてイノベーションの質を保つことが難しくなっていった。

そのような中で、顧客や業界の将来に関連する新規のテクノロジーや、そうしたテクノロジーに対する市場の反応を調査するためにスタートアップを利用する目的で、シトリックスアクセラレータープログラムが創立された。

シトリックスアクセラレーターにおける主要な使命は、現状のシトリックスの事業にフィットするような会社に投資することではない。むしろ、シトリックスのコアとなる事業をディスラプトし、今後の分岐点となる可能性のあるテクノロジーや、シトリックスが注目しているマーケットにおけるより広いテクノロジーのエコシステム —— すなわちエンタープライズテクノロジーを導入するような会社に投資することだ。

マイケルは、アクセラレーターの運営によりシトリックスにもたらされるリターンは戦略的な場面に限られず、さまざまな領域で現れるものだと説明してく

れた。目に見えるリターンとして具体的な例を挙げると、革新的な企業として市場に認識されること、従業員の定着度、採用活動におけるアドバンテージ、地域コミュニティーでのポジティブなイメージ、エコシステムへのポジティブな貢献、大組織内のカルチャーのポジティブな変化の促進、社内ベンチャー制度の促進、組織内での最上層部も含めた従業員の新たなスキルの向上、IPO・資本業務提携・M&Aに関する考え方の変化やそれらの機会の提供などがある。

シトリックスが運営する「イノベイターズプログラム」

Yコンビネーター、テックスターズ、500スタートアップスなどのほとんどのアクセラレーターは、1万8,000ドル、10万ドル、15万ドルといった特定の金額を上限として投資活動を行なっている。そうしたアクセラレーターは、少なくても30社程度、多いところでは100社以上といった多くの投資先企業を有する。例えば、シトリックスは、1年当たりに、8社までのスタートアップに、総額25万ドルを上限として投資を行なっている。だが、シトリックスは、イノベイターズプログラム以外に、複数のシードステージのスタートアップに同時に投資をするプログラムはほとんど行なっていない。

シトリックスから投資を受けたスタートアップは、投資から3カ月経過時のデモデイをもってプログラムが終了するのではなく、シトリックスアクセラレーターの施設外で18カ月間を上限として事業を行なう機会が与えられる。そして、そうしたスタートアップは通常、大規模な投資ラウンドを確保できた段階で、プログラムを卒業していく。

シトリックスは、以下のような「創業者にフレンドリー」な投資を行なう。例えば、シトリックスは、キャップのないコンバーティブルノートに25万ドルを投資するが、仮に、そのスタートアップが他のコンバーティブルノートを発行することにより増資をする際には、最初の25万ドルの投資に係るコンバーティブルノートは、後の投資と係るコンバーティブルノートと同じ条件に転換される。例えば、スタートアップがシトリックスアクセラレーターから25万ドルを調達し、さらにエンジェル投資家やマイクロVCから特定のキャップ付きで100万ドルを調達した場合、シトリックスから調達した25万ドル分には、追加のコンバーティブルノートと同様のキャップや条件が適用される。

2014年に、シトリックスアクセラレーターは、「イノベイターズプログラム」と呼ばれるプログラムを開始した。プログラム期間は3カ月、1社当たりの投資

額は2万5,000ドルというもので、内容としては比較的一般的なアクセラレーターブログラムといえる。このプログラムでは、スタートアップの資本は希釈化されず、シトリックスは株主にはならない。

シトリックスは、このプログラムをシリコンバレーのサンタクララにあるヘッドクォーターオフィスや、ラレイダーハム、リサーチトライアングルパーク、サンタバーバラ、インドのバンガロールといった大都市で運営してきた。それぞれの場所にはローカルのメンターや会社のアドバイザーがおり、また、アイデアを実際のビジネスに発展させるために、シトリックスの従業員が「社内起業家」として同じプログラム内で3カ月を共にすることになる。

このプログラムでは、デザインシンキング、顧客開発、リーダーシップトレーニングなどを行なっている。起業家や「社内起業家」は、それらを通して、ビジネスモデルの発展、検証に努める。

多くの場合、そうした社内起業家のアイデアはシトリックスに直接組み込むことができる。そしてそのままシトリックスにとどまり、そのアイデアを事業へと実現させる過程で、自らのスキルや会社にとっての価値を高めることになる。

有望なアイデアを持つチームは、イノベイターズプログラム終了後も、明確な目標とタイムラインさえあれば、事業発展のための資金提供を受け続けることができる。これによって、既存のシトリックス社内の環境から離れ、外部の起業家や地元のビジネスの主導者たちに囲まれることとなり、企業内部でのイノベーションをインスパイアすることに繋がるのである。

イノベイターズプログラムは、シトリックスの研究資金と、地元の提携先からの資金提供によって支えられている。地元の提携先としては、他の企業、地元の投資家、地方自治体の当局などさまざまである。

イノベイターズプログラムによる投資は、シトリックスのバランスシートから行なわれるが、最初は研究費として費用計上される。このプログラムは、すでにエグジットも行なわれており、現時点ですでに投資回収が可能な程度のバリュエーションではあるが、今後投資先企業が成長するにつれて何倍ものリターンが期待される。そして、それが実現したときに、シトリックスアクセラレータープログラムの長期的な経済性が明らかになるだろう。

シトリックスアクセラレータープログラムを選んでもらうための5つの要素

著者は、マイケルに対し、伸び代のあるスタートアップに、Yコンビネーターでも、500スタートアップスでも、テックスターズでも、他のどの独立系アクセラ

レーターでもなく、シトリックスアクセラレータープログラムを選んでもらうために
は、何が効果的だと感じたかを尋ねてみた。すると、彼は次の要素を挙げてく
れた。

1．エンタープライズテクノロジー分野のスタートアップのコミュニティー。
2．サンタクララの一等地にあるオフィス。
3．シトリックスという大企業のネームバリューが、スタートアップの製品・
　　サービスに与えるハロー効果[2]。
4．専門的で経験豊富なアドバイザー。（主にシトリックスの従業員）
5．スタートアップが、破壊的技術やビジネスモデルの開発に成功した後の、顧
　　客開拓のサポートのリソース。

　シトリックスアクセラレータープログラムは、法人向けの製品・サービスを提
供するスタートアップにフォーカスしており、インフラソフトウエアや未来の働き
方といった、特に人々への影響がとても大きい分野をカバーしている。
　シトリックスのCEOセッションは高く評価されており、プログラムを通じて
得られる経験は極めて価値の高いものだ。そして、個人レベルでも取締役会レベ
ルでも、こうした特定のスタートアップに適したビジネスモデルを示すことを主
眼としている。
　著者は、マイケルの挙げた要素の中でも、「ハロー効果」こそ、真に重要なも
のだと思った。その他の要素については、それがあろうとなかろうと、シトリッ
クスアクセラレータープログラムに参加するかの判断に影響を与えないだろう。
大企業による協力のないアクセラレーターのほとんどは、アーリーステージにお
いて大きな法人顧客へのアクセスをスタートアップに提供できていないが、そう
いったアクセスこそが、製品やビジネス戦略、フィードバック、さらには売上を
促進するものだ。その一例として、Yコンビネーターが運営するプログラム出身
のあるスタートアップは、プログラムの3カ月間で60以上の顧客を獲得したこと
を自慢していたが、実情を調べてみると、そのうちの58は、同じくYコンビネー
ターのプログラムに参加したスタートアップだった。たとえその顧客数が魅力的
で、それがYコンビネーターのプログラムに参加する理由であったとしても、シ
トリックスにフォーチュン500の会社を紹介してもらうことも有意義だ。
　エンタープライズテクノロジー分野のスタートアップにとって、シトリックス

2　ブランドの好ましいイメージが他のブランドにも及ぶことをいう。後光効果。

第3章　アクセラレーター＆インキュベーター——その他企業にとってのエコシステムのオプション

が有力なオプションであることは疑いようがなく、第1章のゴールを達成するためのツールとしてVCを用いることを検討している会社にとっても、シトリックスはとても参考となる事例を提供している。シトリックスアクセラレータープログラムは、企業による研究を「オープンイノベーション[3]」へと転換した一例で、スタートアップとの連携を通じて、イノベーションとそれに対するマーケットの反応を同時にリサーチすることを目的としていた。これと同じことをしたいのであれば、達成したい目標は何か、そして、その目標をどのように自社のダイナミクスと調和させるかということをはっきりさせなくてはならない。

　シトリックスは、より長期的で、より大きなトレンドを探し求めている。そのため、大局的観点を持って、新しいことに取り組んでいるスタートアップに投資をしたいと考えている。そのようなスタートアップの取り組みは、知的財産が重要だったり、まだマーケットが確立されていなかったりして、リスクが高いことが多い。その一方で、シトリックス以外のアクセラレーターはまだ、極めて限定されたエリアでのイノベーションや、既存のエコシステムの拡張、既存の分野における新規製品を求めているのかもしれない。

　マイケルのインタビュー後、シトリックスはアクセラレータープログラムを廃止することを決め、このプログラムは5年と2カ月で幕を閉じることとなった。著者は、31社のスタートアップに投資をし、サポートをしたマイケルの働きをたたえ、また、彼が今後どこへ行こうとも、また一緒に働くことを楽しみにしている。これもまた、配当を得るために企業が長期間のコミットメントをする必要があることを暗に示す実例の1つで、現状では、インテル・キャピタルのように安定した業績を残すようになるまで、企業がスタートアップを支援し続けるとは限らないと考えざるを得ない。

3　企業内部と外部のアイデアを組み合わせることで、革新的で新しい価値を創り出すという考え方。

半導体産業をいかにしてシリコンバレーに戻すか

シリコンカタリスト／共同創業者
サンドヒルエンジェルズ
リック・ラザンスキー

　著者は先日、リック・ラザンスキーから、半導体関連スタートアップだけに
フォーカスするインキュベーターのためにどのように各企業と提携をしているの
かについて教わった。彼は、著者の知る限り、誰よりも半導体について詳しい。
彼は半導体産業をシリコンバレーに戻すために、どのように各企業と提携してい
るかについて話してくれた。

　リック・ラザンスキー ── 私は、アジレントテクノロジーズに買収された
Xpedionデザインシステムズで、製品開発部門のバイスプレジデントとして数
年間勤務し、デナリソフトウエアや4つの半導体関連企業で創業者兼代表を務め
た。そして、半導体業界における各種のソフトウエアに関連する問題に関心を
持ってきた。

　私は、サンドヒルエンジェルズ[4]のアクティブなエンジェル投資家でもあり、著
者のルビコンVCファンドにおける初期からの投資家でもある。

　私は、2001年に、当時RFIC[5]のシミュレーションツールにフォーカスしていた
Xpedionに呼び戻された。2000年代では、RFICのシミュレーションツールの
分野のみが唯一、業界内で2桁の成長率を達成していた。そして、Xpedionは、
顧客の設計活動のペースに合わせて、およそ毎月1本のペースで、2001 ～
2014年までの間に、150本のリリースを達成した。

　当初は、顧客の半分がVCの支援を受けるスタートアップで、もう半分は大企
業だった。だが、2010年頃までには、顧客からスタートアップはいなくなって
いた。後に、VCが支援をやめたことで、そうしたスタートアップは買収された
か、潰れたかしたということがわかった。

4　サンドヒルのエンジェル投資家集団。
5　高周波集積回路。

スタートアップが属する業界によって投資資金の使い道が変わる

　私はそうした状況を受けて、何か行動を起こさなくてはならないと考えた。私のような業界内部の人間からすれば、VCがスタートアップへの支援をやめた理由は明らかで、単純に、優れた半導体企業を興すのにかかるコストが莫大だということである。

　シリコンバレーでは、VCの視点から見て、半導体はもはや「資本集約型産業」の代名詞ともいえる。基本的に、半導体関連スタートアップは、EDAツール（半導体の設計作業自動化ツール）のために、エンジニア1人当たり、年間20万ドルもの費用をかけることがあり、さらにその出費を十数回行なう場合もある。また、テストラボの設置のために、50万ドルから数百万ドルの費用がかかることもある。

　このように、半導体業界では、テクノロジーを機能させ、最善のクラスイールド[6]を得るためには多額のコストがかかる。

　また、半導体関連のスタートアップへの投資に伴う深刻な問題として、注入された資金のほとんどは、そのスタートアップの知的資本の発展のために使われるのではなく、大企業に流出するということも挙げられる。例えば、ICのデザイニングを行なうスタートアップに1,000万ドルの資金を投入したら、そのほとんどは大企業が提供するツールやサービスに対する費用として使われることになるだろう。これは、ほとんど100%の資金がスタートアップの成長やその知的財産の発展のために使われる、インターネット関連のスタートアップへの投資とは対照的といえる。そして、インターネット関連のスタートアップへの投資に必要な資金は、半導体関連のスタートアップへの投資に必要となる資金の20%かそれ以下なのだ。

　このように、投資対象のスタートアップの取扱分野によって、マーケットの特徴には明確な違いがある。現在、IoTやインダストリアルIoT[7]、IoE、ヘルスケアテクノロジーの需要により、今まで以上のイノベーションが必要であるにもかかわらず、半導体関連スタートアップ投資の冷え込みが原因で、半導体業界でのイノベーションはほとんど絶えてしまっている。

　そうした分野やテクノロジーの新たな半導体デバイスやセンサーは、これまでとはまったく異なるスケールで機能する必要があり、これまで存在しなかった多くのイノベーションを必要とする。VCが資本効率のよいスタートアップを求め

6　製造した製品のうちどれだけが販売できるような性能を有するかのパーセンテージ。
7　IoT現象の一環であり、特に製造業におけるコネクテッドテクノロジー（IoT技術を用いて、様々な機器や部品を常時コンピューターネットワークで接続して利用する技術の総称）を指す。

て半導体業界への資金投入を絶ったことをきっかけとして、より多くの、そして
より急速なイノベーションが必要となる時代に突入した。

スタートアップが投資資金を有効活用するための仕組み

　私がシリコンカタリストを立ち上げようと考えるに至ったその他のきっかけと
しては、セマテックの件もあった。1980年代後半や1990年代には、インテル
その他の企業が、半導体業界の成長をキープするために、一斉に市場に参入し、
種々の問題に対処していた。そんな中、セマテックはNPO（非営利団体）とし
て運営されていた。そのセマテックの前CEOであるダン・アームブラストが、
シリコンカタリストのCEOになってくれることになったのだ。ダンは、IBMの
300㎜半導体のオペレーションを主導した人物でもある。

　私は、インキュベーターについても懐疑的で、ほとんどのインキュベーター
は、企業が買収先候補を探す手段にすぎないと考えている。そこで、シリコンカ
タリストを立ち上げるにあたっては、まず、時間をかけて半導体業界のシニア・
エグゼクティブの中でも特に優秀な人材を経営者やアドバイザーとしてリクルー
トした。それによって、シリコンカタリストは、他のアクセラレーターと同じよ
うにメンターの集団を有することになったが、他のアクセラレーターと異なって
いたのは、シリコンカタリストのメンターは、半導体業界における大御所たち
だったという点である。

　私たちは、半導体関連のスタートアップが、投資家から集めた資金をすべて、
その知的財産や事業を発展させるために使えるような仕組みを考えた。それは、
資本集約の状態を生み出している種々のコストをなくすことを可能にする、ユ
ニークなインキュベーターを作ることであった。そのために、私たちは、スター
トアップが必要とするツール、製品、サービスを製造・提供してくれる提携企業
を集めた。ちなみに、現在の提携企業は、シノプシス、TMSC、IMEC、キーサ
イトテクノロジーズ、アドバンテスト、PDFソリューションズ、オープンシリ
コン、オートデスクなどである。これらの企業は、シリコンカタリストに対して
製品やサービス、オフィススペースなど、スタートアップが必要とするものを、
無償で提供してくれている。

　シリコンカタリストのビジネスモデルは、投資先のスタートアップの株式を、
有意な割合だけ保有するというもので、そのモデルはスタートアップの支援を手
伝うメンターのグループとも共有されている。そして、他のアクセラレーターと
同様、メンターは、費やした時間や付加した価値の経済性を高めるために、ス

タートアップと投資の交渉をしている。つまり、私たちシリコンカタリストはスタートアップと投資家を引き合わせる役目を担っているのだ。

　もっとも、私は、ICチップには参入すべきではないと考えている。その業界の最近の起業家は、ICチップというハードウエアを扱うにもかかわらず、インターネットやソフトウエアの専門家から学んでおり、失敗を繰り返している。むしろ、利益率の高い純粋な知的財産ビジネスを立ち上げることこそがこれからの成長産業だろう。例えば、ARMはチップの製造はしておらず、大企業にデザインのライセンスを付与し、知的財産を売っている。

　また、ICチップの製造ビジネスとは反対に、極めて参入しやすいのがソリューションビジネス[8]だ。今のところ、IoT向けのICチップのソリューションを構築した会社はほとんどない。

　半導体関連のスタートアップを対象とするインキュベーターとソフトウエア関連のスタートアップを対象とするアクセラレーターには大きな違いがある。それは、インキュベーターはスタートアップに対して3カ月という短い期間ではなく、24カ月という比較的長い期間を与えることだ。

　そういう意味でいえば、シリコンカタリストは、短期のアクセラレーターではなく、長期のインキュベーターといえるだろう。

　シリコンカタリストでは、四半期ごとに新規企業を受け入れることが多く、そのうちの3分の1は残念ながらうまくいかないが、そうした失敗例をすぐに見つけ出すことができている。シリコンカタリストは、そのネットワークを活用して、半導体業界やソリューション業界のディールフローのほぼ100％をカバーできている。よく提携先の大企業に言っていることだが、シリコンカタリストの運営から得られるものが、少々のアクハイヤー（人材を獲得するための買収）だけだったとしても、それが大企業において何億ドルも生み出すことになるのだから、それだけでも十分に価値があるだろう。

　私たちはもともと、VCに、半導体業界への投資は元が取れると示すことを目標としていた。だが今は、投資先の関連分野ごとのマーケットの違いに対応し、半導体産業をシリコンバレーに呼び戻すよう、大企業に呼び掛けている（http://www.sicatalyst.com）。

8　顧客の業務上、要求や課題を分析、把握しそれを解決するための取り組みを支援する業務。

アクセラレーターをどう活用するか

テックスターズコーポレイトアクセラレーター／ファウンダリーグループマネジングディレクター
ブラッド・フェルド

著者はブラッドに、独自のアクセラレーターを立ち上げて運営するのか、テックスターズのようなグループに委託してアクセラレーターを運営するのか、独立系のアクセラレーターに投資をした上で、アクティブメンバーとして関与するのか、どれが会社の目標達成に繋がりやすいのかを聞いてみた。彼は、テックスターズの共同創業者であるからある意味当然ではあるが、委託してアクセラレーターを運営することだと答え、その理由について語ってくれた。

まず、利回りのよいアクセラレーターを立ち上げることと、真に優れたアクセラレーターを運営することは、まったく別のことだということを理解しなくてはならない。そして、真に優れたアクセラレーターとはどういうものかについては、スタートアップ、投資を行なう企業、アクセラレーター運営チーム、アクセラレーターの周りのアドバイザーやメンターといった、さまざまな立場から考えてみるべきだろう。

他者と提携せず、独自のアクセラレーターを立ち上げて運営することは、たとえ知識があったとしても、周囲から孤立した非効率なものにしかならないだろう。独自に行なう場合は、アクセラレーターを立ち上げて軌道に乗せるまでには10年間のコミットメントが必要なのだ。そもそも、大企業におけるプライオリティ（優先順位）や経営陣は定期的に変わるもので、アクセラレーターへのフォーカスが一事業年度で終わってしまうこともある。

このように継続性に欠くことは、大企業にとっては何の影響もないが、そうして見捨てられたアクセラレータープログラムに参加するスタートアップにはネガティブな影響がある。もしアクセラレーターを立ち上げる目的がスタートアップを支援することにあるなら、アクセラレーターが広いネットワークを利用できるような環境を整えることが必要となる。

非常に大きな資産を持つ大企業であれば、同時にいくつかのオプションを進めることもできる。独自にアクセラレータープログラムを立ち上げることも、独立

系のアクセラレーターに投資をすることも、それらを行ないながら、資金を集め、さらに、CVCを運営するチームを作ろうと考えているVCに投資をすることもできる。

具体例 ── ディズニー

ディズニーはこうした大企業の1つだ。ディズニーはテックスターズと提携して、「ディズニーアクセラレーター」を立ち上げ、運営している。

このアクセラレータープログラムに参加しているスタートアップは、参加が認められた際に2万ドルの資金提供を受け、さらに10万ドルの資金提供を受ける権利を得る。つまり、参加が認められたスタートアップは、すぐに12万ドルの資金が利用可能になるのだ。

さらに、ディズニーアクセラレーターのオフィスはエンターテインメント業界の中心であるロサンゼルスにあり、ロサンゼルスの多数の起業家や投資家、さらにはディズニーの経営陣からアドバイスを受けることができるようになっている。

コロラド州のボルダーにヘッドクォーターを構えるスフィロ[9]は、ディズニーアクセラレーターに参加し、ディズニーとの関係を有することによって、スターウォーズにフォーカスした製品（BB-8ロボット[10]）を作ることができ、このことが会社を大きく変えることになった。

---

9 2010年アメリカで設立され、急成長しているロボット工学企業。スマートフォンやタブレットで操作できる球形ロボット（ロボットボール）を主に事業展開している。
10 スフィロがディズニーとともに開発した、最先端のロボット工学技術を搭載するボール型のロボットトイ。「スターウォーズ／フォースの覚醒」に登場した。

166

テックスターズと
ディズニーアクセラレーター

テックスターズ社／創業者
デイビッド・コーヘン

デイビッド・コーヘンは、スタートアップのエコシステムの献身的なサポーターである。

テックスターとディズニーアクセラレーター

テックスターズは、起業家が新しいテクノロジーをマーケットに出すためのグローバルなエコシステムを提供しており、ディズニー、ナイキ、バークレイズ、フォード、スプリント、メトロなどのグローバル企業のアクセラレーターを運営している。

企業は、自らアクセラレーターを立ち上げるのではなく、テックスターズと提携してプログラムをアウトソーシングをすることで、逆選択を避けるためにシグナリング[11]を行なうことができる。また、こうした提携は、優秀な起業家や、投資の機会を呼び寄せることにも繋がっている。

この一例として、テックスターズは、ロサンゼルスを本拠とし、デジタルメディアやエンターテインメントにフォーカスしているディズニーアクセラレーターを運営している。

テックスターズは、そのネットワークを通じて、プログラムの第1期生として、スフィロというデジタルトイ会社をリクルートした。スフィロはディズニーアクセラレータープログラムに参加し、プログラムの終了後には、ディズニーなどから4,500万ドルもの追加投資を受けることができた。

このこと自体が大きな成功といえるが、ディズニーやスフィロにはさらなる影響があった。スフィロの製品の1つに、スマートフォンにより遠隔操作できるボール型ロボットがあるが、これが、ディズニーのCEOのボブ・アイガーに、

---

11 市場において、多くの情報を持つ者が、情報を持たない側に情報を開示すること。

第3章 アクセラレーター＆インキュベーター──その他企業にとってのエコシステムのオプション

スターウォーズの最新作「フォースの覚醒」でのR2-D2の後継であるBB-8の創作のきっかけを与えた。

このスフィロの事例は、テックスターズのプラットフォームを使って企業が投資をし、長期的にはそれよりもはるかに多くのリターンを得ることで、企業とスタートアップが共に利益を得た好例の1つだ。

バークレイズアクセラレーターの例

他の例として、テックスターズが運営するバークレイズアクセラレーターのプログラム参加者のドゥペイがある。

バークレイズアクセラレーターのプログラムは、ロンドンを本拠としており、FinTechにフォーカスしている。ドゥペイは、バークレイズが抱える、「どうしたら銀行を使わない人たちに銀行を使ってもらえるか？」という問題に対するソリューションを提供していた。

バークレイズは、試しにドゥペイのサービスを使って、クラウド上における給与支払いシステムを作ったところ、最初の数カ月だけで世界中で100万以上もの新規アカウントが開設され、さらに、銀行口座を持たない従業員を抱えるバークレイズの顧客企業の悩みを解決することにも繋がった。

このようなさまざまな事例を通して私たちがテックスターズで学んだのは、大企業は自身の物流拠点やカスタマーベースを何より重要に考えており、「まず与える」（＝投資をする）という精神は、必ずしも受け入れられていないということだ。もっとも、真に優れた企業は、恐れるべき相手は現在の競合他社ではなく、将来的に敵になるか味方になるかわからないスタートアップだということをわかっているから、「まず与える」ことの重要性を認識し始めている。早いうちからスタートアップの味方になっておいて、長期的な視点から互いに利益を得るほうが得策と考えているのだ。

アクセラレーターについての考察

　個人的には、ほとんどのアクセラレーターのユニットエコノミクスは帳尻が合っていない気がしている。つまり、ほとんどのアクセラレーターは、2~3年のバーンレートを乗り越えられるだけの資金を集めることしかできず、ものすごくラッキーでない限り、エグジットのチャンスを得られていない。

　既存のアクセラレーターの中には、1つのアクセラレータープログラムで資金を集めている者もいるし、違う都市や同じ分野内の違うトピックにフォーカスして新たなアクセラレータープログラムを始め、何とか活動を続けている者もいる。

　これからアクセラレータープログラムを始めることを検討している企業は、ほとんどのアクセラレーターのユニットエコノミクスは悪い状態であり、収益力はほとんどないことを覚悟しておくべきだろう。それでも、アクセラレータープログラムを専業としている者とは違って、企業にはお荷物事業をカバーするだけの余裕がある。

　近年では、アクセラレーターがスタートアップに資金の投資はしないという風潮は終わりつつある。そうでなければアクセラレーター自身が優れたスタートアップに出会うことができないのだろう。

　もし、あなたがスタートアップのCEOだったとして、他の条件がすべて同じなら、資金を提供してくれるアクセラレーターを選ぶだろう。

何が最良の選択か

　500スタートアップスが提供するプログラムでは、まず、そのプログラムに参加したスタートアップに15万ドルの資金提供を行ない、スタートアップは、オフィススペースの使用料や参加料として、2万5,000ドルを支払うことになる。

　500スタートアップスのマクルーア氏は、プログラムに参加したスタートアップが使うことのできるクラウドウェブホスティングサービスなどのサービスや製品は、それだけで12万5,000ドルの価値はあるもので、2万5,000ドルというのは格安だと言う。確かに著者は、同じことをやっているアクセラレーターを他に聞いたことがない。

第3章　アクセラレーター＆インキュベーター──その他企業にとってのエコシステムのオプション

169

マクルーア氏は、その経験から自らのユニットエコノミクスを知っており、おそらく、投資先を管理するための会社を売らざるを得ない状況にならないよう注意しているだろう。また、彼は、一年を通していろんなイベントのホストも務めており、その中には、有力な収益源の1つとなっている好況なものもある。

他の多くのアクセラレーターが失敗している中、マクルーア氏は収益性の高いユニットエコノミクスを有するアクセラレーターを非常にうまく運営している。そして、何と彼は、国外で大規模なVCファンドを立ち上げたようで、既存のアクセラレーターが持つビジネスモデルの枠を超えて活躍している。また、必ずしも500スタートアップスのプログラムに参加するスタートアップだけに投資しているわけではなく、他のアクセラレーターのデモデイに参加し、そこで見つけたスタートアップにも投資をしている。

何より私は、マクルーア氏の、マネジメントフィーを継続的に受け取るという非常にイノベーティブな収益モデルにはいつも感心させられている。

企業にとって、場合によっては、マイクロソフトやシトリックスのように、自らアクセラレータープログラムを立ち上げることも合理的な選択となる。また、ディズニーのように、テックスターズのような会社と提携してアクセラレータープログラムを運営するのが最良の選択となる場合もある。さらに、テックスターズやYコンビネーターのような独立アクセラレーターやファンドに投資をすることが最良の場合もあるだろう。

もっとも、戦略的なリターンという点から見ると、アクセラレータープログラムやアクセラレーターファンドに投資することは、ほとんどの企業にとって、とてもリスキーな選択といえよう。逆に、戦略的なリターンを得るためのもっともシンプルな方法は、複数のアクセラレーターに、自社の従業員をそのアクセラレータープログラムにおけるメンターとして送り込むことだろう。こうすれば、負担する費用はその従業員の給料だけで、多くのスタートアップを見て戦略的な知識を得ることができてしまう。いっそのこと、もう少しリスクを取って、デモデイで見つけたスタートアップに投資をするのもいいかもしれない。

第4章

他のVCファンドへのCVC投資
──ファンドオブファンズ（FoF）

──「機敏さは戦の神髄である」

孫子

なぜファンドオブファンズ（FoF）は企業、スタートアップ、VCにとって合理的といえるのか

ffベンチャー・キャピタル／パートナー
ジョン・フランケル

まず、この章を読む前に、シスコがどのように多くのVCファンドに投資したかについて、シスコのケーススタディーを読んでほしい。

また、FoFやCVCの直接投資戦略の組み合わせを説明しているテレフォニカ、フィンインベスト、テレコムイタリアなどのケーススタディーにも目を通してもらいたい。

ジョン・フランケルはニューヨークでffベンチャー・キャピタルを運営している。ジョンは、企業がこれからとるべき戦略について語ってくれた。

そもそも、企業の目的は、フォーカスしている分野で利益を生み出すことである。そして多くの企業は、四半期ごとの業績を意識して活動している。

企業の時間軸は、VCに比べ短いことが多く、その目的もそれぞれ異なっている。目的が一致していないことは、いずれ互いにとっての失敗に繋がることとなる。

さらに言えば、企業における決定を行なう経営者は、必ずしもファンドの期間中、ずっと在任しているとは限らず、その企業の経営者が変わるごとに、そのファンドに関与する根拠も変わっていく可能性がある。では、そもそも、企業はなぜVCに関与しようとするのだろうか？

今まで、個々の企業がこれほどまでにテクノロジーによってチャレンジされたことはないだろう。これまでにも、社会は、ディスラプションというチャレンジには、産業革命という形で直面してきた。産業革命は多くのビジネスや産業の形成をもたらし、今日存在する多くの企業や産業を生み出した。

だが、今やあらゆるものに組み込まれているICチップの誕生、移動可能なスーパーコンピューター、ソーシャルネットワークがもたらすユビキタス[1]、さらには

---

1 あらゆるものにコンピューターが内蔵され、いつでも、どこでもコンピューターの支援が得られるような世界や概念を指す。
2 消費者の行動や思惑、それらの背景にある意識構造を見抜いたことによって得られる「購買意欲の核心やツボ」のことを指す。

近時のプログラム言語の進化などによって、企業がもはやかつてのようにR&Dでのアドバンテージを持っているとは限らなくなってきている。

個人が会社を立ち上げて、これまで大企業が独占してきたような分野に攻め入るコストはほとんどゼロになり、十分なインサイト[2]さえ持っていれば、スタートアップでも太刀打ちできるようになってきた。このような状況は、企業側からすれば、どこからともなく現れる、資金に無制限にアクセスできる可能性のある者からの攻撃にさらされている状況であるといえる。例えば、規制に守られているタクシー業界でさえも、ウーバーやリフトに対しては無防備だ。

また、大企業は内部にいくつもの階層があるため、現状の体制について疑問をぶつけることやそれを変えていくことには抵抗がある。そして結果的に自分たちを守ることに繋がるような決断をするまでに時間がかかる。

現状では、多くの企業は、今は薄利だが将来的には現在の利益率の高い事業を上回るような事業を立ち上げるといった決断がほとんどできていない。ゴールドマン・サックスやアップルなどの少数の企業はそうした決断を下してきたかもしれないが、そういった例はごく稀だ。

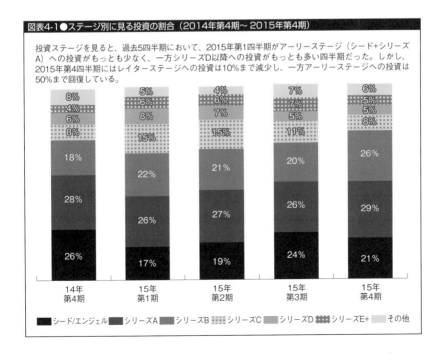

図表4-1●ステージ別に見る投資の割合（2014年第4期〜2015年第4期）

そもそも、この低金利化や高齢化が進む社会において、成長はなかなか得られるものではない。

低成長の社会では、企業が成長する必要があり、その成長はスタートアップによってもたらされる。言い換えれば、スタートアップは今や企業にとっての研究開発所である。そして、そうしたスタートアップに入り込む最善の方法は、アーリーステージのスタートアップに大規模な投資をすることだろう。そうすることで企業は、はるかに早い段階で外部のディスラプティブなアイデアに触れることができるようになる。また、VCファンドに投資をすれば、費用をかけずにそうしたアイデアを獲得できるだけでなく、財務的なリターンを得ることもできる。

企業とそのCVCユニットはスタートアップに顧客をもたらし、最終的に企業はそうしたスタートアップを買収することになる。こうしたゴールアライメント（ゴールを一致させること）こそが、この戦略がうまくいく秘訣だろう。

最初のステップとしてのファンドオブファンズ（FoF）、それに続く直接投資

　CVC事業を始めようとしている企業に対する著者からのアドバイスは、ノベル、インテル、SAP、ノキア、シスコ、マイクロソフトのような企業と同じように、まずは他のVCファンドに投資をして、それからCVCを通じた直接投資を行なうべきということだ。

　こうすることで、自社の戦略的・財務的な目的を達成すると同時に、社内での直接投資のプログラムの立ち上げを推し進めることができる。

　第1章で紹介したように自社のゴールのリストを作り、それを経営陣などの主要メンバーと共有する。その目標を達成するためのもっとも速く、そして確実な方法は、まず他のVCファンドに投資（FoF投資）をし、その後にCVCによる直接投資を行なうことだ。

　この方法であれば、成功するかわからないスタートアップに直接投資をして、時間と金を無駄にするリスクをほぼ取り除くことができる。

　もっとも、そうした投資をする上で、いくつか知っておくべきことがある。まず、多くのスタートアップはセコイア、クレイナー・パーキンズ、ベンチマーク、アンドリーセン・ホロウィッツといった今勢いのあるVCから資金を調達したいと考えているし、そうした有名なVCや、人気のマネジャーたちはいつも良いの投資案件を持っている。そして、そうしたVCのほうがLPによりよいリターンを提供している。しかし、次のホットなスタートアップが誰になるかを予想することは難しい。これはある種、音楽業界に似ているといえるだろう。いつでも、勢いがあるバンドや歌手はいるし、彼らの次のアルバムもヒットするのかもしれないが、常に別の新しいアーティストが出てくるのだ。

　また、多くのスタートアップは、ジョンディア・ベンチャーズ、キャンベルスープベンチャーズといった企業から資金提供を受けずにやっていくことを望んでいる。これは否定し難い事実であり、要するに、探し求めるイノベーションがあなたを求めているとは限らないということだ。

著者は、多くの若い起業家はCVCから資金提供を受けるべきだと思うのだが、実際はそうはなっていない。

　これは、一度あるCVCから資金提供を受けたら、そのCVCの母体企業との繋がっているイメージがつき、母体企業の競合他社とビジネスを行なったり、そうした競合他社に事業を売却することができなくなる可能性を、多くのスタートアップが懸念しているからだろう。そもそも、ほとんどのCVCはネガティブに捉えられがちで、歴史的に、CVCは資金の調達先として最後の手段であったり、そのスタートアップが急成長をしているシリーズCやシリーズDではなく、それ以降のステージにおける選択肢だと考えられてきた。

　CVCからの資金提供を受けて、直接提携することによる恩恵にあずかってしまったほうが得策に思えるのだが、ほとんどの若いCEOたちはそうしていない。だが、もし企業がLPとなっている独立系のVCが同様の提携関係を提供してきたら、そうしたCEOたちは間違いなく話に乗り、そのスタートアップは第1章のゴールを達成することになるだろう。

　CVCには、母体企業出身者と外部から来たメンバーがいたほうがうまくいく。そして、CVCはまず、母体企業がLPとなっているVCからのディールフローに依存すべきである。そこから得たディールに取り組めば、戦略的な価値をもたらし、財務的な意味でも優れたディールに巡り合うだろう。これらのことを意識することで、CVCは、最小限のリスクで、第1章のゴールに近づくことができる。

　そして、その上で、良い投資をし、そのブランドを築き上げれば、ディールフローが直接CVCに流れ込むようになり、CVCは母体企業が最初にFoF投資をしていたVCに強く依存する必要がなくなる。

　一方で、すぐに倒産してしまうようなスタートアップに投資をすることには何の戦略的な意味もないし、何のイノベーションも起こさないので、長い歴史のあるVCと密接に協働することもまた重要といえる。

　企業はどんどん参入をすべきであり、そうすることで間違いなく第1章のゴールを達成するまでの時間は節約することができる。さらに、これを適切に行なえば、複数の異なるファンドに投資をし、地理的な意味でも広い範囲をカバーすることができる。時にはシリコンバレーやニューヨーク、ロンドン、テルアビブ、中国など、世界各国のファンドに投資をすることが良い場合もあるだろう。また、投資対象のセクターを多様にすることも同様だ。

　FinTechやIoTなど、特定の分野に投資し、残りをインターネット関連のVC

に投資するという考えもあるが、著者としては、特定分野にしか投資しないVCファンドに投資するのには反対だ。なぜなら、次のイノベーションは私たちの誰もが予想しないところから起こる可能性があるからだ。例えば、数年前にはクリーンテックファンドが流行っていたが、そればかりにとらわれていたら、スマートフォンの普及によって拡大したシェアリングエコノミー関連のディールを逃すことになっていただろう。実際、ほとんどのクリーンテックファンドはLPの資金を失ってしまった。

世の中で、本当に成功している起業家たちは、あらゆる状況に対応できる。それもそのはずで、人生において重要なのは、何がやって来るかではなく、やって来たものにどう対処するかだからだ。

すでに成功している優れた起業家たちも過去には困難に立ち向かってきたが、彼らはその多才さや柔軟性をもって、リスキーな状態を乗り越え、成功を手にしてきた。VCファンドについても同じことが言えるだろう。

大企業は、コア事業やその周辺的な事業に関する悩みの他にも、従業員や経費など、顧客とは関係のない部分の悩みが多いものだ。だが、だからといって安易

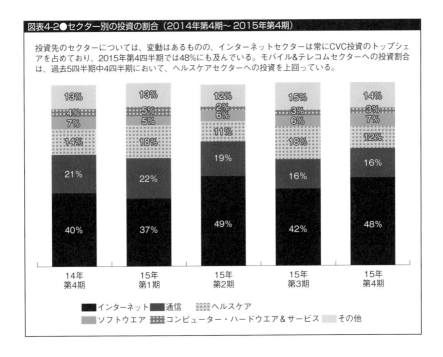

に限られた分野のみを対象にしているようなVCファンドにだけ投資をするのは避けるべきだ。

　最近のVC投資は、インターネット、スマートフォン、ビッグデータ、IoTなどの特定のビジネスモデルに集中しているが、何がどのように将来のリターンに繋がるかは常に変わっていくもので、その変化のスピードは速まっているようにすら思える。確かなことは、誰にも次に何が起こるかはわからないということだ。だから、大局から外れないように常に幅広くアンテナ線を張っておくべきである。CVC戦略にFoF投資を組み込むことで、この変化を切り抜けることができるだろう。

　もしFoF投資をする場合は、投資についてアドバイスをしてくれ、また、そのファンドの将来の投資先企業に対し、CVCから直接投資をする機会を提供してくれるGPがいるファンドを選ぶべきだ。そういったGPからの紹介がなくとも、時には、CVCが通常のVCとの共同投資の機会を得ることもあるだろうが、その場合、母体企業の意思決定に時間がかかるため、おそらく早くともその次のラウンドで投資するか、投資対象のスタートアップが資金調達のラウンドを終えた後、に単独で戦略投資をすることになってしまうだろう。

通常のVCが事業会社からLP投資を歓迎しない理由

　多くの起業家が、他社との関係を限定する可能性があるCVCからの資金提供よりは、通常のVCから資金提供を受けることを好むように、ほとんどのVCは事業会社からのLP投資を歓迎しない。

　ブラッド・フェルドもその著書で、ファウンダリーグループが最低限の運用成果を達成し続けている限り、将来のファンドにも資金提供することを約束する事業会社からしか、LP投資を受けるつもりはないと言っている。このように、通常のVCが事業会社からのLP投資を歓迎しないのには理由がある。

　事業会社は、再投資や将来のファンドへの投資をしないからだ。事業会社の運営するCVCグループの平均寿命は2.5年で、最近は5年程度で推移しているようだが、通常、事業会社はVCの複数のファンドには投資しない。逆に、VCとしては、3年ごとには新規のファンドを立ち上げたいところだろう。理想を言えば、既存のLPたちが全員再投資を行ない、ファンドの募集額よりも投資額が大きい状態になることが望ましく、できるだけ短期間でファンドをクローズしたいところだろう。例えば、NEAは、月曜にファンドを組成し、同じ週の金曜までには

何十億ドルも調達しているようだ。だがこれは、事業会社がLPの場合には、できないことだろう。その理由は、CEOの交代、景気の停滞、事業の行き詰まりなどさまざまである。ともかく、これでは事業会社は将来のファンドに確実にコミットしてくれるような信頼できるLPにはなり得ない。

　VCとしては、事業会社から、最低限の運用成績とその会社の最低限の経営成績が達成されることを条件に、10年以上を通して将来の3つのファンドに投資するという法的拘束力のあるコミットメントを獲得することができれば、事業会社によるLP投資を歓迎するだろう。

　ルビコンVCでは著者も他のパートナーも、スタートアップにバリューを提供するために事業会社を活用することができるというストーリーを信じている。スタートアップにバリューを提供することが私たちにとってのすべてだ。だから、本書を執筆することも、また、事業会社をLPとして招聘することも、そのストーリーの実現に近づけてくれる。そういう意味では、ルビコンVCは、アメリカの旧来型のVCモデルを大きく変えようとしているのかもしれない。

GP-LPストラクチャーへのスピンオフ、
CVCの独立化・再ブランド化

「見ろ！　動いてるぞ。生きてるんだ。」
ヘンリー・フランケンシュタイン博士 ―― 1931年の映画より

　著者は、家族と一緒にシリコンバレーに引っ越す2日前に、ヨーグ・シーバートがロンドンのトラファルガー広場にある著者のオフィスを訪ねてきたことをよく覚えている。そのとき彼は、誇らしげにSAPベンチャーズがGP-LPストラクチャーに転換し（その時までは、オフバランス[3]の投資をしていた）、SAPを唯一のLPとする3億ドル以上のVCファンドをクローズしたことを報告してくれた。SAPベンチャーズのGPは、2%の管理報酬と20％のキャリーを得ている（2：20モデル）が、ヨーグはその数年後、SAPベンチャーズの元を去り、スイスにある、SAPの創業者の1人のファミリーオフィスに入った。

　このSAPベンチャーズの話は非常に面白い。SAPベンチャーズも、初めの頃は、多くのCVCと同じ、オフバランスの投資をし、投資チームにはベースサラリーと、SAP本体の企業の業績に連動するボーナスを支払っていた（各自の投資成績ではなく）。もっとも、他のVCと同じディールに共同投資し、ほとんど同じ仕事をしているのだから、投資チームがそうしたVCと同じように2：20モデルで報酬を得たいと考えるのも当然だろう。

　CVCが、独立のストラクチャーとしてスピンオフをする他の理由としては、プログラムの期間が長いことがある。オフバランスの投資をしている場合には、投資チームは、いつ、そのプログラムが中止になったり、期間が短くなったり、中断されたりするのではないかと不安に思っているものだ。CEOの変更、景気の停滞、組織再編、外部のコンサルタントの母体企業に対する「本業に集中しろ」といったアドバイスをするなど、CVCプログラムが終わってしまうきっかけはさまざまで、いずれもいつ起こってもおかしくないことだ。

　また、自主性を獲得し、投資を実行する際に投資委員会や事業部門のトップの

3　貸借対照表（バランスシート）に記載されない取引の資産・負債のこと。「簿外取引」ともいう。そのまま計上すると何らかのリスクのある取引の資産や負債を、バランスシートからオフ（消す）ことで、企業価値を高めるという目的がある。

承認を不要にするということもスピンオフをする理由の1つだろう。売上高200億ドルの大企業のCFOに、クロージングが週末に迫ったわずか100万ドルや500万ドルの投資について、サインをもらうために奔走するのは、フラストレーションがたまるに違いない。シリコンバレーでの物事の流れについていくためにはスピードはとても重要だ。

LPの多様化を進める理由

CVCグループが母体企業からスピンオフし、GP-LPストラクチャーになったらすぐに、そのGPたちはGP-LPの会議に出席し、機関投資家たちとの関係性を築き上げ、新たに独立系VCファンドとして売り込み、そのLPの多様化を図らなければならない。

VCは、1人のLPに依存すると、1つしかファンドを組成できないことになる。だから、もし新たなファンドを3年ごとに立ち上げたいなら、LPの多様化を図り、当初LPの比重をできるだけ早く50%、30%、20%、できれば10%に下げるべきだろう。市場において独立系ファンドとして見られたいのであればなおさらであり、将来のファンドにおいては1つの企業によるLP投資の比重の割合を30%からや20%にまで下げるべきだ。

SAPベンチャーズの例で考えても、多くのスタートアップは、SAPベンチャーズから資金提供を受けたら、SAPの競合他社（オラクル）に会社を売ることの妨げになるという不安を抱えているため、この点は極めて重要だ。こういったスタートアップの不安は的外れなのかもしれないが、受け取られ方こそが重要である。たとえSAPがマイノリティー（少数派）のLPにすぎない場合でも、その資金提供を受けるという事実自体がスタートアップにとっては重要な意味を持つから、他の独立系VCも資金提供を申し出てくれる中、敢えてリスクを取ってSAPベンチャーズを選ぶ理由はないだろう。

スピンオフするということ

著者は、SAPベンチャーズのメンバーが、スピンオフ後の早い段階から、「私たちはSAPから完全に独立していて、実際、投資先企業をSAPよりもオラクルに多く売却してきた」と言っていたことが印象的だった。もっとも、SAPベンチャーズという名前である限り、そうした発言は挑戦的にしか聞こえないものだ。結局、SAPベンチャーズは、SAPから完全に独立するために、名前をサファ

第4章　他のVCファンドへのCVC投資——ファンドオブファンズ（FoF）

181

イア・ベンチャーズに変えた。そして、サファイア・ベンチャーズのメンバーは、サファイア・ベンチャーズはCVCではないし、マーケットにそう見られるのも困ると言って、本書のインタビューを断った。

これこそが、典型的なCVCから完全に独立したVCへの生まれ変わりなのだろう。他にも同じように本書に掲載されることを断ったVCがあるのだが、同様に、せっかくCVCから独立して、独立系のVCとしての再ブランド化に多大な労力を費やしたのであるから、CVCであると誤解されたくないのだろう。

著者は、これまでいくつかスピンオフのケースを見てきたが、どういう経過をたどるかというと、まずはオフバランスで投資をし、母体企業を利用して優れたIRR（内部収益率）を生み出した後、単一のLPである母体企業から離れて、LPの多様化を図り、そしてCVCのスティグマ（烙印）から逃れるために名前を変え、最後にオフィスを母体企業の建物から移す、というものだ。

著者が最後に見た時は、サファイア・ベンチャーズは、まだSAPのオフィスビルの中にいた。だが、スピンオフを遂げるためには、そろそろ、オフィスをサンフランシスコやメイフェアに移すべきなのかもしれない。

母体企業の視点から考えてみる

さて、CVCメンバーがサファイア・ベンチャーズに倣ってスピンオフをしたいと考えるのは無理もないことだが、ここからは母体企業の視点として考えてみよう。

まずここで、第1章で説明した企業のゴールを思い出してほしい。一体何がコーポレートベンチャー事業を始める主たる目標で、何が副次的な目標だっただろうか？　CVCがスピンオフした事例で、母体企業がどの程度その目標を達成できているかについては正直、著者にもわからない。もしかしたら、そのCVCが母体企業の組織の一部だった時よりも効率的に目標を達成できているのかもしれない。

いずれにせよ重要なのは、CVCがサファイア・ベンチャーズのようにスピンオフし、母体企業が第1章のゴールを達成したいと考えているなら、母体企業はスピンオフ後もそのVCとの緊密なコミュニケーションを続けるべきということだろう。

投資のプロが独立したがる理由はとても明白だ。他方、母体企業がそれをサポートするロジックは、本書のFoFや直接投資の章で述べた考えによく似てい

る。言ってしまえば、サファイア・ベンチャーズの戦略は、FoFと直接投資の組み合わせである。

つまり、サファイア・ベンチャーズはまず他のVCファンドに直接投資し、そのポジションを利用して、そのVCの投資先企業からのディールフローを確保し、そこからさらにレイターステージでの直接投資への優れたディールフローを生み出している。これは、非常に合理的な戦略で、サファイア・ベンチャーズはそれによって強大なVCフランチャイズに成長した。

最近、著者はシリコンバレーのとある交流会で昔の友達に偶然出会ったが、彼は、できたばかりのある大企業のCVCに入ったという話をしてくれた。実は、彼はずっとベンチャーキャピタリストになりたがっており、自らファンドを立ち上げようとして失敗してしまったこともある。彼は、まだ働き始めてもいないのに、サファイア・ベンチャーズと同じようにそのCVCをスピンアウトする計画について語ってくれた。しかもスピンオフ後のVCの名前まで考えていた。

何が言いたいかというと、新しく立ち上げたCVCは、もしかしたら反乱を考えているかもしれない、ということだ。

そう考えると、CVCを立ち上げた企業は、もしかしたらモンスターを作り出してしまったかもしれないということを認識しておくべきなのだろう。

CVCの投資チームのメンバーを選任するときには、雇用契約の中に何かしらの対策を入れておくべきなのかもしれない。例えば、CVCがスピンオフした場合には、母体企業がそのGPの持分の一部を取得できるようにしておくことが考えられる。CVCやその投資チームが企業から独立する場合には、その企業が何を請求してくるか、法的な検討を行なうことになるかもしれない。

投資チームで独自の新しいファンドを立ち上げるという途もある

最近、大規模なCVCのチーム全体（アジアに分散している）からなるファンドの資料を目にした。

これはつまり、複数のアンカーLP投資家さえ確保できれば、わざわざ既存のCVCの独立という形をとらずに、投資チームで独自の新しいファンドを立ち上げるという途もあるということだ。

なお、ほとんどのCVCの投資チームは、その投資実績を誇張して語り、CVCを離れて独立系のVCのGPになったり、独自のVCを立ち上げたりした際にもその業績がついてくると勘違いしていることがある。だが実際は、最初の大きなリファレンスカスタマー（代表事例となるような顧客）となってくれる母体企業と

関係を持ち続けたり、営業力を活かしてスタートアップとうまく連携したりしない限り、同じような投資実績は達成できないものだ。

　CVCで求められるスキルはVCで求められるものとはまた違うもので、多くの歴史あるVCは、事業会社との関係構築をめざしていない。

ノベルからペリオン・ベンチャーパートナーズへ

ノベル・ベンチャーズ／共同創業者
ブレイク・モデルシツキ

著者の友人でペリオン・ベンチャーズの共同創業者のブレイク・モデルシツキが、興味深いストーリーを提供してくれた。

ブレイクは、ワードパーフェクト社の国際マーケティング・マネジャーとしてそのキャリアスタートさせた。ワードパーフェクト社は昔ながらの会社で、ワードプロセッサーソフトでマイクロソフトワードと競合していた。ワードパーフェクト社は、コンピューターネットワーキング市場を支配していたノベル社と合併した。

ブレイクはそのコーポレートデベロップメントグループのディレクターになり、ノベル・ベンチャーズの立ち上げを支えた。その資金はノベル社が拠出し、大企業に投資してノベル社の株主への利益還元を図ることと、より広いソフトウエアインフラのエコシステムに属するスタートアップに投資をすることを重視した投資を行なった。

ノベル・ベンチャーズは当初、ファンドオブファンズ（FoF）の戦略をとり、ブレイクはサンドヒルロードに拠点を持つ優れた独立系のVCに投資をした。その後、自分たちで直接投資をすることができるという結論に至った。

しかし、2001年にエリック・シュミットがノベル社を去りグーグルのCEOとなった時、ノベル社の新しい経営陣は、コア事業にフォーカスすることを決め、コーポレートベンチャー事業はコア事業からは外れることになった。

その後、アクセル・パートナーズの共同創業者の紹介により（FoFプログラムを通じてノベル社はアクセル・パートナーズが組成する3つのファンドのLPになっていた）、ブレイクは、ユタに拠点を持つ、地域にフォーカスする小さなVCファンドであるユタ・ベンチャーズに出会った。そして、数回の対話を経て、ノベル社は、ユタ・ベンチャーズと提携すればどちらの利益にも繋がるという結論に至った。

その提携は、ノベル社のコーポレートベンチャー事業を現状から発展させることができるという考えに基づくものだった。

やがてブレイクは、現状ではカリフォルニアをはじめとして、世界中から優れ

たディールフローを引き寄せることができないことに気付き、その名前をUVパートナーズに変えることにした。だが、その新しい名前も、地域にフォーカスする戦略から脱却しきれていないように思われたため、さらに名前を変えた。そして、とても強く息の長いVCであるペリオン・ベンチャーパートナーズが生まれた。20年間もの長期にわたりベンチャー投資において成功を収めていることこそが何よりの証拠だろう。

　最近、ペリオン・ベンチャー・パートナーズは6つ目のファンドをその目標と当初のハードキャップを大きく上回る2億4,000万ドルという額で無事クローズした。ペリオン・ベンチャー・パートナーズの投資戦略とセクターのフォーカスは、ノベル・ベンチャーズの頃に根付いたものだ。

第5章

CVC、起業家、ファイナンシャル VC に関連した コーポレートベンチャー事業へのアドバイス およびベストプラクティスについて

――「成功とは、何度失敗しても情熱を失わないことを指す」

ウィンストン・チャーチル

DFJ、ドレイパーアソシエイツ、ドレイパー大学の創業者のCVCに対する考え方

ティム・ドレイパー

ティム・ドレイパーは著者にとってヒーローであり、CVCについては誰よりも豊富な経験と知見を有している。彼の考えるポイントは以下の通りである。

1. コーポレートベンチャーキャピタリストは長期間、業界にいるのがよい。インテル・キャピタルはこの点で素晴らしい。彼らはVCビジネスに最高の形で飛び込み、現在でも業界で活躍している。多くのコーポレートベンチャーキャピタリストたちは、市場が最高潮の時に参入し、市場が停滞している時期に去っている。これはもちろん、母体企業にとって有益ではないが、それだけではなく、投資を受け入れた企業からしても、CVCの支援が最も必要な場面でサポートを引き上げられると、損害を受けることになる。

2. コーポレートベンチャーキャピタリストが、スタートアップの製品と、それを試しに使ってくれる母体企業内部の人とをつないでくれるとしたら、スタートアップにとっては最高だ。企業が投資家として参入する際、初期の顧客としてスタートアップの製品を使ってくれるのは、起業家たちにとって、とてもありがたいことだ。

3. 起業家は、CVCからの資金を受け入れる際には、CVCがまず忠誠を尽くす先は母体企業であるということを認識し、理解しなければならない。このことは至極当然であるが、CVCがスタートアップの取締役会において議決権を有し、スタートアップの利益よりも母体企業の利益を第一に考えて行動するように見えて、起業家からすると、もどかしく感じることもあるだろう。

4. 起業家がCVCから資金を受け入れ、CVCに取締役会の議決権を与える場合は、母体企業やその出身者をメンバーとしない、独立したアドバイザリーボードを設けるというのが良いアイデアである。というのも、母体企業の利害とスタートアップの利害はしばしば対立するからだ。

5. 起業家がしばしば心配するのは、企業がスタートアップの存在を脅かすために、あるいは企業がスタートアップを安く買うことができるよう弱らせるという目的のためだけに、投資を行なっているのではないかということである。しかしこのようなことはめったに起きない。CVCの代表者は、ほぼすべての場合において、スタートアップのビジネスを応援している。たとえスタートアップのCEOが彼らのことを競争相手だと見なしたり、彼らが敵か味方か測りかねていたりしても、である。

━━━━━━━━━━━━━━━

　もし興味があれば、ティムのフェイスブック、リンクトイン[1]およびツイッター（@TimDraper）をフォローしてみてほしい。

---

1 2003年5月にサービスを開始した、世界最大級のビジネス特化型ソーシャル・ネットワーキング・サービス。

ファウンダリーグループの
マネジングディレクター、オーサー、
テックスターズの創業者の、CVCに対する考え

ブラッド・フェルド

著者はコロラド州ボルダーのファウンダリーグループの創業者であるブラッド・フェルドと会い、CVCや彼らが犯す古典的なミス、独立系アクセラレーターと企業に所属しているアクセラレーターとの違いについて話し合った。

ブラッド・フェルドをよく知らないこの本の読者のために言っておくと、彼はおそらくベンチャーキャピタリストやアントレプレナーシップに関する著者としては、右に出る者がいない人物である。彼の著書はいずれも強く推薦できるが、『ベンチャーディール』はもっとも広く読まれている書籍である。彼は以下のように話してくれた。

大企業の苦戦

ブラッド・フェルド —— 私がビジネススクールに通っていたのは1980年代で、当時コーポレートベンチャーが大流行していた。当時から今日に至るまで、私は、企業がVCに一貫して関与することができなかった結果、苦境を強いられる様子を長年見てきた。そして今日、大企業はイノベーションの重要性を再認識するようになった。

一般的に言って、大企業は製品を少しずつ改良していくことは得意であるものの、急激なイノベーションには苦戦する。特にそのイノベーションが既存のビジネスを破壊するものである場合にはなおさらである。

ただ、大企業は賢明なことに、急激なイノベーションに苦戦したことから学び、VCを利用するようになった。

1つのアプローチはアクセラレータープログラムに参加することである。この取り組みは、テックスターズのようなアクセラレーター運営のエキスパートと提携することができれば、もっとも効率的な方法となることが多い。

スタートアップに対する直接投資や、VCに対するLP出資も、大企業がスター

トアップにコミットするための手段として有効である。

そのほか小規模な会社を買収することをはじめとした、伝統的なコーポレートデベロップメントの手法を用いることもできる。

一貫性をもつことの重要性

参考になる悪例として、マイクロソフトの投資行動がある。私は20年以上にわたり、マイクロソフトがどのような投資行動をとってきたかを見てきた。その中でマイクロソフトは他の会社に対して積極的に投資を行なうという方針から始まり、一旦その方針をやめ、その後再び他社に投資を行なうプログラムに回帰、さらにその後一定期間投資をやめ、結局はまた再開するという優柔不断な投資行動をしてきた。

このように長期にわたって、方針をコロコロ変えながら、一貫しない投資行動をとっていると、期待していた成果が得られなくなってしまう。

多くの企業は、マイクロソフトと同様に長期間一貫性をもってコーポレートベンチャー事業に取り組んでいないため、誤った方向に向かっている。彼らは長期的な視点を持つべきであり、CEOやCFOの交代にも耐え得るようなストラクチャーを採用するべきであろう。

私は、ファウンダリーグループのベンチャーキャピタリストとして、コーポレートベンチャーキャピタリストたちと多くの共同出資を行なってきた。私の共同出資の体験は玉石混交だ。CVCは時に素晴らしい結果をもたらすが、時に悲惨な結果をももたらす。奇妙なことに、ある企業がある投資でひどい行動をしたかと思えば別の投資では素晴らしい成果を残したりするものなのだ。

同じCVCでも、案件によって担当者が異なっているため、このような事例が生じることが多いのである。仮にその担当者が社内においてあまり権力を持っていなかったなら、困難な局面において（そしてこうした局面はすべてのスタートアップの一生において常に生じるものである）、スタートアップの利益のために行動するのではなく、見境なく、自己中心的に行動するであろう。その担当者は自分の仕事を失うことをまず恐れ、その行動や決定を通じてスタートアップの価値を毀損してしまうかもしれない。

その他、CVCが単に受け身だったり、CVC幹部の力量不足で、母体企業との間のシナジーを生み出すことができなかった事例もある。こうした事例では、CVCの唯一の価値は、彼らが投資をした金銭だけである。

CVCの悪例

何もしないというのはまだましで、CVCが、スタートアップに対して母体企業を活用することができるとスタート約束したにもかかわらず、その後CVCのレスポンス（反応）がまったくないということもよくある。次の水曜日までにリクエストに応じると約束したCVCが、どの年の水曜日に応じるのかは言っていないというようなこともよくあるのだ。

こうしたコーポレートベンチャー事業を行なうグループのうち、一部のコーポレートベンチャーキャピタリストやCVCの幹部たちには、悪い評判が立っている。そのため、彼らに他のベンチャーキャピタリストよりも有利な投資条件を与えないことが重要である。

CVCはコーポレートデベロップメント業務から完全に独立していない場合がある。コーポレートデベロップメント業務とCVC業務を同じチームが行なっていたり2つの別のチームが同じ人間にレポートをしたりしている場合がある。そのような場合のリスクを考えると特に、先買権や優先交渉権、拒否権を与えることは避けなければならない。

CVCのよくない行動の一例は、スタートアップが資金難に陥って、取締役会がさらなる資金調達を行なおうとしている場合に表れる。例えば、CVCが、そのスタートアップの取締役会のメンバーだった場合に、取締役として尽くすべき忠実義務を果たさなくなることがある。最悪の場合、スタートアップの資金繰りがより困難になるまで、CVCが時間を稼ぐこともある。これは、スタートアップがわずかな選択肢しかない状態で資金難に陥った場合に、CVCの母体企業がそのスタートアップを比較的安く買収するという目的を達成できるからである。これは私が何度となく見てきた場面であり、ユニオン・スクエア・ベンチャーズのフレッド・ウィルソンが有名なブログ（https://goo.gl/Cq3guc）の中で、「絶対、絶対、絶対、絶対に」CVCとはもう二度と仕事をしないと述べていたのも、おそらくこうした場面の1つに出くわしたのであろう。

CVCの中には、母体企業がこのような行動をするのを防ぐため、母体企業と距離をとることによって独立性を確保しているものもある。グーグル・ベンチャーズ（GV）はこうしたCVCの好例だ。独立したVCファンドとして位置付けられているGVにおいて、グーグルは、単なるLP投資家という以上の存在であり、20年以上の長期間にわたりGVにコミットし続けている。そしてグーグルは、チャイニーズウォールポリシーに忠実に従うことで、仮にGVとグーグルとの間で利益相反の事態が発生した場合であっても、上述のような事態が発生する

のを防いている。しかし、それと同時に、GVの投資担当者たちは、自分たちが投資をした先の企業がグーグルと提携することによってシナジー効果を発揮できるようにするため、グーグルとの緊密な連携を行なっている。

報酬には母体企業との調整も考慮すべき

LP出資を行なう企業について言えば、ファウンダリーグループにおいては、その企業が我われのファンドへの長期間の投資を表明しない限り、その会社からのLP出資を受け入れることはないだろう。我われは、3年ごとに新しいファンドを立ち上げることが多い。もし我われがもともと実行する予定であったことを行なっている限り、新設したファンドにもコミットしてもらう必要がある。ある企業が我われの将来のファンドを継続して支援してくれると我われ自身が心底信頼するのは難しい。CVC幹部はしばしばVC内部の政治力学に取り込まれ、その仕組みの中で自分の地位を強化しようとする。この一貫性のなさが、事業会社が頼れるLP投資家となることを困難にしているのだ。

事業を継続するためには、CVCのパートナーはVCファームのパートナーと同程度の適正な報酬を得る必要があるが、これは、事業会社にはなかなか理解されにくい。もし企業が適切な報酬を支払わなかったら、CVCのもっとも優秀なパートナーはVCファンドにリクルートされ、CVCは顕著な離職率となるだろう。このことは逆効果を生む可能性があり、そのCVCにもっとも長く在籍しているCVCの幹部が低いパフォーマンスを出すことになる。多くのCVCは正反対の行動をしているようだが、理想的にはCVCに対して企業は次のような報酬体系とすべきである。すなわち、個々の投資に対して果たした役割のみならず、どのように大企業の人々と仕事を行なったか、また、長い歴史を作り上げてきたチームをまとめ、維持したか、を基準に報酬を支払うのである。

CVCの失望

トム・フォガーティ

　これまた著者にとってのヒーローである伝説のトム・フォガーティと話をする機会を得た。フォガーティは、偉大なメディテック・スタートアップであるバイオメディックスにおける主要な投資家である。彼は、外科医でありスタンフォード大学の教授であり、また変形バルーン塞栓除去用カテーテルの発明者でもあり、その他65以上の医学上極めて重要な発明をした人物である。また、彼はその後、数多くの投資活動も行なった。彼の重要な仕事によって数百万の命が救われ、スタートアップにおける彼の資産は数十億ドルとなっている。フォガーティ先生はベンチャーキャピタリストが、ヘルスケア関連のスタートアップにとって重要な、アーリーステージ段階での出資を行なっていないことを知って、その問題を解決するために、フォガーディ財団を設立し、エル・カミーノ病院や数多くの企業と提携している。この財団は、未来を変え得るスタートアップが詰め込まれている唯一無二のものである。ヘルスケア企業は、この財団をよく覚えておき、連絡をとってみるとよい。

　インタビューによって彼から得られた教訓は次のようなものである。

CVCの多様性

　トム・フォガーティ ―― CVCは私がかつて予想したような慈善事業ではない。企業は、まるで自分たちが全能であるかのように振る舞うという点でベンチャーキャピタリストとよく似ている。多くの大企業は、すでに自分たちがその分野を代表している同分野に投資を行なうのを嫌がる。そのような投資を行なうことが、その企業内のリサーチ＆デベロップメント部門[2]の失敗を認める形となっ

2　研究開発のこと。研究開発は、基礎研究、応用研究、商品化研究の3分野で考えられている。基礎研究は、いつ開発できるかわからないものを純粋科学的に追求するもの。応用研究は、明日の商品を開発していくもので、応用研究で得られた結果が実際に応用できるかどうかを追求する。商品化研究は、商品を開発するもので、応用研究で得られた結果が商品として販売し得るものであるかを研究する。

てしまうからだ。なので、メディテックの起業家は企業に対して、企業が求めているものを聞くべきではなく、自分たちが必要とするものを伝えるべきなのだ。

　すべてのベンチャーキャピタリストやCVCベンチャーキャピタリストを同じイメージ像で描くべきではない。結局は一緒に働く個人が重要なのだ。大企業の中には、一度我々の会社を買収したものの、その後再度我々に売り戻そうとするものもある。そのようなことがありえたとしても、大企業に売収された会社は、少なくとも最初の1年間は、それらの大企業をビジネスパートナーとして扱う必要があるのだ。

　医療業界における最悪のベンチャーキャピタリストの一例は、キャリア選択に失望して転身した医者である。もし医療の世界で生じるトラブルから無縁でいたいのであれば、教えられたこと通りに行動するべきだ。もし医者が定められた手続きに従わなければ、それは患者を危険にさらすことになるので、やれと言われたことに従うことは必要なことだ。何か新しいことや違うことを行なうには、大胆さと若干の狂気が必要となる。物事を違った角度から考えることが必要なのだ。とはいえ、産業界や企業は、医者と戦う必要はない。共に働く必要があるだけだ。

　また、医療業界において生じる、ゆるやかな変化と、大幅な変化の違いを認識しなければならない。もし、あなたが10人中10人を救うことができる新技術を持っているとして、外科医に対して処理方法を教えられるツールを導入する前に、何人が死ぬのだろうか。技術は既成のプロセスよりも早く変化しているというのが現実なのだ。規制当局も以前に比べればましになってきているが、時にはアメリカ食品医薬品局（FDA）から回答が来るよりも前に、オフショア開発により技術が進歩してしまうこともある。

　私は、企業に対して、スタートアップ設立コストの削減や事業の効率化といった新たな取り組みをすることによって、企業はベンチャーエコシステムのアーリーステージにおいてより大きい役割を担っていくようアドバイスしている。

　窓から外の世界をただ眺めているだけでは、次に何が起こるかを知ることはできない。ただ見るだけではなく、より近づかなければならない。投資をして初めて、次に何が起こるのか知ることができるのだ。

第5章　CVC、起業家、ファイナンシャルVCに関連したコーポレートベンチャー事業へのアドバイスおよびベストプラクティスについて

大企業は、スタートアップのスピードに合わせなければならない

シリコンバレーおよび日本で活動している日本のCVC／マネジングディレクター（匿名）

サンドヒルロードのVCトップが、あるアーリーステージのスタートアップを紹介してくれたことがある。最初のミーティング段階では、創業者が複数の成功体験と明確なビジョンを持っていたので好印象だった。その後最初のミーティングから1年がたった後、我われはどのように協働していくか議論を始めた。

しかし大企業の立場から見ると、このスタートアップと協働するにはまだ早すぎた。我われのCVCチームは懸命に働き、事業部を説得して何とか試作品の供給を開始しようとしていた。

その間、我われは他の企業からそのスタートアップについて良い評判を多く聞いた。そのため、我われCVCチームは試行を急ごうとした。しかし、そのスタートアップは買収され、この話は立ち消えになってしまった。

ここでの教訓は、プロジェクトの初期段階から、プロジェクトの擁護者を大企業内部で見つけておく必要があるということだ。これは、難しいことだが、重要だ。短期的な結果を追求する幹部らだけで、ベンチャーキャピタリストのイマジネーションを持続することはできないのだ。

CVC投資が成功を収めるためのポイント

シリコンバレーで活動しているファイナンシャルVC／社員（匿名）

　CVC投資が成功を収めるためのポイントは、適切なチームを持つこと、企業のトップ（例えばCEO）による長期的なコミットメントがあること、そしてVCの成功に焦点をあてた客観的な投資戦略を持つことである。こうしたポイントを実行するためには、企業の外部からスタッフをリクルートしてきて、彼らが投資を行ない、VCや起業家のコミュニティーと長期的な関係を築いていくための十分な裁量を与える必要があるのだ。

　CVC投資を行なうには、企業の内部で戦略的な連携を構築するために政治的にうまく立ち回ったり、官僚的な組織のチームに対して投資を売り込むことが必要となる。

　また、ベンチャーコミュニティーにおける評判を作り上げ、CEOである起業家が何とか成功できるよう手助けすることも必要だ。

第5章　CVC、起業家、ファイナンシャルVCに関連したコーポレートベンチャー事業へのアドバイスおよびベストプラクティスについて

CVCの現状に関する、
フレッド・ウィルソンの有名な引用

ユニオン・スクエア・ベンチャーズ／創業者
フレッド・ウィルソン

フレッドはCVCに関するコメントを掲載することを許可してくれた。このフレッドへの有名なインタビューについてのリンクは、このサイト（https://goo.gl/Cq3guc）をスクロールしていくと見つけられる。また、彼のコメントそのものについてはツイッターの@AVCまたは@FredWilsonのアカウントか、彼の個人的なブログ（www.avc.com）で「コーポレートVC」と検索してほしい。

「ベンチャー投資は企業の資金の最良の使い道ではなく、せいぜい平均以下の利益を生み出すことしかできず、最悪の場合大きな損失を被ることもあり得る」。パンド・マンスリーでのインタビューにおいてVCとして学んだことについて尋ねられたときに、フレッドはコーポレートベンチャーキャピタリストと投資を行なうことは、「絶対、絶対、絶対に二度と二度と二度とやりたくない」代物だと直ちに回答している。

なぜそのように強く感じたのかを問われた際、彼はこのように答えた。
「やつらはクソだ！　やつらは投資先企業の成功や起業家の成功には何の興味もない。母体企業は自分たちの利益を最大化するために存在している。やつらが高潔であったり器量が大きかったりすることはあり得ない。やつらのDNAにはそんな性質は含まれておらず、だからこそやつらは投資家としてはクソだ！」

「私が思うに、企業は最悪のパートナーだ。やつらはあなた方の会社に投資するべきではない。やつらはあなた方の会社に投資するのではなく、買収するべきなのだ。企業に対しては、こうしたイメージを持つべきだ。やつらはあなたのエグジット先であり、資金面におけるパートナーではない。起業家は、企業は買収時に高いバリュエーションを付けてもらうためだけのパートナーであると言っているのだ」
フレッドはさらに、「企業は（投資ではなく）買収するべきだ」と重ねて言う。

CVCの二面性

ここで再び著者による注釈を挟もう。

フレッドは後に彼のブログにおいて、グーグル・ベンチャーズやインテル・キャピタル、SAPベンチャーズ、コムキャスト・ベンチャーズといった受動的なCVC部門と、積極的な戦略的投資との違いについて、前者は資本の良い使い道だが、後者については、起業家や企業の目的に照らすと奇妙な感じがすると述べていた。

感情的になることを恐れずに言えば、現場が経験している、ネガティブで質の悪いCVCオペレーターが蔓延している状況を踏まえると、CVCに対してはさまざまな見解があるということを会社の方々に知ってもらうために、この本にはどうしても上記の部分を入れなければいけないと感じた。

フレッドはグローバルなテックエコシステムにおいて重要な影響力を持つ人物であり、人々は彼が何を語り、何を書くかについて関心を持っている。この問題に関するフレッドのビデオクリップは有名であり、著者が強調したいのは、CVCは企業、スタートアップおよび通常のVCにとっても大きなチャンスであるが、それはフレッド・ウィルソンの良書にあるような方法で運営される必要があり、一緒に働きたくないような組織であってはならない。上記のような見解を唱えているのは必ずしも彼だけではないのだ。

「伝説的なベンチャーキャピタリストであるCRVのテッド・ディンタースミスは、戦略的見地に立って企業から資本を受け入れることについて、かつて私にこう言ったことがある。『気を付けなさい。あなたは会社を売ってしまうかもしれない。しかも、それと気が付かないうちに』」

〜マイカ ローゼンブルーム, Founder Collective 〜

第5章　CVC、起業家、ファイナンシャルVCに関連したコーポレートベンチャー事業へのアドバイスおよびベストプラクティスについて

エグジットを最適化するための、CVCディールの組み立て方に関するアドバイス

ページミル・パートナーズ／マネジングディレクター
ガウラヴ・バシン

私たちの会社は通常、アーリーステージにおける融資は行なっていない（新株発行やレイターステージでの融資とともに、主にテクノロジー企業のM&Aにフォーカスしている）が、時には長年の付き合いのあるかつてのクライアントや企業に対して資金調達に関するアドバイス業務を行なうこともある。

かつて、こうした企業の1つがスマートフォンの画期的な技術を開発し、3つのCVCや、より大規模な、老舗のVCファームからの資金調達を検討していた。結果的にこれらのCVCは資金に加えて、消費者へのアクセスや製品製造に関する知見や関係性（製品の製造プロセスに関する知識や、アジアの組み立てラインへのアクセス）をも提供した。また、彼らは、将来スタートアップの製品と自社の製品とを統合する強力な機会も提供した。これらはいずれも老舗のVCが提供することができない戦略的価値だった。

将来を見据えたタームシートの重要性

資金調達に至る交渉の中で、これらのCVCのうち1社が30日間の先買権（Right of First Refusal）を要求してきたことがあった。シリコンバレーのCVCから先買権が要求されることは少ないが、シリコンバレー以外を拠点とするCVCによって先買権が要求されることは比較的多かった。先買権がいかにM&Aプロセスを困難なものにするかという経験から、私たちは企業に対して先買権の提案を受け入れるのではなく、代わりに、スタートアップが買収のオファーを受けたり売却プロセスを開始したりした場合にはCVCに通知するというROFN（Right of First Notification）を提案するようアドバイスした。これは、CVCも潜在的な買い手であることから、日常的に行なっているアドバイスである。数回にわたって交渉した結果、このCVCは先買権の要求を取り下げ、ROFNを受け入れることになった。

数年たってこの企業が成長した後、M&Aを行ない、正式に私たちに対してファイナンシャルアドバイザーを依頼することを決定した。ここで、先買権かROFNかを検討させ最終的にはROFNを選択させた粘り強い交渉が奏功した。と

いうのも、私たちが連絡をとったほぼすべての買主候補は、CVCが手厚い支援をする一方で先買権や特別なライセンス契約など何らかの特別な権利を有していないかどうかを尋ねてきたからだ。

こうした買主候補のうち数社は、CVC先買権を有している場合には、先買権を行使されてしまうことを恐れて、買収する機会を検討することすらしないと述べていた。今回は先買権が存在しなかったため（ROFNしかなかった）、私たちはより多くの数の買主候補に対してこのスタートアップを紹介することができ、その結果、顧客同士の買収競争を最大化することができた。それによって、最終的にそのスタートアップは、もともとのCVCではない、戦略上の価値を追求した買主に買われることとなった。

CVCを探す際には、こうしたタームシートの条項の問題を心に留めておくことが大切である。CVCは単に資本を提供するだけではない幅広い利点を企業にもたらすとはいえ、スタートアップの独立性やコンプライアンスを制限（潜在的には売却プロセスをもディスラプト）し得るような条項を挿入することもあり得るということである。

前述した先買権とROFNとの交渉に加え、他に注意するべき問題としては、CVCによって制約的条項や制限的事項が課せられないかどうかという点がある。例えば、会社はその会社によって開発された知的財産が完全にその会社に帰属しており、制限的な条項の下でCVCにライセンスが供与されていないかということを確かめるべきである。さらに、スタートアップとCVCとなり得る企業が共同で開発した製品をスタートアップが単独で販売することができるか、スタートアップがCVCの複数の競合他社に売ったり連携を組んだりすることができるかについても確かめるべきである。

CVC資金調達の交渉をする際には
先買権と優先交渉権を考慮すべき

DLAパイパー／パートナー弁護士
カーティス・モー

カーティス・モーはシリコンバレーにおけるDLAの証券チームのパートナーである。彼は1,000以上のスタートアップや公開会社、VCやプライベート・エクイティ・ファンド、投資銀行やその他のクライアントを代理している。著者は、そんな彼とCVCについて話をする機会に恵まれた。

先買権と優先交渉権

CVCがスタートアップに対してマイノリティー投資を行なう主たる動機が、母体企業がそのスタートアップを買収できるようにすることにあるということであれば、（なお、これはシリコンバレーにおけるCVC投資の初期に行なわれたCVC活動のもともとの動機の１つであった）これはいわば三次元のチェスボードのようなダイナミクスを生み出し得る。

CVCの母体企業はしばしば、あるスタートアップに初めて出資する際に、そのスタートアップを買収するために先買権の交渉を行ない、この条項を契約書に入れ込もうとする。他方、創業者や独立系の通常のVCにとって、この条項は、そのスタートアップのアップサイドに制限をかけてしまうかもしれないということが問題になる。

こういう場合には優先交渉権を適用するほうがよいかもしれない。とはいえ、優先交渉権は先買権と比べれば制限的な条項ではないものの、事業を売却するプロセスにおいては弊害となる可能性はある。大切なことは、ROFNが何を本当に許容しているのかを正確に定義しておくことである。もしそのスタートアップが、「自分の会社を売る機会を別の会社（同業のスタートアップ）が得ることを妨げる」ノートーク条項[3]を入れるという条件と引き換えにブローアウトビッド[4]を取得したような場合には、ROFNはそのビッドをひっくり返してしまうかもしれない。

3　取引保護措置（Deal Protection Measure）の１つで、競争者との交渉・情報提供禁止義務をいう。
4　bid。プライス（価格）を提示する側の買値のこと。提示された側はその価格で売ることになる。

これにより、三次元のチェスボードのダイナミクスがうみ出され、会社は利益相反と情報の流れについて取り扱う独立した委員会を立ち上げる必要があるかもしれない。

対象会社および対象会社を買収する外部企業は共に、対象会社の製品、技術のロードマップ上の戦略などに関連した情報の流出について懸念している。いずれにせよ、こうした問題にどの程度対処するかに関わらず、スタートアップの買い手はインキュベーターとしてのCVC投資家を、鶏小屋におけるオオカミのようなものだと考えるかもしれない。

第5章　CVC、起業家、ファイナンシャルVCに関連したコーポレートベンチャー事業へのアドバイスおよびベストプラクティスについて

新たにCVCを設立する際のベストプラクティス

ピルズベリーウィンスロップショーピットマンエルエルピー／パートナー
アーマンド・カストロ

私は、長年にわたってファイザー、ホーヤ、シスコ、サムスン、インテル、ブロードコム、クアルコム、ボッシュ、シーメンス、ホンダ、武田薬品、エヌビディア、イマジネーションなど、数多くのCVCに関与してきた。CVCの設立に関しては幅広いストラクチャーが存在しており、その中から選ばなければならない。その際、母体企業は以下の点について明確に決定しなければならない。

1. 独立したファンドとするのか、財務部門や経理部門にレポートラインを持つ単なるビジネスユニットとするか。

2. キャピタルゲインを狙うのか、CVCの母体企業が戦略的に利用できるテクノロジーを得ることに注力するか。

3. 誰が投資決定を行なうか。

4. すべての投資について、ビジネスユニットの支援を受けるのか、ファンドが自身で投資決定を行なうのか。

5. 資金調達ラウンドにおいて、リード投資家として投資するか、単独で投資を行なうか。

6. CVCが新規スタートアップに対する最初の投資家となることを許容するか。

7. 従業員はどのように報酬をもらうか。成功報酬とするのが適切か。

シスコとサムスンのファンド

1990 〜 2000年代の初めにかけて、シリコンバレーでは、ネットワークと情報通信の分野がブームとなった。それをリードしたうちの1つのファンドは、伝

統的なVCファンドではなく、シスコ・システムズを母体企業とするファンドである。

　シスコはその期間、アクティブに投資しただけではなく、ネットワークの分野において数多くの会社を買収した。その結果、シスコは、2000 〜 2001年にかけて、世界中でもっとも評価される会社となった。その成長と影響力の大部分がシスコのファンドによって生み出されたものといえる。シスコは、そのファンドをネットワークと情報通信の分野の最新技術に関する情報を得るため、そして他のビジネスユニットのための優秀な人材の発掘し、買収先を選定するために用いた。

　2000年代の初め、サムスンがカリフォルニア州のサンタクララに自らのファンドを設立した。サムスンの主な目標は、シリコンバレーのコミュニティー内外に影響力を持ち、シスコに対抗することだった。結果、サムスンのCVCは今日のシリコンバレーでもっともアクティブなものの1つとなっている。

第5章　CVC、起業家、ファイナンシャルVCに関連したコーポレートベンチャー事業へのアドバイスおよびベストプラクティスについて

CVCとディールストラクチャー

BNPパリバ／シニア・エグゼクティブ
マシュー・マイヤーズ

CVCが母体企業のコアビジネスに関連する分野にしか投資しないのであれば、それは間違っていると言わざるを得ない。

従来の視野に入っていない分野にCVCが投資することが重要なのである。シリコンバレーでも、ニューヨークでも海外でも、既存のオペレーションやビジネスラインを補助することにしかならないテクノロジーに投資するCVCが多いが、これではあまりにも目先のことしか考えていないといえるだろう。そのような考え方では、母体企業を内部から効率化していくスタートアップや投資機会を見逃してしまう。

例えば、シティ・ベンチャーズは、シティグループのビジネスに関連する分野の課題を解決するスタートアップに投資することにフォーカスしている。母体企業とミラーにすぎない形で投資を行なってきたため、シティ・ベンチャーズは、数多くのスタートアップとテクノロジーを見逃してきたといえる。

シティ・ベンチャーズにとっての投資先とのシナジーという点では、人事システムを効率化したり、企業文化を再定義したりするソフトウエアやテクノロジーを生むスタートアップのほうがはるかに有意義であっただろう。なぜなら、コアミッションの技術（インターネットバンキング）は長期的にみて、特別利益をもたらすものではない。そして、本当の企業文化のシフトがおきていれば、そのようなコアミッション技術にばかり投資することは避けられたはずである。

ますます頭でっかちになるような身動きの取れない企業は、株主からも、機関投資家からも、従業員からも、顧客からも、誰からも好かれないだろう。

望ましい投資のあり方

企業はなぜ、投資のプログラムを、コアとなるオペレーションとは関連しない分野にシフトしないのだろうか。

グーグル・ベンチャーズ（GV）がウーバーに投資したのはいい例だ。しかし、ウーバーへの投資やアルファベットの設立は徹底的なものとは言えない。CVCは企業文化を改善し、オペレーションをより効率的にするような可能性を

持った企業に投資すべきなのだ。

これは、コアビジネスを支援するアーリーステージやレイターステージの企業に投資するだけでは達成できない。なぜグーグルは、サーチやアドワーズに匹敵するような新しいプロダクトを生み出す買収を行なわないのだろうか。

グーグルは競合他社と似たような数多くのプロダクトに参入してきた（フェイスブックに対するグーグルプラス、ピンタレストに対するグーグルコレクションズなど）。なぜグーグルは、企業内部の文化を構築（再構築）し、画期的な進歩をめざすのではなく、ライバルの模倣をしているのだろうか。アルファベット、グーグル、GVは企業内部の文化を構築（再構築）し、画期的な進歩をめざさなければならない。GVはグーグルをディスラプトするようなテクノロジーやスタートアップに投資することができる。このような戦略が次の画期的なプロダクトをグーグルにもたらし、新しい活力を与えるのだ。

3カ月ほどのアクセラレーターやインキュベーターのプログラムを受けたスタートアップのデモンストレーションは、苦痛なほど退屈なものである。プレゼンではあらかじめ準備された原稿が用いられる。そのようなテクノロジーは画期的なものではない。一旦3カ月のプログラムと初回の投資が行なわれると、スタートアップとCVCはまったく別の方向をめざしてしまう。

このことは、成熟した企業におけるCVCのスタンドアローンの投資についても同じことがいえる。そうした投資は、その必要もないはずなのに、買収先の支援には役立たない法律的・財務的条件を課してしまう。

自らの事業にかなりの時間とリソースをかけているスタートアップやアーリーステージの企業は相当程度の組織的な支援を必要としている。すなわち、現実の投資（100万ドル以上）や支援（1年以上）を必要とし、また、従来のビジネスの範囲外の分野にCVCが関与することを必要としているとも言える。こういった支援でなければ、表層的な取り組みと言わざるを得ない、通り一遍の投資である。

CVCないし母体企業とスタートアップのパートナーシップの多くは、実質を伴っていない。なぜなら、母体企業やそのリーダーはスタートアップに（経済的にもその他の面でも）十分な関心を持っていないからだ。よって、多くの紋切り型のCVCは休業したり、失敗したり、買収されることになる。

母体企業のリーダーはリスクを取ってこなかった。しかしリスクは取らなければならないのである。なぜなら、これによってCVC投資のカルチャーがディス

ラプトされ、画期的な企業が生まれ、母体企業を内部から変革していくことになるからである。

セクターにフォーカスすること、より広くフォーカスすること

　著者がマシューの寄稿を採り入れようと考えたのは、CVCがどの分野に投資すべきかというイシュー（論点）にフォーカスしていたからである。

　CVCは投資を終えるまでにビジネスユニットのサポートを必要とする。このことにより、理論的にはCVCが純粋な投資ではなく母体企業にとっての戦略的な投資となり得る。

　CVCの中にはショッピングリストを厳守し、自らのコア事業やその周辺事業に関連するトピックや産業に固執するものもある。確かにCVCはそのようなトピックをカバーすべきなのだが、100のCVCにインタビューして、CVCはもっと幅広くフォーカスしなければならないとの思いに至った。

　自らのコア事業やその周辺事業に関連するトピックのみに投資することは間違いである。CVCの投資が限定されていると、第1章に書いたようなメインの目的を達成することが難しくなる。企業は、自らの産業を一新したり、イノベーションにアクセスしたり、あるいは、自社製品を安価で提供したり、従業員を幸せにしたりしながら、より競争力のあるものに多様化していくためのディスラプトを行なう機会を見逃してしまうのだ。

　CVCの活動は、自社製品によって限定されるべきではないが、関連するものである必要はある。実際にも、企業のビジネスはウェブサイトで販売しているものよりも範囲が広いだろう。

ディスラプトの方法

　この本を書き始めた頃、グーグル・ベンチャーズはこの本の趣旨から外れていると思い、頭の中から消していた。だが今では彼らがもっともスマートだと考えている。

　著者はフォーチュン500のCEOが著者の本を読んで啓発されるとは思っていないが、彼らには、同じものではなく異なるものを見つけることによってモチベーションが高まるというロジックを理解するよう強く勧めたい。

　シリコンバレーや他の重要なハイテク地域でもっともホットなディールを追い、もっとも優秀な財務的VCと共同投資することは、母体企業を、どこであれ

第5章　CVC、起業家、ファイナンシャルVCに関連したコーポレートベンチャー事業へのアドバイスおよびベストプラクティスについて

何であれ、もっとも興味深いイノベーション、すなわちディスラプトに導いてくれるだろう。

　著者は、コア事業にまずはフォーカスした上で、そのフォーカスをどのくらい緩められるかどうか次第で、その他の分野にも25 〜 50%程度取り組んでいくのがよいと思っている。もし従業員を多数抱える大企業であれば、優秀なCVCの役員が「持ちつ持たれつ」のバランスを取りながらスタートアップに付加価値をもたらす方法を見つけるだろう。株主にしても、数年後に1株当たりの収益が上がっていれば文句は言わないはずだ。

CVCは日本企業にどのように利益をもたらすか

ホワイトスター・キャピタル／スタンフォード大学修士
イアン・マイヤーズ

著者とイアン・マイヤーズはLP投資家を通して知り合った。当時、イアン・マイヤーズは、著者をイアンに紹介してくれた何人かの日本のLP投資家とともに、シリコンバレーのVCファンドであるワールドイノベーションラボでインターンをしていた。そして彼は、特に日本や他のアジア諸国のCVCに注目しスタンフォードの修士課程で得られた知見を著者に共有してくれた。

日本企業におけるCVCの恩恵

CVCによる恩恵は2つに分けられる。1つ目はCVCの活動により自然に生じる、分野横断的な利益である。そこで我われは、集中的なR&DによってCVCがどのように利益を上げているのか検証することにした。一般的な利益としては以下が挙げられる。

1. 機動性。
   最先端のテクノロジーを有し、または利用することで、激変するマーケットへの対応が可能になる。

2. 脅威に対する防御。
   内部のR&Dに頼り切っている企業は既存のテクノロジーの漸進的な改良に狭くフォーカスしがちで、潜在的なライバルを正しく認識できない。CVCによるデューデリジェンスによって、やって来る脅威から企業を守る一助となる。

3. 補完的なテクノロジーの発展。
   CVCを運営することにより企業は発展するテクノロジーを持ったスタートアップに投資し、支援することができる。そして、その際には母体企業の既

第5章　CVC、起業家、ファイナンシャルVCに関連したコーポレートベンチャー事業へのアドバイスおよびベストプラクティスについて

存のテクノロジーを用いることができる。これによりユーザーにはより多く
の機能を提供できる一方、人員の採用についても抑えることができる。

2つ目として、日本企業はR&Dにより高いリターンを実現することが可能であ
る。

ヤンガク氏とイトウ氏の日韓のR&D投資に関する比較研究によれば、日本企
業はR&Dにかなりの投資をしているものの、リターンは低いとされている。し
かし、R&Dにかなりの投資をしていることはCVCに取り組む際には優位に働く。

研究によれば、R&Dについてしっかりしたプログラムを持っている企業は比
較的高い吸収力を有しており、CVCを通じて新たなチャンスを見つけるのに適
した土台を持っているといえる。このことは、単なるCVCやR&Dの問題を超え
る。

すなわち、テクノロジーのイノベーションに投資する手段を複数（R&D、
M&A、社内起業制度など）持っている会社は、CVCを既存のオペレーションを
補完する手段として、最大限活用することができるのである。

このような知識は単に投資を行なっただけでは身に付かないが、日本企業は、
CVCの初期の活動からでも結果を得ることが期待できる。

ダシュニンスキーとレノックスは、知識は投資の3段階で取得できると考え
た。まずは、資金を投入する前、デューデリジェンスを通じて基本的な知識を身
に付けることができる。次に、投資後、投資先のボードのメンバーとしてや、親
会社と投資先の調整役として行動することによって、知識を得ることができる。
最後に、仮に失敗に終わっても、母体企業にはテクノロジーの落とし穴や魅力的
でないマーケットについての知見が蓄積され、企業内部のR&Dに活用されるこ
とになる。

日本企業の国際競争力上の課題

日本企業を見ると、国内における販売は好調であるが、グローバルでは、質の
高いテレビ、電話、ラジオ、家電製品など代表的な製品を生み出すものの、その
後は急速にマーケットシェアを失い、ディスラプティブなテクノロジーやイノ
ベーティブなビジネスモデル、低価格な製品によるコモディティ（画一）化に
取って代わられる例が多い。

2014年2月、ソニーはPC事業からの撤退を発表した。1カ月後にはパナソ

ニックがプラズマテレビ事業から撤退している。日立、シャープ、東芝、ソニーはいずれもテレビの生産を大幅に縮小するか、テレビ部門を売却するか、スピンオフしている。従来のコア事業からの転換は、コストカットを行なって生産性を高め、マーケットの現状に立ち向かうためには必要なことだ。

近年、日本企業は利益を拡大しており、コア事業で成功しているのに、なぜCVCが必要なのかという疑問が生まれている。しかし、むしろ、コア事業で成功しているからこそ、日本企業はCVCの可能性に対する注目を高めているのだ。

研究によれば、変化が激しい業界でリソースが十分にある企業ほどベンチャー投資を行なっていない。その理由はよりリスクが低く、成功の可能性の高いリソースを用いることを求めているからだという。これは彼らが競争力を高めて、変化の速いマーケットに対応するために絶え間なく見識を高めていかなければならないことを考えると逆説的といえるだろう。

よりよい製品を新たな顧客に提供するためには、従来のオペレーションや立ち位置を超えることが必須になる。従来のR&Dではイノベーティブやディスラプティブなテクノロジーを生み出すことは難しいため、新たなマーケットや補完的なマーケットに商機を見いだしたり関連する知識を吸収したりするための手段としてCVCが用いられるようになるのだ。

コーポレートベンチャリングに取り組むことにより、日本企業は内部の知識のネットワークを深め、また再編することができ、国際的な競争力を高めるだろう。

第5章　CVC、起業家、ファイナンシャルVCに関連したコーポレートベンチャー事業へのアドバイスおよびベストプラクティスについて

日本のCVCはどの地域に着目すべきか

　ここまではCVCによって日本企業がイノベーティブになれることを示してきたが、ここからは日本企業のCVCにとってどの地域がもっとも適当かという問題に移ろうと思う。

　著者は以下の理由から、シリコンバレーが最適だと思う。

1.　2014年は、アメリカにおけるVCの取引の半分がカリフォルニアで行なわれている。CVCが活発な6都市はすべてカリフォルニアの湾岸地域にある。

2.　既存の日本企業のCVCは主にインターネットと携帯電話の分野に投資している。これらの分野の取引はシリコンバレーに多い。

3.　多くの日本企業がR&Dセンターなどの拠点を持っており、オープンイノベーションを広げる手段としてシリコンバレーを活用している。CVCによって得られる知識はR&Dにおいて有益なはずである。

4.　シリコンバレーにおける出口戦略の傾向はかつてはIPOであったが、現在はM&Aとなっている。多くの日本企業はキャッシュを有しており、エグジットを求めるスタートアップにとって魅力的である。

5.　日本企業は多くのリソースとネットワークを持っており、特にハードウエア関連のスタートアップが製造関連のパートナーを求めている場合に日本のCVCは有利といえる。

日本企業は通常のVCが数多く活動している場所を探してCVCを運営すべき

　アーリーステージの段階にあるスタートアップに対して、CVCが、リードインベスターとしてイニシアチブを取ることはめったにない。つまり、CVCは、他のVCがリードインベスターを務める投資ラウンドに共同投資家として参加するということだ。これは主にCVCのマネジャーが新しい事業を成長させるため

に必要な経験を有していないからであり、また、スタートアップの起業家もあまりにもコントロールされることに不安を感じ、スタートアップ企業が成長する前に、その技術を取り込まれてしまうことを恐れているからである。

よって、日本企業は通常のVCが数多く活動している場所を探してCVCを運営すべきである。そうすれば、共同投資家として投資ラウンドでより多くの機会に恵まれることになるだろう。2015年、カリフォルニアは2番手のニューヨークと比較して3倍近いベンチャー取引を行なっている。

図表5-1●2015年のベンチャー取引数のトップ5

州	取引数	取引額
カリフォルニア	2,794	444億ドル
ニューヨーク	1,040	89.6億ドル
マサチューセッツ	676	78.5億ドル
テキサス	512	24.3億ドル
ワシントン	383	22.3億ドル

カリフォルニアにおいて、ディール数のトップ10のうち、8都市がシリコンバレーにあり、トップの都市もシリコンバレーにある。

図表5-2●2015年ベンチャー取引数トップ10都市

都市	取引数	取引額
サンフランシスコ	1,279	246億ドル
パロアルト	242	36.6億ドル
ロサンゼルス	239	19.7億ドル
サンディエゴ	199	17.6億ドル
マウンテンビュー	165	22.6億ドル
サンジョーズ	109	10.9億ドル
レッドウッドシティ	105	16.1億ドル
サンマテオ	86	14.3億ドル
サニーベール	84	6.93億ドル
サンタクララ	72	6.91億ドル

サンフランシスコ湾岸エリアにおけるシリコンバレー以外の都市でのスタートアップの取引を全て合計すると、シリコンバレーで最も多くの取引が行なわれて

いることが分かるだろう。もっともこのリストからはサンフランシスコ湾岸エリアにおいて優良なスタートアップを擁する他の多くの都市が抜けている。

シリコンバレーにはベンチャーが密集しているため、日本企業は他のどんな都市よりも幅広い範囲の知識とテクノロジーにアクセスすることができるだろう。

具体的な基準がなければCVCが戦略的に成功しているのかを評価することは難しい。そこで、多くのCVCは財務的なパフォーマンスに基づいて評価されている。このことが、CVCが短命で散発的との評価を受ける一因となっている。

マーケットが落ち込むと、投資家はROI（投資収益率）が低いものに目を向けるようになり、マネジャーはそのような事業を終了することになる。

研究によれば、コア事業に関連する投資はROI（投資収益率）を押し上げる。既存の日本企業のCVCはインターネットやモバイルに投資する傾向があり、過去2年間でそれぞれ58％、31％の投資がなされている。2014年にはインターネットベンチャー取引が行なわれる上位の5つの都市のうち3つはシリコンバレーの都市であった。同様に、モバイル・ベンチャー取引においても、上位5つの都市のうち3つはシリコンバレーの都市であった。

コア事業に関連する分野に投資することで、日本企業はリターンを増加させることができ、それによりマネジャーはCVCを成功させる重要な要因である、継続的な取り組みを行なおうとするようになる。さらに、そのようなCVCにより、日本企業は、企業の戦略的な目標の達成に協力してくれるスタートアップを見つけるチャンスが増え、スタートアップの成長に繋がるリソースをより提供しやすくなる。

CVCは潜在的な脅威やディスラプティブなテクノロジーに関する情報を集めるために、伝統的な研究開発所よりも素早く対応できる。それにより、CVCは母体企業の既存事業を補うこともできるし、既存のR&Dの効率を上げることもできる。

すでにR&Dのための施設やオフィスをシリコンバレーに有している日本企業なら既存の取り組みを強化するCVCの活動から得た知識を利用することによって利益を上げることができる。いくつかの日本企業がすでにシリコンバレーのパートナーとともにCVCを設立し、また通常のVCに投資してもいる（ファンドオブファンズ［FoF］）。

その例がドコモであり、トヨタであり、日産である。

ドコモは12年間研究のみを行なってきたが、シリコンバレーの企業と協力してイノベーションを追求することを目的としてドコモイノベーションズを設立した。日産は自動運転の自動車開発を進めることを目的として研究センターを日本

からサニーベールに移転した。日産は、NASAやスタンフォード、UCバークレー／デービスその他いくつかの地元企業と協業を行なっている。同様に、トヨタはデータやエンターテインメントシステムにおいてシリコンバレーの企業と協業するために2012年にマウンテンビューに拠点を設立した。2015年11月、トヨタはスタンフォードとUCバークレーとの協業のためシリコンバレーにAI向けの1,000億円規模の研究施設を設立する5年計画を発表してもいる。

　以上の3社の経営陣は、シリコンバレーに拠点を置いたのは、自分たちの分野でイノベーションの中心にありたいからだと述べた。こういった事例からしても日本企業はR&Dのために、シリコンバレーの企業と協業することで外部の知識を活用したいと考える傾向がますます強まっていることが見て取れる。

シリコンバレーのどこに拠点を置くか

　中国企業が著者に対してサンフランシスコ湾岸エリアのどこにCVCを設立すべきかと聞いてきたことがある。著者は次のように返事を送ることにした。
「結論として、パロアルトかサンフランシスコをお勧めする。メンローパークのサンドヒルロードもお勧めだが、サンジョーズやサンタクララは南に位置しており、お勧めできない。ディールやアクセラレーターによるイベントは、サンフランシスコからサンノゼまでシリコンバレーの至る所で行なわれている。

　中心地のどこかであれば、相手方にとって交通の便がよいであろうし、自らにとっても車内で時間を無駄にすることはないだろう。詳しくは、下記をご参照いただきたい」

　http://rubicon.vc/understanding-the-changing-geography-of-silicon-valley-and-san-francisco/

インテル・キャピタルの投資先の売却について

　最近、インテル・キャピタルが、戦略的には自らの事業に直接関連しない10億ドルの投資先を、UBSと協働して売却することを発表した。これは素晴らしいと思う。彼らの投資先は幅広く、また成熟しているので、投資先の売却により潜在的な利益を実現させ、莫大な収益を上げるだろう。そしてその資金を次の10億ドル相当の投資先に振り向けることができるだろう。これによって、良い投資先と考えていたが、後々インテルの事業とは戦略的には直接関連しないと判明した場合よりも、より戦略的なリターンを追求することができる。

　多くのCVCがIPOやM&Aという定まったエグジットのイベントを待っているのに対して、インテルはセカンダリーマーケット（流通市場）で売却を行なっている。開かれた精神で投資をし、投資先を戦略的な視点から売却して、より自らのビジネスユニットに密接に関連する事業に時間とリソースを投入するCVCを初めて見た。

　上記のニュースが流れたとき、マスコミは事態を勘違いし、間違ったほうに捉えて「インテル・キャピタルがVCを断念した」と報じた。そして著者は、このニュースを確認したかとの内容のメールを30通以上ももらった。

　この報道は間違っている。インテルはとても素晴らしく、上手に移行を行なったのだ。インテルからの買い手が、自分が買った企業に付加価値をつけてくれることを願うばかりである。どんなVCであれ投資ポートフォリオ先に対して、力を入れたいと思わないのであれば、その投資先から退出するべきであろう。

著者のコメント

　この部分を書いた後に状況が変化した。インテル・キャピタルが投資先を売却しないことを発表したのだ。絶え間なく変化する状況に目を向けておかなければならない。

アメリカおよび他の政府系VCファンド

　1990年代後半のワシントンで、著者はファウンダーとしての初めてのスタートアップのためにVCの資金を調達していたが、程なくIn-Q-Tel[5]を紹介された。それ以来、著者はIn-Q-Telについてよく知ることとなったので、そこで何があったかをここに記す。

　CIAの内部にインターネットを理解している職員がいるのかと議論になったことがあったが、結局いないという結論になったという。また、誰がインターネットを所有しているのか、または運営しているかということも議論になり、結論が出なかったが、これに対して、誰かが「シリコンバレーのベンチャーキャピタリストはインターネットを理解しているから、彼らとコンタクトを取ろう」というようなことを提案したのだという。

　すると、CIAには税金という無尽蔵の資金があるじゃないかという意見が出て、自分自身のVCを作ったらいいということになり、結果としてIn-Q-Telは誕生したのである。
　これがCIAのファンドの始まりであり、後にアメリカ政府の他の省庁からも資金を調達するまでに発展し、LPというより、今や多くの「顧客」を持つようになった。個人的な見解としては、彼らは政府内部の誰にでも協力を求めることで、無制限にデューデリジェンスをすることができるのであるから、すべての政府がVCを設立すべきということに疑問の余地はないと思う。

　著者はさらに踏み込み、すべての政府に対し、うまくいっているとは言えない現行の起業支援をやめ、自国民がファウンダーとなっているスタートアップに投資しているVCに投資すべきであり、自国に基盤を置くことを求めるべきではないと言いたい。
　ドイツのHigh-Tech GründerfondsとスウェーデンのIndustrifondenの2つ

5　CIAが運用しているVC。対外諜報（ちょうほう）活動を通して世界中から集まる膨大な情報を解析するためには優れた技術が必要ということで1999年に設立された。

第5章　CVC、起業家、ファイナンシャルVCに関連したコーポレートベンチャー事業へのアドバイスおよびベストプラクティスについて

219

の政府系ファンドは、エンジェル投資家やシード投資家[6]の不足という問題に対処するのに役立ってきた。

　あるヨーロッパの政府系ファンドは、自国出身のファウンダーが最低1人いるスタートアップに対し、私たちが彼らの2倍投資する限り、彼らも投資すると提案してきた。

　彼らは、スタートアップが自国を本拠地とするか、あるいは自国と何らかの繋がりが必要であるとは明言しなかったが、単に自国出身のファウンダーがファンディングチームの一員としていればいいのだろう。これは「母国」にとって非常にスマートな方法だと思う。

　1つ例を挙げよう。スウェーデン政府は、ニューヨークもしくはシリコンバレーに拠点を置いていて、スウェーデン出身のファウンダーがメンバーにいるスタートアップに投資する意欲のあるVCに投資すべきだ。

　スウェーデン政府は、スウェーデン出身のファウンダーに、国内市場だけにフォーカスさせるべきではない。そんなのは馬鹿げているからだ。

　MySQLは本社をスカンディナビアからパロアルトに移して、1年もしないうちに10億ドルで売却された。ファウンダーたちは、3億ドルを超える現金をスーツケースいっぱいに詰めて、スカンディナビアに戻った。彼らは、そのほとんどを、スカンディナビアのスタートアップに投資した。それは、単なる資金だけではなく、ネットワークと経験をそれらのスタートアップにもたらす結果となった。

　従来のスカンディナビアのVCも良い人たちではあるが、今やスカンディナビアには、シリコンバレーを知る本物のファウンダーに率いられたVCがいる。

　著者は、これはスウェーデンの地元経済にとって、とてもポジティブな変化だと捉えている。このVCは、ロンドンに事業を拡大し、主要なVCとなろうとしている。また、著者の旧友であるリチャード・ミューアヘッドも、そのメンバーとなっている。彼らの新しいVCであるOpen Oceanは、おそらくスカンディナビアにおけるベストなVCの1つだろう。

　政治家は、世界に進出していく自国の起業家を支援すべきだ。著者はスウェーデンの議会のメンバーと、MySQLのカリフォルニアへの移動と10億ドルのエグジットについて議論したことがある。彼はまだ10億ドルを手に入れていなかったが、雇用がスウェーデンから失われたことが残念だと言い続けていた。

6　創業間もない企業に対して資金を供給する投資家。

著者は政府に対し、脆弱なスタートアッププログラムを中止して、国内外を問わず自国に資金をもたらしてくれるVCに投資するよう勧めている。

著者は、もし国民が私的にスタートアップやVCに直接投資するのであれば、税制上の優遇措置をとるべきであるという主張もしている。イギリス、フランスおよびイスラエルは、これに似た素晴らしいプログラムを実施している。

アメリカの各州は、同様の措置を講じるべきなのだ。自分のスタートアップは既に成功を収めていると考えているとすればそれはまだVCの上っ面をなでてすらいないことを思い知ることになる。この点こそが、著者がアメリカと世界中のVCについて考えていることだ。

VCがアメリカで安定した状態を維持するには、あと2、3世代必要であり、世界のその他の大部分の地域でも、それぞれのベンチャーエコシステムは成長を続け、ゆっくりとアメリカにおけるベンチャーの比率を上げていくだろう（1人当たりのVCへのドル投資額）。

第5章　CVC、起業家、ファイナンシャルVCに関連したコーポレートベンチャー事業へのアドバイスおよびベストプラクティスについて

ルビコン・リミテッド・パートナーズ－
インベスター・リレーションズ（LP‐IR）
プログラム

スタートアップ、VCコミュニティーおよび企業・事業単位の役員の間の情報の共有や良好なコミュニケーションを可能とする効果的なインフラが存在しないため、ほとんどの企業のベンチャープログラムは、彼らの潜在能力を達成できず、設定された目標リストの実現に失敗している。

更なる問題点は、多くのスタートアップと独立系のVCが、単一の企業と提携した結果、その企業の競争相手を遠ざけてしまうことを懸念していることにある。

その他にも素早く投資取引をクローズする能力などCVC側に無数の問題が存在している。

ファンドオブファンズ（FoF）プログラムは、この問題にいくらか対処することができるが、企業がスタートアップやVCの情報にアクセスせず、また交流をしない場合は、FoFプログラムが無意味なものとなり得る。

また、スタートアップとの協業を評価してくれるビジネスユニットの幹部に接触できるかという点も、CVC投資の専門家や企業のLPと金融VCにとって、1つの課題である。

多くのビジネスユニットの幹部は、さまざまな理由で、スタートアップと働くことに抵抗する。なぜなら、IBMと仕事をしていれば失敗しても解雇されることはないからだ。また、マネジャーはスタートアップと組んでもリスクに見合うアップサイドがないからだ。CVCは、その投資先のスタートアップと働くビジネスユニットからのコミットメントを何とか獲得した後も、これらのパートナーシップは、ほとんどの場合、具体化することができない。

したがって、全体のプロセスは、スタートアップにとってフラストレーションとなり、シンジケートにおけるその他の金融VC、CVCの専門家や企業自体は何ら利益を得ずに終わるのである。

ルビコン・リミテッド・パートナーズ-インベスター・リレーションズ（LP-IR）プログラムは、ベンチャーが立ち上がってからエグジットを迎えるまで問題に対応できるように、人的インフラストラクチャーを持続的かつ新たに導入したものである。

このプログラムは、日本企業によって広く実践されているローテーションモデルに一部影響を受けており、さらに、私たちが研究し、プログラムの欠点を修正したものである。

AGC旭硝子のウエノ・マサトシは、「投手が多い一方、十分な数の捕手がいない」と表現する。彼のアメリカ野球の例えは、シリコンバレーのCVCグループは、日本の本社に、太平洋を越えてアイデアを送ることができるものの、アイデアを受け入れたり、「キャッチ」したりする者は、本社では誰もいなかった、ということを示唆するものである。

このような事態は、投資されていない面白いアイデアにCVCが遭遇したとき、CVCがスタートアップのデューデリジェンスを行なう場合に、その領域の専門的知見を有するCVCの母体企業の助けを必要とするとき、あるいはCVCがパートナーシップや情報の流れを築き、投資後にCVCの効果が表れるように試みたときに、発生し得る。

FoFの観点から、各段階においてLP-IRの参加者がいたことによって、これらの失敗を回避することができている。

ルビコンVCのプログラムでは、参加者のためにオフィスが提供されており、参加者はニューヨークオフィスにおいて6カ月間、シリコンバレーオフィスにおいて6カ月間過ごしても良いし、または、2つのオフィスにおいて任意の期間を過ごし合計12カ月過ごしてもよい。

1つのオフィスで全体の12カ月を過ごし、他のオフィスを訪問することもある。12カ月後、ルビコンVCは本社に幹部を戻し、新しいLP-IRの参加者を連れていく。これによって、LP-IR卒業生のグループを本社において作ることができ、卒業生のグループにおいて、ルビコンVCの幹部と将来のLP-IRの参加者がコンタクトを取ることができる。このことは、ルビコンVC、その投資先企業、法人間の戦略的価値が移転する可能性を増やすことができるようになるという点で重要である。

著者が日本のCVCから聞いた批判の1つは、ローテーション・プログラムの期間が長すぎるということである。人事ローテーションで出向した幹部が、本社に戻ったときに価値を発揮するネットワークを築いてきても、出向期間が長すぎると、本社で起こっていることをまったく把握できなくなってしまう。そうなれば、何も価値がなくなってしまうのである。

12カ月のプログラムによって、「キャッチャー」を生み出し、イノベーションへの抵抗を排除するために重要な、卒業生のグループを継続的に築くという明確な戦略が確立される。

著者は、企業に戻っていったLP-IR卒業生を「ダブル・エージェント」として考えており、直接電話することができ、一緒に働く友人ができたとも思っている。

現在LP-IRは、企業に戻っていったプログラムの卒業生と同様に、継続的に企業で幹部の世代を教育している。これによって、彼ら自身のCVCにおいて企業の直接投資プログラムに人材派遣をし、CVCの最良のプラクティスを採用することとなるのである。

さらに重要なのは、このプログラムがスタートアップのイノベーションと企業の間のリアルタイムの情報交換を可能にすることである。これによって、自然と企業のBUとスタートアップの間に光ファイバー回線が作られることとなるのである。

すべてのCVCプログラムは、ディールフローのチャンスを逃すことと、特定の企業との提携を望んでいないスタートアップにどううまく投資するかに悩まされている。もう少し、具体的に言おう。

もし、自動車のCVCが自動車関係のスタートアップへの投資を望んだとしよう。しかし、そのスタートアップは、そのCVCから資金を調達するという選択をしないこともある。なぜなら、もしかしたら、他の競合している自動車会社への販路が閉ざされるかもしれないからだ。

とてもエネルギッシュなVCもあることも忘れないようにするべきである。CVCがエネルギッシュで、かつ魅力的であることは非常に珍しいため、そのようなCVCはスタートアップのファウンダーにとって、投資を受ける第一の選択肢となる。独立系のVCが、その地位に納まることが多い。

ルビコンLP-IRプログラムは、企業に対し、他の方法ではアクセスできないディールフローへのアクセスを提供することによって、この問題に対処しようとする。しかし、ルビコンLP-IRプログラムを通じて、企業は自分たちのチームをルビコンVCに持つことができ、また、プログラムの卒業生もいるので、これによっても第1章で示したゴールを達成することが可能である。

ルビコンVCは、機密性も維持しており、スタートアップのCEOからピッチミーティングにあらゆるLP-IRが出席できることにつき同意を得ている。一方で、このCEOたちは、特定のLP-IRがピッチミーティングに参加しないこと、又は自分たちの機密情報にアクセスしないことを、容易にリクエストすることができ

る。スタートアップのCEOは、この点については責任がある。

ルビコンVCは、このプログラムのコストをカバーするために、LP-IR 1人につき、1年単位でLP投資家に支払いを求めている。一部のケースでは、同じLP投資家が一度に4人の幹部を同時期に同じプログラムに参加させることを選択することもある。

LP-IRプログラムの支出はファンドからのマネジメントフィーで賄っているわけではなく、プログラムへの参加を求めるLP投資家にチャージされている。マネジメントフィーのかなりの部分が企業のLP投資家を育てるために使われると、マルチCVCとして構築された一部のファンドや財務的投資家が失敗するようになるため、このことは非常に重要であると考えている。このモデルでは、コーポレートLP投資家に対価を支払わせ、財務的LP投資家には負担がない。

LP-IRプログラムは、企業の幹部に対してVCの機能、ベンチャーキャピタリストになる方法、そしてルビコンVCが戦略的LP投資家にどのように密接に働いているかについて教える教育カリキュラムも提供している。

第1章で概説したような「CVCへの参加」動機によって企業はLP-IRプログラムに参加している。

企業からLP出資を受けたり、パートナーシップを促進したりするためのルビコンVCの戦略は、企業に対して明確な成功を提供することだ。それらの企業は、伝統的なVCへのLP出資によっても、戦略的な目標を達成することができていない。それは、伝統的なVCが、コミュニケーションや成功を可能にするための運営の透明性やインフラを提供することができていないからだ。

中立性を損なったり、意思決定のスピードが落ちる、業務提携が不可能になる、といった法的拘束を受けたりすることなく、巨大な優良企業を、顧客または強力な営業力を製品の展開のために提供してくれる事業パートナーとして得られれば、そのようなスタートアップは明確な勝者となる。

多くのケースでは、スタートアップは複数の企業からなる商流を崩し、ルビコンVCを通じて、CFO、CTO、戦略部の部長に直接アクセスするか、企業における適切な事業部の部長のにアクセスすることを望んでいる。

たとえルビコンVCが投資を行なわなくとも、スタートアップにとっては、事業を発展させるチャンスを期待して、ルビコンVCへ向かう価値があるといえる。ルビコンVCにおいて純粋に経済的なリターンを得ることをめざしている投資家は、優れたディールフローやスタートアップの急速な価値上昇によって勝者

となることができるだろう。

　このような関係により、スタートアップとの間で事業提携や投資を行なう戦略的LP投資家は、スタートアップを買収する前に「お試し」の機会を得られIPOや多くの場合はM&Aというエグジットに至るためのより早い道筋を得られることとなるのだ。

　私たちのLP-IRプログラムについてもっと知りたいと思うならば、ぜひinfo@rubicon.vcに連絡してほしい。

第**6**章
CEO、創業者、VC投資家たちの戦いの歴史
――CVCの長所と短所

――「地獄に足を踏み入れたなら、そのまま突き進め」

ウィンストン・チャーチル

起業家目線から見えるCVCの短所

　ここまでCVCの長所について語ってきたが、起業家目線で見たCVCの短所についても説明しておかねばなるまい。ベストプラクティスについてだけではなく、悪い事例についても知っておく必要があるからだ。本書に登場するCVCは、CVCが抱える問題点を克服するため、プラクティスを改善し続けてきた。だが、1990年代や2000年代のCVCに対して起業家たちが抱いた悪いイメージが、今でも根強く残ってしまっているのは事実だ。

　以下を読んで気分を悪くしないでほしい。

　もちろんすべてのCVCに当てはまることではないのだが、一般的なイメージとしては、CVCは概して決断が遅く、リード投資家になることもできず、レイターステージの企業にしか投資できないと思われている。たいていの場合にはこういったイメージは正鵠を射たものではないのだが、VC（CVCではない）から投資を受けた多くのCEOにアンケートを取ってみると、こういったネガティブな意見も含まれている。

　著者がCVC投資家たちと交流があったのは、1990年代半ばから2000年代前半の起業家時代にVCファイナンスによって資金調達をしていたとき、そして、もっと後になって、ジョージタウン・ベンチャー・パートナーズ、ファウンダーズクラブ、ルビコンVCにいたときである。著者は何百ものディールを経験してきたが、その中で多くのCVC投資家たちと意見を交換してきた。そのときに著者がCVCについてどう感じたかについて話しておきたい。

　1日に4つのVCに対してあるいは一カ月に20のVCに対して、ある案件を投資先候補として提案していると、VC同士を比較できた。そのようなとき、CVC投資家と普通のベンチャーキャピタリストの違いははっきりと際立っていた。起業家がCVC投資家に会えば、彼らが普通のベンチャーキャピタリストとは全然違うということがすぐわかるはずだ。最近は確かに見分けがつかないケースも増えつつあるものの、ここではVCとCVCが異なる一般的なケースを説明しておきたい。

CVC投資家の数々の問題点

　誰もがすぐに気付くのは、CVC投資家は、ベンチャーキャピタリストたちと違って、公務員のような立ち振る舞いをするということだ。

　ベンチャーキャピタリストは、利益を上げるために必死に頑張っている。彼らは決してひるまないし、ディールをものにしようとするときには、他人を出し抜いてスピーディーに行動する。そしてひとたび投資を実行した後は、彼らは良いエグジットができるようにあらゆる手段を用いて準備を進めているのである。

　これに対して、著者の経験では、CVC投資家たちの動きは遅く、投資先候補となる企業の製品が市場にマッチし、そこそこの売上を出せるようになるまでは投資したがらない。人によって程度の差はあるだろうが、起業家たちは皆「本当に投資が必要だったときにはCVCは何をしていたのか？」という気持ちを抱いてしまうものなのだ。

　初期投資よりももっと後のフェーズになってからも、CVC投資家たちは投資ラウンドをリードすることができないことが多い。せいぜいラウンドBに参加していくらかの追加資金を投じ、スタートアップにビジネスの側面から付加価値を提供するために母体企業を活用しようとするのが関の山である。しかも、CVC投資家たちは、自社の母体企業をスタートアップに顧客として紹介するか、もしくは商品販売のパートナーとして協力することで付加価値を提供すると口では言うのだが、実際には、そのような構想を社内的に実現するだけの力は持っていないのだ。これでは自分の主張を実現するだけの能力がない政治家が、できもしない公約を掲げて失敗するようなものだ。

　CVC投資家は、投資判断をしてから社内の承認を受けて実際に投資を実行するまでに時間がかかるというイメージもある。CVCでは、投資に必要な社内の手続きとして、事業部門のトップか経営会議の承認を得なければならないことが多いからである。だから、CVCに投資を求める際には、その会社のVC部門に売り込むだけではダメで、事業部門に対してもアピールしていかなければならない。

　つまり、1つの会社に対して二重にセールスをしなければならないということだ。そんな面倒なことをするくらいであれば、CVCではなく、普通のVCに対して1回だけセールスをするほうが楽だと考えるのが普通の感覚だろう。

　CVCの中には、企業としての規模が大きく競争法上に引っ掛からないかを懸

第6章　CEO、創業者、VC投資家たちの戦いの歴史──CVCの長所と短所

229

念しているところや、のろまな法務部のせいで投資先企業との契約書にサインするのにやたらと時間がかかるところもある。こういった問題を乗り越えて契約がうまく締結できた後も、CVCの経理部が投資先企業に実際に電信送金するまで1カ月や2カ月かかることがあるが、そんなことで驚いてはいけない。CVCに関しては、意思決定のスピードという意味では、通常のVCに比して本当に動きが遅いのだ。CEOとCFOの両名（彼らは投資以外のもっと大きなビジネス上の問題に優先して取り組んでいるのが通常だ）のサインがCVCの社内手続き上必要なのだとしたら、お金が振り込まれる頃にはあなたの会社とのディールがスタックしてしまっても仕方ない。

　CVCは、投資を実行した後には、投資先のスタートアップが大成功するのを見たいと強く思うわけではない。普通のVCであれば、自身のファンドが利益を生み出せるようにするためにスタートアップに働き掛けるし、すでに利益を出せているならば、報酬として自分の懐に利益の20％を直接入れてしまうことを計画しているものだ。こういう理由で、起業家がVCと一緒に仕事をしているとき、VC投資家たちが共同創業者のように感じられることすらある。これに対して、ほとんどのCVC投資家のボーナスは、スタートアップの業績ではなく、そのCVCの母体企業の業績に連動して決定される。起業家や普通のベンチャーキャピタリストはこのことに気付いている。

　また、かつて、CVC投資家は、スタートアップの持分の20％以上を取得することはしたくないという立場をとることが多かった。なぜならば、20％以上取得してしまうと、現会社（典型的には上場会社である）と連結決算しなければならなくなってしまうからだ。CVC投資家自身は、このことを起業家たちにとっても望ましいことだと考えている。つまり、自分たちが、スタートアップの持分をできるだけたくさん取得しようとする強欲なハゲタカ投資家ではないというのである。だが実際のところは、GAAP（ギャープ）[1]の関係で、19.99％より多くの持分は取得しないようにしているだけなのだ。著者は、CVC投資家が20％以上の持分を取得しないのは望ましくないことだと思っていた。なぜかというと、万が一スタートアップの事業が厳しい状況に陥ったとき、CVC投資家たちは追加投資をしてくれないかもしれないからである。

1　Generally Accepted Accounting Principles。企業の財務会計の作成と報告を行なうルールとして定められた会計原則。

もう1つのステレオタイプとして挙げられるのは、CVCの決断スピードの遅さである。CVCは、シリーズB（第2段階の投資）やシリーズC（第3段階の投資）の段階になるまで投資の決断ができなかったり、意思決定のスピードが遅すぎて投資ラウンドに参加するタイミングを逃してしまったりするとよくいわれるのだ。

最後に、よくあるケースとしてCVC投資家は、短い期間で別の職場に移ってしまうということが挙げられる。つまり、CVCが投資をして間もなく、そのCVCにいた投資家（たち）はもう別の職場（古典的なVCだったり、別のグループや事業会社であったり、はたまた起業家になっていたりと行く先はさまざまだ）に移ってしまうというのだ。

つまり、CVCを運営する大企業から、あなたを支援する投資家がいなくなってしまうかもしれないのだ。大体のコーポレートベンチャー投資プログラムは2、3年限りのスパンで運営されるから、あなたの会社の投資を担当してくれていたチームがなくならないとしても、プログラムそのものが立ち消えになり、キャップテーブル[2]にはただ何の役にも立たないCVCの持分という重荷だけが残るかもしれない。この本に登場してくれた投資家たちの多くも、インタビュー当時からこの本の出版までの間に次のステップに進み、別の職場に移っている。

起業家は、どのVCから資金調達を行なうのかを考える際には、次の3つの要素を検討するといいだろう。

①VCの担当パートナーとの相性

②VCの評判

③ディールの経済性や取引条件（バリュエーションなど）

もし担当パートナーとの相性が変わる可能性があるのならば、憂慮すべきだ。直接投資を行なうセカンダリーファンドにおける重要なセオリーの1つは、スタートアップに興味を失った投資家を締め出して、事業に付加価値を提供できるアクティブな投資家に代わりに入ってもらうことなのである。

CVCの中には、他のVCよりもいい条件で投資を行なうことを狙って、VCが要求しない特別な取引条件を契約に入れようとしてくるところもある。例えば、パフォーマンス・ワラント[3]などが典型例だ。もっとも、この本で紹介したCVCの中

---

2 Capitalization Table。各ラウンド（増資）ごとにおける株主とその保有株式数・保有割合および株価（バリュエーション）、の推移を一覧にまとめた表を指す。

3 CVCがその母体企業をスタートアップの顧客として定着させることに成功した場合には、より多くのエクイティを取得できる仕組み。

には、こういう取引条件は絶対に提示しないという信念を持つところもある。このような取引条件を提示するとネガティブな印象を持たれるに決まっているからだ。

　最後に指摘しなければならないのだが、多くの起業家やベンチャーキャピタリストは、利益相反を怖れて母体企業が株主となることについて懐疑的になる。彼らの心配の種は、CVC投資というのは単に企業のコーポレートデベロップメント部門やM&A部門の延長にすぎないかもしれないということだ。もしそうだとすれば、CVCは、投資リターンを最大化することではなくて、スタートアップがキャッシュ不足になったときに安く買収して、その利益を次のファンドを立ち上げるための足掛かりにすることを狙おうとするかもしれない。

CVCのイメージを変えるために

　ここまで紹介してきたように、多くの人がCVCに対してネガティブな意見を抱いている。実は著者もかつては同じような見方をしていた。だが、よりたくさんの経験を積み、そしてこの本を書く過程で、こういった一般的な見方は、大体の場合は真実を捉えていないことがわかってきた（もちろん、一部正しい指摘が含まれていることは否定できないが）。

　時代は変わってきているのだ。もしあなたが最近CVCのメンバーになったとして、大企業の看板や豊富な軍資金さえあれば最高のディールを実現できると思っているのなら、ぜひもう一度考え直してみてほしい。他の投資家と同じように、CVCだって自分の力で信用を築き上げなければならない。しかも実際は、あなたの思惑には反して、すでにCVCに関する悪い噂が広まっていて、これを解消することから始めなければならないのだ。

スマートな戦略的投資家を拒絶するべきではない

ユビダイン社／元CEO
Mojio社／CEO
ケニー・ホーク

ケニー・ホークは著者の昔からの友人で、彼が約10年前にユビダインのCEO
をしていた時にベルリンで知り合った。その時彼は、CVCの要求に応じてパ
フォーマンス・ワラントを付与しようとしていたが、結局ユビダインに投資し役
員を送り込んでいた他のVCの承認を取り付けることができなかった。運命の定
めか、その時、ユビダインへの投資が認められなかったCVCであるTベンチャー
（ドイチェテレコムの運営するCVC）が、現在ケニーの運営している会社に投資
している。ケニーは次のように語る。

ユビダインは、ここ10年でもっとも資金調達が難しい環境の中、シリーズBで
大成功して多額の資金を調達した後、同社の今後の鍵を握る戦略的投資家である
Tベンチャーから500万ユーロ規模のタームシートを受け取った。

ユビダインのマネジメントチームは、世界で業界をリードしている携帯電話会
社であるTベンチャーを戦略的投資家として迎えることに大きなメリットがある
と考え、タームシートの条件を満たすために全力を尽くした。

Tベンチャーは株式の取得割合と引き受けのためのシンジケートの組成のいず
れについても柔軟な姿勢を示していたし、自社のCTOを戦略アドバイザーとし
て派遣することまで提案してくれた。だが、すでにユビダインに投資していた既
存のベンチャー投資家たちは、Tベンチャーのタームシート（彼らがユビダイン
に対して一定の貢献をした場合に適用されるパフォーマンス・ワラント条項が含
まれていた）を受け入れるか否かで２つに意見が分かれてしまった。

既存の投資家の中にはスタートアップで働いたことがある者はいなかったが、
一部の投資家は、Tベンチャーからの投資を受け入れたら、ユビダインと当時の
ボーダフォンとの重要な関係性が壊れてしまうのではないかと恐れていた。

ユビダインのマネジメントチームは、Tベンチャーが行なった直近10件の投資について、追加で調査を行なった。その結果、どの投資についても、Tベンチャーから投資を受けた企業と、母体企業であるドイチェテレコム以外の携帯電話会社との繋がりはむしろ強くなっていたことが判明した。さらに、Tベンチャーが提供すると言っていた付加価値は、投資時に期待した以上に実現されていたこともわかった。こういった事例の1つとしてフラリオンに対する投資が挙げられる。フラリオンの創業家の話では、もし創業後間もない段階でTベンチャーから投資とサポートを受けていなかったなら、フラリオンが成功することは決してなかったとのことだ。フラリオンはその後クアルコムに6億5,000万ドル以上の額で買収され、投資家たちにとても大きなリターンをもたらしたのである。

　他方で、ユビダインに話を戻すと、Tベンチャーによる投資について、マネジメントチームや投資家の一部が反対し始めてしまい、結局、反対派の投資家たちがTベンチャーとのディールをブロックすることに成功した。

　ボンで行なわれた最後のミーティングでは、反対の投資家は、Tベンチャーの役員に対して、同社との提携には何の戦略的メリットも見いだせず、Tベンチャーは他の投資家と同じだけの額を支払うべきだ（つまり、パフォーマンス・ワラントは認められない）と言い放った。

　この判断は失敗だった。このときTベンチャーからの投資に反対した投資家たちが、わずか1年半後も経たない内に、Tベンチャーが提示した金額の10分の1以下の評価額で600万ユーロの資金調達を行なわなければならなくなった。このときの戦略の失敗のせいで、創業者と従業員が持っていたストックオプション全部の価値が帳消しになり、Huaweiを含む競合会社が事業展開を加速させている中、ユビダインの事業は失速してしまった。その結果Tベンチャーとのディールに反対していた投資家たちが会社の支配権を奪ってしまう結末となってしまったのだった。

CVCを投資家かつ最大の顧客にすることについて

ノースキャップ社／パートナー
Jacob Bratting Pedersen

　私は、以前働いていたVCで、スイスのソフトウエア関連のスタートアップに
投資しており、同時に同社の取締役会のメンバーでもあった。私たちの会社の最
大の得意先は日本の大企業であり、その会社だけで売上の50％を占めていた。
私たちの会社の技術が新しいスタンダードとして普及し始めると、その日本企業
のコーポレートベンチャー部門は、私たちのスタートアップの価値が増加するこ
とを予測し、興味を持ったようだった。

　すでにそのスタートアップに投資している株主だった私たちは、その日本企業
からの投資を好意的に受け止めていた。というのも、その日本企業から投資して
もらうことによって、そのスタートアップの株式を日本企業に売却できる可能性
が生まれるからである。しかも契約上は、仮に投資を受け入れたとしても、私た
ちがそのスタートアップを他の企業に売却することは禁止されないということを
明確に書くことができたのである。

　その日本のCVCは、私たちのスタートアップへの投資を実行に移した。その
後、私たちはその日本企業の事業部門（テクノロジーのライセンスを担当してい
た）と、取引条件に関する交渉を行なうことになった。先方の事業部門は、いか
に効率的に下請け業者から製品の部品やソフトウエアを調達してくることができ
るかが社内における評価基準であった。もちろん彼らは、自分たちの会社がス
タートアップに比べてずっと規模が大きく、圧倒的な交渉力を持っていること
も、自分たちの会社がスタートアップにとってとても大口の顧客であることもよ
くわかっていた。

　そういう理由で先方の事業部門からの値下げ圧力は厳しかったが、そんな事業
部門の姿勢に先方のCVC部門が反発し始めた。同じ企業とはいっても、CVC部
門と事業部門は全然違う使命とインセンティブ構造の下で動いていたから、彼ら
の投資先である私たちのスタートアップは、結局両部門の対立の中で板挟みに
なってしまったのだ。

　投資先のスタートアップの企業価値を向上させるという視点で考えると、その

第6章　CEO、創業者、VC投資家たちの戦いの歴史──CVCの長所と短所

235

日本企業は、私たちのスタートアップにあまり値下げ圧力をかけないようにしたほうがよかっただろう。なぜなら、スタートアップに値下げさせずに日本企業が買い続けていれば、その売上によって、スタートアップの企業価値は大きく伸びたはずだし、それは結局、その日本企業が持っていたスタートアップのエクイティの価値が向上することに繋がるからである。だが、当たり前ではあるが、こういう視点で事業会社が仕入れ先との交渉方針を決めることはめったにあることではない。商売に関する交渉というのは、全体として、アームズ・レングス・ルール[4]にのっとって行なわれるものなのだ。

　以上のストーリーを踏まえて起業家や普通のベンチャーキャピタリストに著者がアドバイスとしたいのは、スタートアップの大切な取引先企業のCVCから投資を受け入れるという夢を追い求めるべきでないということだ。

　もちろん普通のVCにとって、CVCと一緒に投資する可能性を考えてみるのは、とても有意義なことだ。CVCのマネジャーは、自社の事業部門に直接アクセスできるから、現在の市場で流通している製品だけでなく、事業部門が取り組んでいる最中の将来の製品やトレンドなどについても情報を得ることができるようになる。その結果、そのスタートアップが将来どのように事業を展開していくのかを知ることができ、何もしないよりもはるかに多くの情報を持った状態で投資判断を行なうことができるようになるのだ。

4　取引関係にある当事者間の独立性や、競争を行なう際の諸条件を平等にする条件、またはそれらが実現している事実を指す。

いかにして悪条件である
ROFOと先買権を解消したか

オニット社／創業者
DataCert社／創業者
エリック・エルフマン

　私は、2000年にUPSから200万ドルの資金を調達した。なぜUPSなのかというと、彼らがアナログ製品だけではなく、デジタル製品についてもビジネスに参入したいと考えていたからである。UPSは、安全性の高いEメールサービスを販売したいと考えていたようだ。

　今振り返ってみると馬鹿げたことのように思えるが、ITバブルがまだ崩壊していなかった当時は、合理的な選択だった。いずれにせよ、私はUPSに、早期にエグジットすることを提案した。タイミング的にはITバブル崩壊直前のとても不確実な時期だったが、その時エグジットしていたら、彼らの投資した資金は4倍になって戻ってくる見込みであった。

　しかし、彼らは早期のエグジットを断った。当時のUPSグループのトップによれば、エグジットの形としてはスタートアップを売却するか、失敗するかの2択であって、その中間はないのだという。馬鹿げた考えではあったのだが、彼らは最終的には成功し、10倍のリターンを得たのだった。

　結局私たちは、私たちの会社を買収しようとしている会社の戦略部門から500万ドルの資金を調達したものの、まだ資金調達について十分な知識を持っていなかった。その結果、役立たずの弁護士からのアドバイスを信じ込み、ROFO（Right of First offer)[5]や先買権を投資契約書に規定することを受け入れてしまった。

　その投資から数年後、私たちの会社を買収しようという動きがさらに何度か起きた。しかし、買収を検討してきた会社は結局私たちと競合していた別の会社を買収した。そのことを振り返ってみて、私はROFOや先買権が障害となったらしいと判断した。私たちが別の弁護士に相談したところ、UPSが私たちを訴えたとしても、ディスカバリ[6]前の段階で却下されてしまうであろうとの結論に至っ

5　投資契約の当事者である株主（ex.経営株主）が株式を譲渡しようとする際に、まず他の当事者（ex.投資家）に対して株式譲渡の提案をなすべきだとする投資契約上の権利。
6　真実を明らかにするため、公正な手続きにより発見された事実に基づいて訴訟を進めていくという制度である。　この証拠開示制度では、民事訴訟にとどまらず、FTC（連邦取引委員会）やSEC（証券取引等監視委員会）、ITC（国際貿易委員会）などが行なう企業に対する調査でも同様に開示を求めている。

た。だから、和解などでROFOや先買権を削除してしまうためにも、UPSのほう から私たちを提訴してもらう必要があった（ちなみに、私たちが後で相談した ローファームはウィルソン&ソンシーニであった）。

　私たちは創意工夫を凝らして、私たちの事業会社の株式を保有するホールディ ングカンパニーを設立し、ほとんどの資産と株式をそこに移した。
　その一方でROFOや先買権のある投資契約を含め、契約についてはホールディ ングスに移さずに元の事業会社に残しておいたため、ROFOや先買権をトリガー させることなく、ホールディングスのほうの株式を他の会社に売却することがで きたのである。

　今になって考えれば、こんなやり方はややこしいし、実際にはワークしない可 能性も高い。だが、私たちとしては、UPSが私たちを提訴してくれるだけで十分 だったのである。結局UPSは私たちを提訴したのだが、裁判が始まってすぐに和 解したがったのだ。和解交渉の中でROFOや先買権は取り消しになり、さらに、 UPSから追加で800万ドルの出資を受けることができた。そして7年後には、私 たちは自社のビジネスの全部をUPSに売却できたのである。

TRUECar - Victor Pascucci III

USAAベンチャーズ／創業者

　自動車の価格比較情報サイトを運営するTRUECarという会社は、マーケティング・キャンペーンがうまくいかず、たった90日の間に顧客だったディーラーの約60％を失った。その上、とある大規模なISP（プロバイダー）とのビジネス・デベロップメント関係のディールがうまくいかず、売上は大して増加していないのに、何百万ドルも出費するという痛手を負うことになってしまった。さらに、多額のスポンサー料をスポーツチームに支払ったのに、当初期待していたほどの経済的な収益が見込めないことも判明していた。言うまでもないことだが、TRUECarの財政状態は追い詰められていた。

　そのような状況だったから、投資家の立場から見れば、TRUECarに投資することは最もリスクが高い状態だったといえるだろう。戦略的にも、TRUECarのサービスが今後生き残っているか疑うのは当然のことだっただろう。だが、私たちUSAAは、TRUECarのビジネスには可能性があると考え、また、TRUECarがUSAAにもたらしてくれる戦略上のメリットやUSAA会員の受ける利益が十分にあると判断して、TRUECarの会社の経営を安定させて正常な状態に戻すため、10億ドルのブリッジファイナンス[7]を実行した。

　それから2年後にTRUECarはIPOしたが、このIPOはその年でもっともうまくいったIPOの1つとなった。TRUECarの時価総額は、何と15億ドルにまで達した。さらに、USAAの会員は、TRUECarとのパートナーシップによって、50億ドル以上の新車購入費用を節約することに成功した。

7　新しいファイナンスを行なうまでの橋渡しとしての短期融資のこと。

ディールへの要求が
加速している医療業界に関する考え方

オプティスキャン・バイオメディカル社／CEO
ピーター・ルール

これから述べるストーリーは、VCやCVCから100万ドル以上の資金を調達したピーター・ルールという経営者の話である。経営していた最後の会社を約2億2,000万ドルもの額で売却することに成功した彼は、次の通り述べている。

医療業界の大企業は、ベンチャーに対する直接投資をR&Dの一要素とは捉えていない。彼らは、ベンチャーに対する投資は、そのベンチャーを最高の状態で買収するためのプレリュード（前奏曲）と考えている。だから、もちろん例外はあるけれど、ベンチャーに投資することによって、今すぐに自分たちの事業にプラスの影響を与えてくれることを期待してしまうのである。例外としては、ジョンソン&ジョンソン・デベロップメント・コーポレーションが挙げられるが、彼らでさえも、事業部門の支援が必要という限界があった。

医療関係の会社で以上のような事態が生じる背景にあるのは、1年単位で支給されるボーナスと、短い周期で変動する株価である。ベンチャーに投資したとしても、どちらの点も変わらないのである。

だとすれば、素晴らしい素質があるのにまだ事業会社にインパクトを与えるようなビジネスにまでは育っていないベンチャーの起業家たちはどうすればよいのか？　まず、医療業界の事業会社に対して接触するのは1年に1回だけにとどめることだ。それ以上の頻度で接触しても皆の時間が無駄になるだけだからである。

次に、事業会社側のニーズを理解し、「私はちゃんと理解できていますか？」とオープンな質問を投げることによって、先方のニーズについてコミュニケーションをとろう。

3番目に、事業会社と長い期間付き合いを継続し、信頼を築き上げることが大切だということを理解するべきだ。つまり、医療業界においての事業会社との関係性というのは、短距離走ではなく、マラソンのようなものなのだ。迅速に、かつ予想通りに事業が動く企業というのは、医療機器業界にはほとんどないため、

事業会社は、時間をかけてスタートアップのパフォーマンスを見たいのだ。

医療分野のスタートアップは、どこも常に資金調達モードであるというのが実際のところで、資金調達も仕事の一部のようなものである。例えば、私たちオプティスキャンは1億ドル以上もの資金を調達し、今は大規模なシリーズEラウンドを迎えているところである。

しかし、伝統的なVCのモデルは、私たちのような会社が、まさに今いるようなステージの資金調達をすることまで考えてデザインされたものではない。IPO市場は、今まで以上にはるかに成熟度の高い企業だけが参加することができる市場になってしまっているのだ。だから、IPOできるほどまでに成長していない会社は、さまざまなところから資金を調達しなければならなくなっている。

事業会社からの調達は1つの解決策にはなり得るものの、それ以外にも解決策はある。また、伝統的な投資家から投資を受けるというのも、同じく解決策の一例にすぎない。プライベート・エクイティ・ファンドたちは、レイターステージにある最近の医療機器企業に関心を持っている。だが、もう一度述べておくが、医療系の事業会社は、医療系スタートアップが意思決定をしてから1年以上もかかってようやく意思決定できるといったことがあり得るし、実際にもよくあるのである。

私はいつも自分のチームにこう教えている。「自分の家を担保に入れてでも私たちの会社に投資したいと思うか？　もし投資したいと思うなら、新規の投資家が私たちに投資してくれることを期待できるだろう。家を担保に入れてまで会社に投資したくないと思うなら、そういった抵抗感を抱く理由や、その抵抗感をなくすためにできることはないかと考えてみてほしい」。この質問はとても面白いテストである。過去に投資に成功した体験のある人たちにとっては、このテストが合理的だということに納得してくれるだろう。

著者のコメント

オプティスキャンは2016年6月に2,945万ドルのシリーズEファイナンスを完了させた。

CVCから投資を受ける機会が
訪れたときにどうするべきか？

ニコルソンNY（アイコンメディアラボABにより買収）／CEO
LBiインターナショナル／CEO
エンジェル・ラウンド・キャピタル・ファンド（ARC）／共同創業者
トム・ニコルソン

CVCから投資を得られるかもしれないというチャンスがやって来たときにはどう対応するべきなのか？

経営者であれば誰もが、事業会社からの投資のメリットとデメリットを知っている。私は現在ニューヨークでアーリーステージのスタートアップに投資する投資家をしているが、仕事で出会うスタートアップの経営者たちからよくこの質問を受けるのである。

私自身も、インターネット創成期の頃、自分が設立した会社が最初の資金調達という荒波にぶつかっている時に、同じ疑問にぶち当たっていた。インターネットという新しい情報メディアがもたらしたビジネスチャンスについて、ネット代理店としてIBMやニュースコープ、エヌビーシーなどにアドバイスしていた頃の話だ。

ある日、私は、インターネット企業として史上初めての株式公開を行ない、大金を調達したばかりの60億ドル規模の広告会社のCVC部門から電話をもらった。彼らは次のディールを探しており、私たちに白羽の矢が立ったのだ。

だが、彼らとディスカッションする中で感じたのは、今回は状況が違うということだった。彼らの目的は財務的なリターンではなくて、完全に事業上のメリットだった。つまり、私たちを買収することによって、彼らはインターネット関連のサービスで競合会社に追い付くことができるというのだ。だから彼らは私たちの会社を無条件で取得したがったのである。評価額は1,800万ドルだった。

私は彼らの提案に対してノーと答えた。私たちは、自分たちの会社の仕事に長い間のめり込んでいたからだ。ニューヨークで初めてのデジタル・エージェンシーであった私たちのルーツは、ドットコムを信奉するマニアの時代よりも相当早い時期に、インターネットというメディアを開発するというクリエイティブな難題に挑戦することにあった。スタッフたちが夢中になっていたのも、この誰も挑戦したことのない難題だったのであり、自動車のコマーシャルを作ることではなかった。私たちの会社の未来が、クールエイド（アメリカ製粉末ジュース）と

自動車を売る広告マンの仕事と結び付いている様子をはっきりと思い描くことができなかったのである。しかし、全くあり得ないと言い切ることもできなかった。私たちが数百万ドル規模の取引をする初めてのクライアントとなったIBMが、自社のブランドをオンラインで管理するために私たちに年間200万ドル以上の金を払い始めたときは、確かに私たちの会社は広告事業に向かって進んでいるようにも思えたのだ。

　だから、上述した買収の提案を断った後、私はヘッジ手段をとった。それは、私が会社持分の80.1%を保有し続け、19.9%（この数字は会計上の理由による）のマイノリティー投資を広告会社から受け入れるというものだった。

　このスキームによって、私たちは広告業界に進出するとともに、広告以外の業界にも足掛かりを残すことができたのであり、後日完全に買収されるという選択肢を残しておくことができた。重要なのは、マイノリティー投資を受け入れたにすぎないため、私が会社の将来を完全にコントロールし続けることができるということだった（これがレッスン1である）。

　この方法は素晴らしい効果をもたらしてくれた。マイノリティー投資の受入れからの数カ月後に、「最高の新規提案」について、マイノリティー投資を行なった投資家からプレゼンを受けることになったのである。そのプランというのは、私が保有していた会社の残りの持分をマイノリティー投資のときの評価額よりも高い額で彼らに売却して、彼らのグループに所属している小さな企業3社（デジタル・サービスを提供し始めたばかりだった）と統合するという提案であった。

　この提案は、業界にかつてない影響を与えるものだった。そして、彼らのもっとも影響力がある代理店のオーナーの息子が全体の運営責任者として選ばれたということも重要だった。

　しかし、私はまたあの自動車コマーシャルのことを思いだしたのだった。

　ディールの主宰者の1人は、煮え切らない私の態度を見て、「あり得ない！　お前は今までの人生で見たことのないくらいの額の金を拒絶しようとしているんだぞ！」と言ってきた。議論は少し熱を帯びてしまった。いずれにせよ彼らは私たちの会社の主要な投資家ではあるし、取締役も派遣してきていた。しかし、私はまたあのコマーシャルのことを思い出して、一歩も引かずに彼らの提案を断った。

第6章　CEO、創業者、VC投資家たちの戦いの歴史──CVCの長所と短所

243

私たちの会社を単体で買収する場合よりも
大きくて戦略的なメリットを得た取引

　その後も、インターネットの隆盛とともに、私たちの事業はうまく回り続けた。スタッフたちも、デジタル・エージェンシーの仕事の中で価値を提供する方法、素晴らしいデジタルエクスペリエンスを生み出す方法に関して、驚くべき成果を出し続けた。当時の創作へのエネルギーは素晴らしいもので、当時スタートしたサービスの多くは大成功を収めた。

　私たちの会社は売上と利益を伸ばし続けたため、すぐにまた私たちを買収したいという相手が現れた。だが、今度の買収者はCVCではなく、純粋なデジタル・コンサルタント会社だった。この会社は、すでにヨーロッパで株式を公開していたが、私たちとそっくりなカルチャーを持ち、100%デジタル専門であった。しかも、ヨーロッパをベースした会社であったため、私たちのクライアントがヨーロッパやスカンジナビアに進出する足掛かりとなり得るが、アメリカではプレゼンスがないという、私たちにとって理想的ともいえる要素を兼ね備えていた。そして、大切なのは、彼らの株式はすでに公開されていたから、私たちが競合他社のように株式公開したとしても（当時は主要な選択肢だった）、ディスラプティブな結果となる見込みにはならないということだった。

　最終的に、私が彼らの会社の取締役の地位のオファーを受けたのだが、これはフル・エグジットのケースとして考え得る限りの会社に対するコントロール権を与えてもらうことを意味していた。公開会社で同水準のVアベニュー・マルチプルを前提とした価格交渉すら行なわれ、買収が取引所で発表されたときには、株価は数週間のうちに3倍にも跳ね上がった。

　この事態は、彼らが言うように、「Win-Win-Win」であった。まず、私たちはグローバルに事業展開することができるようになる。私たちを買収した会社（ヨーロッパを拠点としていた）はアメリカでプレゼンスを発揮できる。そして、もっとも大切なのは、私たちの会社にもともとマイノリティー投資をしていたCVCは、3倍の投資リターンを得ただけではなく、私たちの会社を完全子会社にする場合よりもはるかに大きい戦略的なメリットをこのグローバルな取引によって得ることができたということである（これがレッスン2である）。

もちろん、昔は昔だ。だが、私たちは今でもまだ新しいメディアを作り出すさなかにいる。私たちの生活の中のもっといろいろな場面やさまざまなデバイスに、あらゆるスケールであらゆる場所にインターネットという新しいメディアを広げていく局面なのである。楽しい時間はまだまだ続くのだ。確立された秩序を破壊していくチャンスは、今でも次々生まれているのである。

　例えば、私が初めて行なった投資は、数年前、インターネットを使える人であれば誰でもアートにアクセスできる環境を作ろうとしていた若い起業家に対するものだった。クレイジーなアイデアだ。しかし、最終的にそのスタートアップ（Artsy）は、Peter Thielを含む複数のVCから5,088万ドルの資金を調達した。彼にとって私は初めての社外の投資家だったのだが、その後、彼が「戦略マネー」の投資を、アートの世界でもっとも大規模で影響力も大きいギャラリーのオーナーから受けることを考えているとついに言ってきたときには、私は震え上がった。

　また、例の自動車コマーシャルを思い出したが、しかし今は私自身がマイノリティー投資家だから、自分が学んだ教訓を思い起こして、何もせずに待つことにした。良い判断をしたと思う。

CEOを派遣したことで最良の
デューデリジェンスが可能になった事例

DDFベンチャーズ／CEO
AMファーマ／元CEO
Lanthio Pharma／元CEO
バルト・ヴュルマン

....

　このストーリーはJPモルガン・ヘルスケア・カンファレンス時代の旧友であるバルト・ヴュルマンから聞いたものだ。彼はバイオテック分野のCEOとして豊富な経験を有していたが、今は転向してVCに在籍している。

===================================

　バルト・ヴュルマン ── 私がLanthioのCEOをしていた頃、ドイツのMorphoSysという会社とテクノロジーのライセンス取引をしたことがある。

　MorphoSysは、500万ユーロ規模のシリーズAの際にLanthioに投資してくれた投資家のうちの１社でもあった。シリーズAの1年後、Lanthioは、自社の医薬品分野の主力商品であった線維症治療薬のPOC（概念実証）を次のフェーズに引き上げるために、もう１回資金調達を行なうことを検討していた。

　MorphoSysは引き続き投資する姿勢を示していたが、彼らがLanthioにCEOを派遣することが投資実行の条件だった。他の投資家たちはこの条件をのんだ。そしてそれから5カ月後、MorphoSysはLanthioを3,000万ユーロで買収したのである。

　自社がCEOを派遣したことによって、彼らは最高のデューデリジェンスをすることができたし、買収の交渉においても強いポジションを得ることができたのだ。賢い戦略といえよう。

===================================

　著者が初めてバルトに会ったとき、彼はオランダのバイオテック企業であるAMファーマのCEOだった。ファイザーは、AMファーマの株式と、同社を5億1,250万ドルで買収するオプション（ただし、敗血症に関係する急性腎障害に対する新しい治療方法についてフェーズ2の研究が成功することが条件だった）を、8,750万ドルで購入した。

事業会社とスタートアップでは
時間の概念がまったく違うということについて

Cassantec AG社／CEO
Moritz von Plate

Moritz von Plateは著者のMBA時代のルームメイトであり、親友の1人である。

学生時代は、著者がルーセントテクノロジーズとそのCVCであるルーセント・ベンチャーズから資金調達するために奮闘していた話を彼に聞いてもらっていたが、今回は彼のCVCでの奮闘の話を私が聞くことになる。

Moritzは起業家になる前はBCGでシニア・エグゼクティブをしていた。彼は次のように言っていた。

═══════════════════

通常の事業会社とスタートアップとでは、時間の概念が全然違う。例えば、最近、私たちの持っているテクノロジーについて、CVCとその事業部門によるデューデリジェンスを受ける機会があったのだが、最初にそのCVCと接触してからデューデリジェンスが始まるまでになんと1年もの時を要した。その後、デューデリジェンス自体はスムーズに終了し、私たちのテクノロジーについてとても好意的なフィードバックを受けるとともに、投資によるコラボレーションを真剣に検討するとの連絡をもらった。しかし、それからすでに6カ月が経過しているが、いまだになしのつぶてである。

このデューデリジェンスと並行して、私たちは組織の再構成と戦略の見直しをまず終わらせる必要があった。先ほど述べたCVCの例のような長いスパンのプロセスは、通常の事業会社にとっては当たり前のことかもしれないが、スタートアップにとっては明らかに長すぎる。だから、私たちはビジネスを確立するプロセスと資金調達のプロセスとを別々に実行することにしている。

いずれパートナーを得られる可能性があるというのは良いことなのだけれど、だからといってビジネス面で前進するのを止めることはできない。なぜならば、買主候補の事業会社が次のステップに移る準備ができた頃には、すでにビジネスチャンスは失われてしまっているかもしれないからである。

第6章　CEO、創業者、VC投資家たちの戦いの歴史──CVCの長所と短所

古典的なCVCの戦いのお話

　これから話すのは何度も語り尽くされてきた話である。

　スタートアップが事業会社から資金調達をしようとした場合、事業会社の官僚主義的なプロセスのせいで、通常のVCから投資を受ける場合よりもはるかに長い時間がかかってしまうことがよくある。だから、スタートアップやVCたちは、CVCと一緒に仕事をすることがどれだけ時間のかかることで、いかに難しいことであるかという話をしたがるものだが、一方で彼らも、CVCの母体企業から得ることができるバリューについては高い期待を持っているものである。だが、低く見積もっても半分くらいの確率で、CVCにいる投資担当者は、自社の事業部門にスタートアップとの取引をさせるようにする権限は持っていないものだ。

　つまり、まるで就任したばかりのアメリカ大統領が議会に自身が提案した法案を通過させる力を持っていないのと同じように、事業部門のトップはCVCに対して報告を行なわないし、スタートアップの立場から見ると、CVCが約束したことが必ずしもいつも実現するわけでもない。だからCVCの評判はさらに悪くなってしまうのだ。

　上記とは異なり、CVCが企業内で力を持っているケースでは、事業会社がスタートアップの顧客、しかも最大の顧客になるかもしれない。そうなった場合、事業会社は、そのスタートアップとの提携による大きな戦略的メリットを見込んで、そのスタートアップを買収することになる。

　しかし、スタートアップやそのディールに関わっている通常のVCの立場から見ると、CVCチームとの間でディールをするつもりだったのに、いつの間にかM&Aチームとディールをしていただけだった、という事態になってしまうかもしれない。だが、残念ながらCVCチームとM&Aチームは同じチームに所属しているか、もしくはとても密接な関係にあるものなのだ。

　その後、6カ月間の大変なデューデリジェンスが終わった後になって、事業部門はディールから後退するとともに、スタートアップとの取引量を抑えるようになるかもしれない。こんな事態になると、事業会社とのディールや取引と並行してVCにも投資を持ち掛け、売上の急成長と事業会社に迅速に売却できる機会を

売りにしていたスタートアップは窮地に陥ってしまう。VCたちは、最大の得意先だった優良企業が投資と取引を引き揚げていく様子を見て、そのスタートアップに投資することが怖くなってしまう。こうして、最終的にはそのスタートアップはキャッシュ不足に陥ってしまうのだ。

シリコンバレーでは、テックチームとセールスチームがスタートアップを辞めてソーマ地区（サンフランシスコのマーケットエリアの南部にあり、多くのスタートアップの故郷である）に赴き、クライナー・パーキンスからVCファンディングを終えたばかりの別のスタートアップに転職していく光景を見ることもある。

これらの事態によってスタートアップが追い詰められてくると、創業者やVCは、事業会社が提示するかなり条件の悪い買収オファーを受け入れて、投資した時と同じ額、あるいは二束三文でスタートアップを売却してしまうことになる。

以上のように、事業会社はCVCをうまく使いこなしており、カードを上手に切っていると思っている人もいるかもしれない。だが、この考え方の問題点は、CVCの悪い評判が広まることで、他のCVCが将来的に良質のディールフローにアクセスすることができなくなってしまう点にある。

CVCの悪評を理解しておくことも大切

この本で紹介しているCVCは、ここまで説明してきたようなネガティブな印象を変えていこうと懸命に努力している。だが、新しくCVCを立ち上げることを検討している企業や初期段階のCVCを運営している企業は、こういった多くのCVCの悪評を理解しておくことが大切だと思う。

起業家たちも、この長く語り継がれているCVCのストーリーを意識しながらCVCとの関係性を築いていくべきだ。もちろん、このネガティブなストーリーと正反対の、CVCについての純粋なサクセス・ストーリーも存在する。本書は、CVCの評判をポジティブな方向に動かすことを狙ったものである。

スタートアップとアーリーステージへの投資はジェットコースターのようなものである。きちんとシートベルトを締めて揺れに備え、乗っている間は、落ち着いた気持ちでい続けなければならないのだ。

第7章
CVCからの資金調達

――「道が無ければ、作ればよい」

ハンニバル

事業会社から投資を受ける際に
知っておくべきこと

元インテル・キャピタルEMEA／元代表
メルカト・パートナーズ／オペレーティングパートナー
パブリック・エンジンズ／創業者
ウィリアム・クライマー

　私は、戦略的事業投資家（インテル・キャピタル　前マネジングディレクター）の立場と、事業会社（シマンテック[1]）から投資を受けた企業の経営者の立場のいずれも経験したことがあるが、この２つがまったく異なるものだとは考えていない。近年、CVCの世界では多くの変化が起きているが、その中でももっとも重要なことの１つは、事業投資家が、投資の方法と投資目的の点でとても成熟してきていることである。

　事業投資家のことを「間抜けなお財布」などと考えるのはいいかげんやめたほうがよいだろう。実のところ、彼らはかなりの割合の資金調達取引に関与し、確固たる地位を築くに至っている。彼ら事業投資家はもはやVCの一種ではないから、VCと比較するのは適切ではない。彼らは常に活動的なベンチャー投資家であり、VCと同様に組織の成長を支援してもくれる。しかし他方で、事業投資家たちは、戦略的な利益と財務的なリターンを両立させるという課題に直面している。

　このことを一旦脇に置くとしても、戦略的な投資家から出資を受けるほうが、VCから投資を受けるよりもむしろ難しいという事実に向き合うべきである。しかし、より多くの価値をもたらしてくれるのは、最終的には戦略的投資家なのである。以下に根拠を示そう。

1. 事業投資家は必ず最初に自社の戦略との相性で投資案件をふるいにかける。
　　たとえあなたの会社が財務的には「次の目玉商品（the next big thing）」であったとしても、戦略的にフィットしていなければ、検討中案件リストに載ることはない。インテル・キャピタル時代の私の経験からも、財務面では魅力的な会社について、戦略面の理由により、投資に至らなかった案件は数知れない。

1　シマンテック・コーポレーション。1982年に設立。アメリカ合衆国カリフォルニア州にあるソフトウエア会社。

2．有力な事業投資家の元には、そのブランド力により、おそらく年間に数百から数千の投資案件の検討依頼が集まっている。彼らには選択肢があるし、それらのディールフローから多くのことを学んでもいる。

3．事業投資家は、投資先候補を評価する場面において、通常のVCよりもその当該業界に関する知見が豊富である。インテル・キャピタルでは、エンジニアリング、営業、マーケティングの部隊から最高の人材が案件の検討に参加していたし、多くの顧客やサービスプロバイダーを使って投資の仮説が正しいか検証していた。領域特化型のVCか起業経験のある投資家でもない限り、他にここまでしている投資家はいない。

4．多くの事業投資家（少なくともその親会社）はグローバルに活動しているものだ。したがって、彼らは豊富なディールフローから実際の投資先を選択している。そのため、あなたの会社と同じ事業を行なう競合他社があった場合、当然彼らはあなたの会社とその競合他社を比較するし、結果としてその競合他社のほうに投資することもある。これに対して、ほとんどのVCは、ムンバイにあなたの会社の競合企業があったとしても、そちらに投資する能力はないだろう。

5．有力な事業投資家はあなたの会社を自社の戦略との相性という観点から検討する。そのため、彼らはあなたの会社と同じ業界のすべてのプレーヤーを比較して、投資する会社を決める。仮にその会社がはるか遠く離れたムンバイにあったとしても、彼らはその会社がもっとも優れた会社であれば投資をする。

6．通常のVCとは違い、CVCの母体となる事業会社は、資金使途として常に株式投資以外の選択肢を持っている。どこかの事業会社の財務部に確認してみるとよい。社内のどこかの誰かがすぐにその資金の使い道を見つけてくるだろう。彼らはファンドのタイミングやダイナミクスなど一切気にする必要がない。そして、それはとても重要なことなのだ。

　この背景には、かつてのばら撒き型の事業投資家が減っているという事情がある。インテル・キャピタルが最近発表したポートフォリオの一部売却からもわか

るように、企業は多くの投資を抱え込みたくないし、事業部も戦略的目標の達成の助けにならない外部のベンチャー企業に関わっていることはできない。したがって、事業会社からの投資を求めているのであれば、あなたの会社は業界のトップでいる必要がある。そのほうが、あなたとしても、彼らの専門知識、市場へのアクセス、事業の成長を加速する能力といった戦略的恩恵を得やすいであろう。

投資家の視点での思考の重要性を知る

さて、CVCから投資を求める際に起業家が知っておくべきことは何だろうか？私ができる最良のアドバイスは、しばし彼らの立場になってみて、彼らがあなたの会社に投資すべき理由を明確に説明できるようにしなさいということだ。「どうしてこの事業投資家は私の会社に投資したいのだろう？」と自問するのである。私は事業投資家の求めているものを理解するため、いくつかの事業会社でベンチャー投資を担当している友人たちに問い合わせた。得られた回答については、彼らの要望通り、ほとんどは由来を明らかにすることなく本書の中で引用している。

事業投資家が投資を行なうべき理由をはっきりさせることは、あなたの会社が彼らの特定の目標に向けた活動を支援しているであるとか、逆にある事業部門から支援を受けているといった表面的な認識にとどまるものではない。投資家候補である事業会社との戦略的な相性を理解するには、以下の3点について詳細に検討してみることだ。ポジション（Position）、優先事項（Priority）、可能性（Potential）である。

ポジション

まず把握すべきなのは、その事業会社とあなたのスタートアップが活動する市場とがいかなる関係にあるかということだ。彼らは市場のリーダーか？　それとも新規参入者か？　彼らのゴールと戦略的目標は何か？　彼らのスタンスは攻撃的（市場を求めている）だろうか、防御的（市場を守っている）だろうか、あるいは中立的（市場にまだ参入していない）だろうか、彼らにとって、これは大きな賭けだろうか？　戦略的に重要な取り組みだろうか？　あるいはちょっと手を出してみているだけだろうか？　彼らはその市場について理解するための足掛かりを得ようとしているだけだろうか？　それともあなたの会社の技術が欲しいの

か？　このように自分に問い掛けることによって、事業会社がその市場で何を達成しようとしているかを理解することができ、あなたのスタートアップが持つ戦略的価値を理解する基礎となる。

優先事項

次に、彼らの優先事項は何かという問いに答える必要がある。彼らの戦略的に重要な取り組みを支援するために、あなたのスタートアップが何を達成する必要があるのか理解しよう。彼らはあなたのような社外の人にどのような役割を期待しているのだろうか？　彼らは将来のために価値のある選択肢を創造しようとしているのかもしれない。

ある事業投資家は以下のように指摘している。「この問いに答えることは、あなたが誰にとって価値があるか、あなたの事業を成功させるために全力を尽くそうと真剣に思ってくれるのは誰か、を理解することに繋がる」

戦略的可能性

戦略的可能性は、あなたのスタートアップはいかに事業会社を助け、逆に事業会社はいかにあなたのスタートアップを助けられるかという両社の関係性の基本であり、明確に説明できる必要がある。

ある事業投資家は以下のように指摘している。「事業会社もスタートアップも潜在的なシナジーに期待していることは疑いようがない。『あなたは私のために何ができますか？』、『私はあなたのために何ができますか？』」という質問は常に自問すべきであり、一般的に、この点については、投資契約書に盛り込んでおくべきだろう。

インテル・キャピタルでは、この考え方は「ギブ・アンド・テイク」と呼ばれ、投資というものの象徴的性質を表すものとされていた。まず、スタートアップのCEOであるあなたは、両社の関係がうまくいくために事業投資家が何を欲しがっているのか理解する必要がある。逆に、あなたはこの関係が両者にとってプラスのものにするために「テイク」したいもの（事業投資家にとっての「ギブ」）を求めていく必要がある。

投資フェーズ（投資の局面）において、スタートアップの側からCVCに対し

第7章　CVCからの資金調達

255

て「テイク（要求）」することを恐れてはいけない。

あるCVC投資家はこのようにアドバイスしている。「あなたの会社が事業会社の役には立てるが、逆は難しい場合、私が起業家であれば、その事業会社から投資を受け入れたりはしないだろう」。スタートアップの事業がうまくいけば事業会社の利益になるのだから、CVCがあなたのスタートアップにどんな価値を提供する必要があるのかは、はっきりさせておくべきなのである。

最後に、事業投資家にとってのこの投資に関する財務面での透明性を確保しなければならない。あらゆる事業投資家が、事業部の取り組みを助けるためであれば何百万ドルというお金を捨てるという明確な戦略を持っているなどと考えてはならない。彼らが通常のVCほどは投資による財務的なリターンに魅力を感じていないと考えるのは大間違いだ。

ある投資家は私に以下のように述べた。「事業投資家について、通常のVCよりも多くの金を投資するのに口を出すことは少ないという誤った考えを持っている会社がある。実際はその真逆だというのに」。

ここで、あなたが戦略的な価値について明確に説明し証明してみせることができたその後に、課題となるいくつかの事柄について触れておこう。

最優先事項は、CVCがリード投資家になるという罠にはまってはいけないということだ。

私は、1社あるいはそれ以上の事業投資家が投資しようとしているにもかかわらず、VCたちが興味を示していない会社を数多く見てきた。最近話をしたCEOの会社は、3社の事業投資家が真剣に投資を検討していたが、リード投資家となるVCがいなかった。これは明らかに要注意である。あなたの会社に既存投資家がいるのなら、彼らがCVCの狙いを理解し、CVCによる投資を受け入れる意思があることをしっかり確かめてほしい。

投資に至るまでのプロセス、判断基準を知る

次に、事業投資家が投資を行なう際のプロセスを理解しよう。VCの場合、投資を承認するプロセスはVCごとに様々だが、多くはかなりいいかげんなやり方をしている。他方、一般的に、事業会社（CVC）の場合、VCよりも投資判断のプロセスが厳密である。私は、CVCの投資判断プロセスが、スタートアップのCEOが想像するよりも全然進んでいないといったケースをたくさん見てきた。

もし嘘だと思うなら、どのような投資プロセスの下でどこまで承認が取れているか、「興味がある」から「決裁済み」になるにはさらにどれだけの承認が必要かについて、CVCに確認してみてほしい。

　また、CVCの母体企業だけでなく、投資担当者についてもよく考えるべきだ。私の友人は、CVCからの投資を検討する際には、以下の質問を自問することを勧めている。「あなたはこの人物に取締役になってほしいか？　彼らは単純に同僚を紹介してくれるだけでなく、実際に会社に価値を提供することができるのか？　彼らは社内で影響力があるのか？　彼らは真にスタートアップが直面する困難を理解しているか？」。また、別のCVC投資家は、多くのCVC投資家について、「スタートアップでの経験がなく、日々のバタバタの中、何とかやっていくという困難を知らないし、社外にまったくネットワークがないことが多すぎる」。と注意を促している。

　さらに言えば、CVC投資家が常に自分のスタートアップの支援者であると考えるのは危険だ。彼らに給料を払っているのはあなたではないのだ。

　最後に、投資に際してCVC投資家が何かしら特別な条件を要求してくるかどうかには気をつけておく必要がある。投資自体であれ付随する事業提携であれ、CVCとの関係が障害となって、自社の事業の範囲や他の企業との取引、あるいは自社の魅力やエグジットに影響のある権利が制約されないように注意しなくてはならない。このような特別な条件を要求されないか確かめるためには、そのCVCが投資している別のスタートアップのCEOやCFOに電話して聞いてみるとよいだろう。

　もしあなたが適切なCVCと正しく組むことができ、いくつかのよくある落とし穴を避けることができれば、CVCはあなたの会社にとって非常に価値のある存在になり得るのである。

第7章　CVCからの資金調達

CVCにアプローチし、勝利を収める方法

TMTインベストメンツ／パートナー
カリフォルニア大学バークレー校　カリフォルニア大学サンフランシスコ校　ニューヨーク大学
／非常勤教授
イゴール・ショイフォット

CVCのモチベーションと構造

　一般的にCVC投資家のモチベーションは、起業家や通常のVCのモチベーションとは異なるが、かといって全く共通点が無いわけではない。

　CVCは、一般的なVCと同様に、多くのユーザーに愛され、素晴らしいリターンをもたらしてくれる製品に投資したがっている。彼らは技術面での成功によって生じるPR効果とファンド全体（CVCの場合は企業全体）への影響を等しく理解している。

　CVCは、起業家とは違って、実用からは遠い「技術のための技術」の価値も理解している（それは純粋な科学技術への愛からではなく、その技術が自社や自社製品の強化に役立つかもしれないからであるが）。

　CVCにアプローチする際の鍵となるものは、彼らの組織のフレームワーク（枠組み）の中で試みられている破壊的イノベーションに対する危機感に他ならない。これはCVC特有のモチベーションである。
　ビジネススクールや役員室で広く読まれているクレイトン・クリステンセンの『イノベーションのジレンマ』は、顧客と取引先のニーズやモチベーションによっていかに企業内のイノベーションが抑圧されるかを徹底的に描写している。スタートアップの側が戦略的価値を提供できれば、それはCVCにとって投資を行なう最大のモチベーションとなる。

　したがって、CVCにアプローチする際には、まずはその母体企業について調べることから始めるべきだ。CVCに会社を売り込む前に、その母体企業の戦略的方向性を理解するのだ。グーグルやリンクトインやツイッターを使う単純な検索だけであっても有益だろう。そして、その会社が買収した企業やCVC部門が

最近投資した企業とコミュニケーションを取る手段を見つけよう。これによって
そのCVCが何に注力しているかがよくわかる。そして、このような調査を進め
ていくと、事業会社たちが自らの競争優位性のある領域以外のところで投資機会
を探していることに驚かされることも多いだろう。

　CVCは、多くの場合、新技術だけでなく、既存製品やサービスラインの拡張、
新しいビジネスモデル、新規市場、自身の製品やサービスの代替品にも興味を
持っている。

　CVCのモチベーションを考える際には、それが企業内でのレポーティングライ
ンによって左右されることも頭に入れておかなくてはならない。ほとんどの
CVCはCクラスの経営幹部か企業戦略／開発の部署にレポーティングしている。
R&Dや財務の部署に直接レポーティングしているケースもある。いくつかの業
界（医療や製薬関係）や国（日本や韓国）ではR&Dの部署にレポーティングす
るのが一般的である。

　CVCにいかにアプローチすべきか、その案件探索、考え方や意思決定の背景
を理解するには、このようなレポーティングラインの理解が重要である。

CVCへのアプローチ

　CVCに向けた提案資料は、よくあるオンラインのフォーマットやメールアド
レスで送ってはいけない。VCよりはましだが、それらは若手アソシエイト[2]やイン
ターンのメールボックスに届くことになり、真剣に検討してもらえる可能性は極
めて低い。
　そのようなフォーマットやメールアドレスは公開されているが、そんなものに
時間を浪費すべきではない。

　CVC投資家にアプローチする正しい方法を見つけよう。時間と努力は必要だ
が、それほど面倒なものではない。

　以下に紹介するのは、起業家がCVCにアプローチする方法の簡単なリストである。

2　外資系企業などで用いられる職位で、業務において自らの裁量による決定権を有しないことが通常である。

- 業界のイベントでCVC投資家を見つけて売り込もう。彼らがこの種のイベントに参加している目的は、ベンチャー企業を見つけることに他ならない
- 事業会社で働く知り合いに、提案資料をCVC部門に転送してもらうよう頼んでみよう。彼らはCVC投資家と社内会議でよく会っていたりするし、社内プロジェクトを一緒にやっているようなこともある。ほとんどの場合、CVCはその企業の従業員を使って案件のスクリーニングやデューデリジェンスを行なう。さらに、大半のCVCは、バックアップしてくれる事業部門が見つからない限り、投資はしないものだ
- まずCVCの投資先企業にアプローチし（実際に会うのに越したことはないが、リンクトインやエンジェルリストなどでコンタクトしても大丈夫だ）、いかにあなたの会社とそのCVCの相性がよいかを説明した上で、CVC投資家を紹介してもらうようにお願いしよう。投資家は、うまくいっている投資先からの紹介案件が何よりも好きなのだ
- 売り込み先CVCの母体企業が主催するオンラインやオフラインのグループ、ミーティング、セミナー、ネットワーク、カンファレンスなどに参加しよう。積極的に参加し、他の人も連れていこう。そして、自社をCVCに売り込もう
- CVCの顧問法律事務所を通してアプローチしてみよう。投資家は弁護士の言うことは聞くものだ
- VCやエンジェル投資家などはCVCにとって、投資案件に関する主要な情報源になっている。一般的なVCやエンジェル投資家と比較して、CVCはリスクを嫌う傾向が強いため、彼らは往々にして他の投資家から持ち込まれた案件を好む。独立系VCはとりわけCVCにとって価値の高い情報源だ。ほとんどのCVCは単独で投資することはなく、多くはリード投資家となることも好まないからである。知り合いの投資家に適切なCVCへの紹介を依頼しよう
- 記者やブロガーが売り込み先のCVCをインタビューしていた場合、彼らに紹介を依頼しよう

「（ベンチャーを）探し出し、支援する」ことは、CVCの行動パターンの１つにすぎない。CVCは、あなたが望むと望まざるとにかかわらず、「探し出し、まねする」こともあるし、場合によっては「探し出し、潰す」ことだってある。事業会社は、自社のCVCの活動を通じて、投資対象だけでなく、中核事業に対する脅威をできる限り早いタイミングで発見したいと考えており、スタートアップやVCとはモチベーション構造が異なっていることがよくある。大企業と取引関係

を持ったことがある投資家（ユニオン・スクエア・ベンチャーズのフレッド・ウィルソン）と起業家（フロント・ページのチャールズ・ファーガソン）の双方が、このことについて恐ろしい話をたっぷりと語っている。

　しかしながら、CVCは資金面での援助ができるだけでなく、スタートアップに強力な販路を提供できるし、サプライヤー、顧客、提携先、エンジニアリングなどで起業家を支援することもできる。同様に重要なことに、クランチベース[3]の分析によると、CVCから投資を受けたベンチャー企業は、VCのみから投資を受けた企業と比較して3倍の確率で買収対象になりやすいという。実のところ、CVCが投資した会社の3社に1社はその後買収されているのだ。

　以上のとおり、CVCからの投資はそのリスクに十分見合う価値があるといえるだろう。結局のところ、アントレプレナーシップとはリスクテイク（危険を承知で行動をする）のことなのだから。

3　世界最大級のスタートアップのデータベース。

大企業にアプローチする方法
── ヨーロッパとアメリカの起業家の違い

シスコ・システムズ／元マネジングディレクター
クアルコム・ベンチャーズ・ヨーロッパ／創業者
エイパックス・パートナーズ　ブイグテレコム／共同創業者
ファウンダーズ・ファクトリー／ファウンダー・イン・レジデンス
フレデリック・ロンボー

アメリカにおいては、大企業へのアプローチが比較的簡単であることは間違いないし、一度協業に基づく市場進出戦略が採用されると、大企業は起業家にとって理想的な共同投資家にもなり得る。

他方、シリコンバレーから5,500マイル離れたヨーロッパの起業家にとって、状況は真逆といっていい。彼らは、複雑な組織を有し、戦略がコロコロ変わる大企業をナビゲートするのに大変苦労している。ヨーロッパとアメリカでは企業のカルチャーも大きく異なるため、ヨーロッパの起業家は事業会社との間で適切なコミュニケーションを取ることにすら苦労している。

私は長年、スタートアップが大企業に対してより効果的かつ核心を突いた売り込みができるようになるため、起業家を指導してきた。大企業は彼らとのやり取りの間、ほとんど想像力を働かせておらず、最高の技術が最高の形で提案されることはめったにない。だから、起業家は事前にしっかりと準備し、価値提案や差別化をできるようになり、また、大企業にとっての意味合いを直接的かつ明確に説明できなければならない。

最後になるが、VCは自分たちの投資先のスタートアップが大企業と親密になりすぎることを警戒することが多い。これは、VCが、投資家として大企業がもたらす付加価値を信じても理解してもいないことが原因である。投資先の価値向上に貢献するという約束をCVCが必ず果たすとは限らないという指摘は正しいが、CVCが約束を守った場合、彼らはベンチャー企業の成長を加速するもっとも強力なツールとなる。

面白いのは、CVCからの資金調達について「絶対にダメ」というVCもいれば、「必ずそうしろ」というVCもいることだ。論理的な分析に基づいて、ケース・バイ・ケースで判断するのが本当は正しいのだろう。

CVCとの取引でよくある間違いの１つは、CVCは明確に決まった戦略的課題

のリストを持っており、投資やM&Aによってその課題をこなしていると考えてしまうことだ。実際は企業内部ではさまざまな力学が働いており、必ずしも統率が取れているわけではない。

例えば、CVC部門があるスタートアップに投資して提携しようとしているときに、R&D部門はそのベンチャーと重複するプロジェクトのための予算を確保しようとしている途中かもしれないし、エンジニアリング部門は独自の代替品の開発の遅れを取り返そうとしているかもしれない。その一方で、戦略部門はもっと世間に知られた企業との提携を計画していたりする。営業部門は顧客から勧められた別のベンチャーとの提携を検討しているかもしれない。知財部門としては知財のコンフリクトに慎重になるだろう。財務部門は数値面で悲観的になるだろうし、M&A部門は競合するベンチャーのデューデリジェンスに忙しかったりするという具合だ。

さらに、交渉がいかなる段階にあろうとも、組織変更により新たなリーダーが登場して別のテーマをより優先順位の高い課題として設定してしまうこともある。

目まぐるしく変化する状況下でこのような複雑性をうまくコントロールすることは1つの技術であり、リーダーシップ、高速分析能力、豊富なネットワークが必要になる。

著者のコメント

このフレデリックによる寄稿は、私が「バック・チャネリング（ここでは、案件の状況を確認するための非正規ルート［個人的な繋がりなど］を確保することを指す）」と呼んでいるものの重要性を強調している。フレデリックが描く複雑な状況を考えると、CVCからの資金調達やM&Aの取引をまとめるためには、複雑な状況の中で起きていることの真相を教えてもらえるような関係者とのつながりが不可欠であるということは明らかだ。あなたは当て馬になっていないか？あなたは資金調達またはM&Aに向けて順調に進んでいるか？　こういったことを確かめるためにも、バック・チャネリングが必要になる。そのためには、相手のために尽くすことと、長年にわたるギブ・アンド・テイクがものをいうのだ。

資金を求めてVCまたは
CVCに電子メールを送る方法

　誰もが指摘することだが、VCまたはエンジェル投資家にアプローチする方法として紹介に勝るものはない。理想的なのは、彼らの投資先のCEOにコンタクトすることだ。そこからの紹介が期待できることに加え、CEOがその投資家を好ましく思っているかどうかを聞くことで、そのVCの評判を少しは把握できる（そうはいっても、私たちの投資先のCEOの中には、忙しいVCよりもさらに連絡を取るのが難しい人もいるのだが……）。

　もしCEOがそのVCについてネガティブな反応を示した場合、直近の資金調達ラウンドにそのVCが参加したかどうか確認してみるとよい。そのCEOは、VCが追加投資をやめたこと、もしくは次の重要なマイルストーンの達成までの静観を決めたことで、心を痛めているだけなのかもしれない。そうだとすれば、その投資家をあなたの会社の株主に迎え入れるべきでないと一概には言えないことになる。

　理解してほしいのは、VCにはメールで日々多数の案件情報がもたらされており、それをチェックする時間すらないことも珍しくないということだ。彼らのスケジュールはベンチャー企業との面談や創業者との電話の予定でいっぱいになっており、昼間も夕方も食事やイベントの予定が入っている。だから、VCに電子メールを送る際は、彼らが野戦病院における患者のように案件をトリアージするということを理解しておく必要がある。

　VCは、得られた案件情報について、自らの時間をかけたり、チームの他のメンバーに追加的な分析や専門家によるレビューを依頼したりすべきか、あるいは何もせずに見送るべきかを可能な限り迅速に判断しようとしている。

　個人的には、CEOたちが会社のステージすら明示せずに大量の情報を送り付けてくるのは好きではない。何段落にもなる長文のカバーレターと冗長なプレゼンテーション資料をすべて読むことは難しいし、それらの情報は創業者のビジョンにすぎないように思えてしまう。こんな資料では、その会社がどのようなマイルストーンをすでに達成しているのかを把握し、会社のステージを見極めるなんてことは絶対にできない。会社が創業者自らの資本のみで運営されてきたのか、それともトップレベルのVCから1,000万ドル規模の投資を受けているのかといった基礎的な情報が、資料の最後になってようやく書かれているということが

しばしばあるのだ。

　著者は、VCにメールを送る際には、以下に挙げるようないくつかのポイントが箇条書きにされているほうが好ましいと考えている。

- 連絡した経緯（紹介者の名前、イベント、テレビ、リンクトインで見た、私の本を読んだなどいずれも結構だが、いちばん初めに書かれていると時間が節約できるのでありがたい）
- 過去の総調達額（外部からの調達と創業者からの調達を区別して記載するとよい）
- 著名なエンジェル投資家、VC、事業会社などの投資家から投資を受けているか
- 現在の月次および年次売上高
- これまでに達成した重要なマイルストーンとこれから達成すべきもの（会社のステージを示しつつ記載するとよい）
- 現在調達を検討している資金の規模
- 調達のプロセスがどれくらい進んでいるか
- 本社所在地とチームのメンバー

　著者は、以上のような基礎的な情報は、20ページに及ぶビジョンと売り込みのスライドを見る前に知っておきたい。要求が過ぎると感じるかもしれないが、もし創業者がこうした情報をプレゼンテーション資料の端っこに隠したり、秘密にするようなことがあるとすれば、それを探すために焦ってスライドをめくったり、クランチベースやその他のネット上のデータベースをチェックしたりして、その企業のステージや我われの投資戦略との相性を判断したりしなければならなくなってしまう。

　逆に、上記の重要な質問に対する回答があらかじめ提示されていれば、落ち着いてスライドに目を通すことができ、課題、ソリューション、ビジョン、提案内容などを自然な流れで読み進められる。

　提案資料の出来があまりに悪い場合、著者は創業者に謝絶のメールを返し、チームメンバーの時間が取られることがないようにする。創業者は決して同じVCチームの複数のメンバーにコンタクトすべきではない。そのようなことをしても、私たちの作業を増やすだけだ。創業者が資金調達に長けていれば、スタートアップの死因の第1位である資金の枯渇という事態に陥ることはないだろう。

知人から紹介された案件で、著者自身が数分を使って企業のステージを知ろうと試みたものの、その情報が見つけられなかった場合、その案件はチームのアソシエイトに転送され、さらに別のメンバーの担当となるか、お断りのメールが返信されるかのどちらかだ。

まともなVCにとって、膨大なディールフローにどう対応するかは現実的な問題である。彼らが必要最低限の情報を見つけるために余計に時間を使う必要があるようなメールを送っても、あなた自身を不利にするだけだ。

著者にメールを送ってきて、プレゼンテーション資料は面談の際に共有すると言ってくる起業家もいる。そのようなやり方では、そもそも面談すべきかどうかを判断するのに必要な情報が得られない。そういうとき、面談や電話会議を辞退すれば、それだけ他の電子メールをトリアージする時間が得られる。だから迷わず辞退する。

面談をリクエストしておきながら、事前に資料が共有されないことは、著者の場合は自動的に辞退を意味している。そうすることで、1日に時間の余裕がもたらされるのだ。

起業家が大した情報をよこさないままNDA（秘密保持契約書）の締結を要求してきた場合も、すぐさま辞退するとともに、そういう風にNDA締結を求めるのはやめたほうがよいとその起業家にアドバイスするだろう。時間に余裕があるのであればNDAにサインするのは構わないのだが、現実にはそれによって著者が他のディールフローをトリアージするペースは落ちてしまうし、起業家が著者の仲間のVCにもNDAを送り付けたとすると、彼らはほとんどの場合ポリシーとしてNDAを締結しないか、NDAにかまけて時間を無駄にしたくないという考えなので、著者がその起業家のために仲間のVCから資金を調達することは難しくなってしまう。直接本題に入るほうがよいのである。

第8章

CVCの未来
——コーポレートベンチャリングプログラム
成功のためのアドバイスと結論

——「リーダーシップとは、同じ場所にとどまること、
変化しないことに対して危機感を抱かせることだ」
ルイス・V・ガースナー・ジュニア

成功や失敗から学ぶことも、
経験から最善の戦略を導き出すこともある

この章は、ローリングストーンズの歌詞を引用して始めたい。

「いつも思い通りのものが手に入るわけじゃない。
　だけどやり続ければ、必要なものが手に入ることもある……」

さて、コーポレートベンチャー事業については誰でも勉強することができる。成功や失敗から学び、そうした経験から最善の戦略を導き出すこともある。もっとも、利害関係や企業文化の壁に阻まれ、その戦略を実行できないこともある。それでも、常にどんなことが起こり得るか、どういったアイデアが現実的かについては注意を払っておくことは重要だし、何もしないよりはCVCプログラムを作っておいたほうがいいだろう。結果的に、それこそが「必要なもの」かもしれない。

どの企業も共通してやるべきこと

企業は、コーポレートベンチャー事業に関してそれぞれに独自の戦略を持つべきだが、その一方で、どの企業も共通してやるべきこともある。その1つは、目標のリストを作り、なぜ自社がCVCプログラムを始めようとしているのか、またそれにより何を成し遂げたいのかなどをリストアップして明確にしておくことだ。

例えば、CVC、自社のM&Aグループに数十億ドルの利益をもたらすツールとして位置付けるのがいいのか、それとも投資先のイノベーションを自社に取り込んで自社製品の開発に活かすのがいいのかといった目標や目的を明らかにすることだ。

第1章にCVCを運営すべき理由、ゴールをリストアップしているように、担当者には、自社がCVCで達成したい目標と目的をリスト化して、それに優先順位をつけることを強く勧めたい。そうすれば、CVCをどのように形づくればよいかについて、おのずと考えがまとまることだろう。そして、そのリストをCEOや取締役会に確認してもらい、承認を得ておくことだ。これによって、企業は初めから企業トップのお墨付きをもらうことができ、その後にCVCの運営方針や

ストラクチャーを決定する際には、そのリストを活用することができる。

　また、自社の資産のうち、スタートアップの価値向上に利用できそうなものや、一般のVCがスタートアップに与える価値を補うことに利用できそうなものをリストアップすることも大切だ。マイクロソフトやIBMはその好例で、ソフトウエアからアマゾンウェブサービスに匹敵するクラウドコンピューティングサービスまで、有償・無償でスタートアップに提供できる無数のテクノロジーを持っている。さらにまた、小口から大口、民間から政府まで、自社で持っている世界中のさまざまな層の顧客をスタートアップに紹介することもできるのだ。

　どんな企業でも、資金以外に、スタートアップに付加価値を与えることができる資産を持っているものだ。だからこそスタートアップに提供できる資産をリスト化し、それを自社の戦略に組み込むべきなのだ。これは自社の強みやリソースを分析し、それを競合他社のものと比較して戦略を立てることと同じことで、単純に、CVCにおける戦略でも同じことをするべきなのだ。

予算の計画性と各部門との意思疎通

　その次のステップは、実際にCVCプログラムに予算を割り当てることだ。理想的には、この先10年間の予算を確保しておきたいところだが、四半期ごとに刻々と状況が変わる実際の世界においてこれは非現実的だろう。なので、本来的には10年単位の投資ビークルを作るよう提案してみるべきだとは思うが、妥協も必要だ。例えば、この先3〜5年の予算としては年間2,500万〜1億ドルほどを考えておくのがいいかもしれない。もっとも、理想を語るとすれば、50年スパンで計画を立て、CVCが10年以内に稼ぎ頭となり、自律的に存続できるようにするべきなのだろう。そもそも、運営がきちんとしていればCVCプログラムを中止する必要も出てこないはずなのだから。

　また、難しいことだが、インテル・キャピタルのように、CVCは将来にわたって自社の企業戦略の柱となるから、今から始めるべきだといってCEOやCFOを焚きつけてみよう。そして、社内での影響力が強い人たちを巻き込んで、第1章にリストアップされていることすべてを理由にして、20年ほどの長期スパンでCVCに関わってもらおう。ただし、CVCプログラムをR&D部門などの社内の一事業部門に統合してはいけない。社内のすべての部署のトップを集めた委員会を作って、できるだけ多くの人を関わらせる工夫をしよう。スタートアップから各事業部門へのノウハウの流入がなければCVCは価値のないものとなるし、逆に各事業部門からのスタートアップへの援助がなくても意味がないからだ。

CVCの立ち上げや運営にはCEOやCFOだけでなく、コーポレートデベロップメント部門や戦略部門のトップも関わってくることが多い。ここでもう一度強調しておくが、企業はそれぞれに自前のCVC戦略を持つ必要があるのだが、とはいえ、外部に対しての最低限の見せ方としては自社のコーポレートデベロップメント部門とCVCは切り離されているということにしておいたほうがいい。

　コーポレートデベロップメントもCVCもそれぞれ専任者を置くべき仕事で、1つのチームに二足のわらじを履かせるより、別々のチームを作り、それぞれに注力させるほうが、良い結果が期待できるだろう。

　CVCの運営においては、定期イベントを開くなど、定期的に事業部門のトップたちとCVCの間の意見の交換をすることも必要となる。特に人事部門のトップとCVCの間では密な交流を保たなければならない。そこで、半年に1回は事業部門のトップ全員と交流できるイベントを開くことをお勧めする。例えば、現在投資している投資先企業のデモデイを設け、そこでこれから投資すべき企業についての提案を行なうなどして交流を図ればよい。これによって、事業部門からの案件情報が舞い込み、さらに各事業部門とスタートアップとのパートナーシップを促進することができるだろう。

行動力のある人材の確保

　また、CVCの運営においては、適切な人材を集めることも非常に重要だ。ビジネスでの成功の鍵は実行力にあり、その実行力は個人の能力とチームワークに支えられている。だからCVCには、ベテランのベンチャーキャピタリストと、社内に顔が利き、根回しが得意な自社従業員を交ぜて配置すべきだ。コーポレートデベロップメント部門と戦略部門のトップチーム、それに外部のベテランと中堅のベンチャーキャピタリストを交ぜたチームを編成できれば理想的だろう。他にも、CEOに対して一定の影響力を持つ右腕のような社員と、VCの非常に有能な人材からなるチームも理想的な組み合わせの1つだ。

　著者としては、VCから、さまざまなスキルを持ち、他のVCや弁護士、エコシステム内にコネクションやディールフローを持つ人材を必ず1人は雇う必要があると考えている。内部の人材のみで固めたCVCはさまざまな理由で失敗しやすいものだ。とはいえ、有能なベンチャーキャピタリストを、管理報酬2%、成功報酬20%（2：20モデル）という気前のいい報酬形態を持つVCの世界から引き抜き、自分の取り分と裁量が制限される大企業の一従業員として雇用するのは非常に難しいというジレンマもある。いい人材に出会うには運が必要なのだ。な

お、一晩で３つの社交パーティーに行くことを楽しめるような人材（たいていは若者だろうが）を持つことも大切だということを付言しておきたい。

CVCの歴史において、報酬の問題は、CVCが優れたパフォーマンスを発揮しなかったり、起業家から白い目で見られたりする原因となってきた。報酬が低いと、チーム内の親密な関係を築く前にCVCチームが崩壊してしまうが、ほとんどの場合、CVCはVCより稼ぎが少ないものだ。なので、CVCで働く人の多くは働き始めた時からすでに次の仕事を探し始めているというのが実情だ。

そもそも、VCに出資する際の１つの基準となるのは、そのVCのGPたちがお互いをどれくらい長く知っていて、お互いに対してどれほど信頼感を抱いているかということだ。

通常、ファンドは10年単位で運用され、その次か、さらに次のファンドでようやく大きな利益が得られるようになる。そのように、最高峰のVCではメンバーが20年、30年と長期間にわたって一緒に仕事をするのだから、その関係性は非常に重要である。その一方で、CVCのメンバーはたいていごく短期間しかとどまらず、CVC自体の寿命も近年になってようやく5年程度にまで延びてきたという状況だ。

著者は、CVCベンチャーキャピタリストたちも、投資先企業のパフォーマンスがよかったときは成功報酬を受け取り、パフォーマンスが悪かったときは何らかのペナルティが与えられるべきだと思う。それも、案件ごとのパフォーマンスに対してではなく、ファンド全体のパフォーマンスに対してである。たとえCVCがオフバランスで投資しているとしても、この報酬体系で十分対応できるだろう。

さらにCVCベンチャーキャピタリストは、CVCの活動が母体企業にもたらす戦略的価値に応じたボーナスももらうべきである。これを計量するのは難しいが、CVCにおいては経済的目標、戦略的目標どちらに対しても、それを達成するための努力がなされるべきであると思う。もし自分の会社のCVCチームが受け取る報酬が一般のVCより低いのなら、当然CVCからは良い人材が去り、成績の悪い人材が残ってしまうことを覚悟しておかなければならない。それを防ぐためには、良い人材を引き留めるために十分な報酬を払い、成績の悪い人材をクビにする大胆さが必要である。

また、社内の従業員がCVCやその投資先企業とうまく連携できた場合、それに対しても報酬を支払うべきである。中間管理職に対し、CVCの投資先企業をうまく活用すればボーナスを上乗せするというインセンティブを与えるようにし、将来自社にイノベーションとダイナミクスをもたらすであろうCVCを組織

全体で支える体制を作っていく必要があるだろう。アップルのように、会社が一丸となって１つのVCファンドのように振る舞う体制をめざすべきなのだ。

VCとの関わりで人材を育てる

このように、主な問題は、報酬制度の見直しによってある程度対応できる。ここでの目標は、CVCをVCと張り合えるようにすることである。まだそのようなCVCはあまり存在しないが、この状況は改善されるべきであり、そのためには、人材への投資を惜しんではいけない。

良いCVCをつくるためには、CVCプログラムの初めの一歩として、VCに出資してみることをお勧めする。

第1章のゴールを早く達成するためには、ファンドオブファンズ（FoF）から始めるのが有効であり、それを通じてVCの仕組みを学ぶことができる。企業は、CVCを始めてから最初の数回はFoFを利用してとにかく良い投資をすることを心掛け、適切な投資ペースをつかむことが重要だ。

起業家や他のベンチャーキャピタリストたちは、企業の投資案件の質や投資ペースを見て実力を判断するものだ。もし企業ないしCVCがフェイスブック、グーグル、セールスフォース・ドットコム、ツイッターなどに出資していれば、起業家から見るとそのCVCは魅力的に映り、そこからの出資を得たいと思うはずだ。

しかしたとえ一つひとつとしては非常に戦略的な投資を行なっていたとしても、年に3件程度しか投資実績がないのであれば、起業家やVCからの関心を失い、直接取引のパイプラインを失ってしまうことになりかねない。年に3回では自分が活発に投資を行なっていないという誤ったシグナルを送ってしまうことになる。365日÷3回がCVCからの投資を受けられる確率であるのだとしたら、起業家やVCは、わざわざ時間をとってそのCVCに投資を求めようとはしないだろう。出資を決めあぐねるCVCは多いが、起業家は当然動きが遅いCVCに会うために無駄な時間を割かないだろう。

ここでCVCに１つ助言しておきたい。最初の1年は、その後の活動成否の分かれ目となるのであり、取引スピードを遅らせる社内の法務部を使わず、外部の法律事務所を使うほうがいい。タームシート上の「配当」の意味ですら、法務部がいつも用いているものと異なっている可能性もある。そこで、ベンチャーファイナンス案件を多く扱っている法律事務所に任せるのが無難だ。そして、CVC関連業務を社内に任せるのは、1年たって法務部や社内弁護士がスピード感に慣れ

てからでいい。

　企業にとっては、VCに出資し、そこからディールフローや、VC業務のスキルを学ぶことも大切だ。その後に、CVCを通じて直接スタートアップに投資し、初めてCVCブランドを立ち上げればいいのである。そして、投資ペースは徐々に上げていくことが大事だ。

　また、出資の際には、今まで見てきた通り、戦略的な目標をとるか、経済的な目標をとるかという議論がよくなされるが、これに対する解答としては、経済的なリターンが得られないとわかっている場合は出資をしてはいけないし、戦略的なリターンがないように見える場合もまた同じ、ということだろう。

　ルビコンVCは、自分たちが付加価値を与えられない企業には出資しないという原則を持っているが、他のCVCもこの原則に従うべきだと思う。投資をするからには、経済的なリターンはもちろん、「ギブ・アンド・テイク」の関係が築けるかどうかという判断をしなければならないだろう。

　また、他の手法として、CVCがVCファンドの25 ～ 50％の持分を取得し、あくまでもVCファンドは独立的に運営させるが、重要なポジションを獲得するという手法もお勧めできる。そうすることで普段はその企業のCVCから出資を受け付けないようなスタートアップとの取引をすることができることがある。

　テレフォニカ・ベンチャーズは最近、新しいファンドに単独で2億ドルの出資を決めて、残り半分の2億ドルを出資してくれる他のLPを公募しているが、それはこの一例だ。

　VCとの関わり方のもう1つは、VCに1年単位で自社の役員を出向させてもらうことだ。これにより、VCの業務について理解を深め、またスタートアップに直接関わり、イノベーションやノウハウを母体企業に持ち帰ることもできる。自社の人材を、本社、VC、CVCへと徐々にローテーションさせるようにするといいだろう。このようにすれば、FoFを通じてアーリーステージの企業に出資する機会も出てくるし、GPと密な関係を保っていれば、良いアドバイスをもらえることもあるだろう。

　FoFを利用すれば、VCの既存の投資先企業の中から、自社にとってのいい取引先やCVCの直接の出資先候補を見つけることもできる。繰り返しになるが、FoFを利用すれば、CVCの立ち上げをスタートダッシュさせることができるし、失敗せずにノウハウを学ぶこともできるので、ぜひ考えてみてほしい。

　5つのVCに出資するとして、そのそれぞれが少なくとも20社の投資先企業を持っているはずだ。そうすれば、そのVCの出資を受けた100のスタートアップの内部情報や繋がりを得ることができるのだ。

第8章　CVCの未来──コーポレートベンチャリングプログラム成功のためのアドバイスと結論

FoFの投資プログラムに一定の予算を割くこと

　著者は企業にアドバイスをする場合、FoFの投資プログラムに年間1億ドルの予算を割き、サンフランシスコかシリコンバレーの5つ、ニューヨークの2つ、中国の2つ、ロンドンの1つ、そしてテルアビブの1つのVCにそれぞれ投資することを勧めている。まずは、自社が投資したい技術やトピックをリスト化し、パートナーであるVCの投資先企業のリストと自社のリストが整合しているかを検討しよう。そして、投資を考えているVCのGPに連絡をとり、投資先企業から情報がどのように共有されるかを確認しよう。その上で、CVCプログラムを10年以上のスパンで考え、CVCへの予算をこの先10年は絶対に引き下げないと宣言しておいたほうがいい。その頃にはおそらく、CVCも収益を上げ、自律的に運営されるようになっているであろう。

　FoFへの投資回収を考えると、2〜5年の期間で投下資本を回収でき、CVCプログラムの重要な収益源となるだろう。FoFは質の高いディールフローに触れるのに最高の方法で、そこで成功すれば、経営陣に自社CVCから直接投資を開始させるためのいい説得材料にもなる。FoFでは、案件ごとにCVC運営に必要な複合的なスキルを学ぶこともできる。シスコ、ベライゾン、テレフォニカ、SAP、ノヴェラその他成功しているCVCの多くもFoFから始めているのだ。

　FoFは、すでに成熟したビジネスである。FoFに関わるには、投資先企業の構成や投資ペースについてアドバイスを受ける必要があるだろう。トップのVCファンドに関わるには20年スパンのコミットメントが必要になってくる。またGPは少なくとも3〜4つ後のファンドにも投資してくれるような、長い関係を築くことができるLPを求めている。CVCが1年ごとの予算を提示するだけでは、優秀なVCは離れていってしまうだろう。

　いずれにせよ、FoFから始めることにはメリットがあるので、2年程度FoFファンドだけに投資するようにして、直接投資はその後、始めるのでもいい。うまくいけば、直接投資から始めるよりも早く、経済的にも戦略的にも価値のある投資先を見つけることができるだろう。

シード（アーリー）ステージかレイターステージか

　伝統的に、ほとんどのCVCはすでにVCが投資を行なっているレイターステージの出資から始める。つまり、すでに市場で確固たる商品を持ち、グローバル展開を視野に入れており、そのために自社の事業部門を利用できるといった、いい

条件のスタートアップだ。レイターステージの企業は、通常はシード期のスタートアップに比べて数年早くエグジットできる。もし、長期投資に重点を置きたいと思っていても、シードステージのスタートアップのみに投資を行なうのはいい考えではない。一般的には、バーベル戦略をとり、エグジットによる回収スケジュールのバランスを取るため、アーリーステージとレイターステージのスタートアップでポートフォリオを組む。もちろん、シードステージのスタートアップへ投資するということは、失敗の確率を高めるということにもなる。企業文化によってはCVCの失敗は高くつくこともあるということは心にとどめておいてほしい。

また、近年の戦略として、アクセラレーターとしての投資やシード投資を行なうCVCも現れてきた。

セールスフォース・ベンチャーズなどはこの戦略で大きな成功を収めている。レイターステージの案件では、成功したスタートアップに自社が関わったという実績を残すことができるのに対し、CVCがシード投資を行なうことで、レイターステージにしか出資しないという悪評を払拭することができる。シードステージとレイターステージの両方にメリットがあるので、投資件数、回収期間、投資額などしっかりとした戦略を立てるべきである。投資戦略や出資比率、投資先企業数、投資額について、1年単位や3年スパンで、計画をフォローしていこう。

CVCプログラムに関する決定は、常に目標のリストとの関係を意識しながら行なう必要がある。セールスフォース・ベンチャーズがかつて行なっていたように、少額をできるだけ数多くのスタートアップに出資することも考えられるし、ルビコンVCのように、少数の優秀な企業にほとんどの資本をつぎ込み、経済的なリターンを最大限に得ようとすることも考えられる。ちなみに、今のセールスフォース・ベンチャーズは、かつてと異なり、フィデリティ[2]とともにレイターステージのスタートアップに巨額の出資を行なうようになってきている。それ自体はよいのだが、いずれにせよすべての意思決定は自社の目標リストに沿ってなすべきなのである。

多くの新しいCVCにとっては、2つの混合戦略をとるのがいちばんいいだろう。つまり、戦略的な情報や目標へのアクセスを獲得するために幅広く投資を行

---

1 ハイリスク・ハイリターンの資産とローリスク・ローリターンの資産など対照的な資産を組み合わせる投資手法。
2 世界でも有数のネットワークと歴史を誇る独立系の資産運用グループ。1946年にエドワード・C・ジョンソン2世がアメリカのボストンに資産運用会社を創設したことによってスタートし、それから半世紀以上にわたり、世界の主要なマーケットにおいて、個人投資家から機関投資家まで、幅広いニーズに対応した資産運用サービスを提供している。

第8章　CVCの未来──コーポレートベンチャリングプログラム成功のためのアドバイスと結論

なう一方で、経済的なリターンが得られることが確実な場合は出資額を大幅に増やし、プログラムの基盤を固めていくということだ。自分たちの投資がスタートアップに売上の増加をもたらし、時間をかけずに大きなリターンが得られるとわかっているときに、大きく出ない手はないだろう。

　最近のCVCは、VCのようになってきている。VCの多くは各案件で、最低でもファンドの25%、33%または100%のリターンを得られるという条件で投資を行なう。オフバランスで投資を行なっているCVCのほとんどはこのようなことをする必要はないと思う。たとえ少ない出資比率でも、最良の案件やイノベーションに触れることを優先したほうがいい。またVCからいい投資機会の見分け方を学んだり、VC間で投資機会を奪い合うような魅力的な案件に投資できているという評判を築くのもよい。出資比率を上げることに拘泥しすぎると、よりよい投資機会を逃したり、CVCの体制が整う前にリード投資家とならなければならなくなるなどのリスクがある。

一定の分野に縛られてはいけない

　また、CVCの投資先について考えると、ほとんどのCVCは、VCを通しての投資や直接投資で、自社のメインビジネスに近い事業や、周辺業界の企業に出資することにこだわりすぎていると思う。イノベーションやディスラプトは誰も予想できない状況で起こるため、投資先の業種の幅は狭めずに、CEOが思うよりも幅広く考えていくべきである。例えば、電気通信会社が電気通信系のスタートアップのみに投資するのは誤りである。ベライゾンがヤフーのインターネット関連部門を買収した結果を見てほしい。ベライゾン・ベンチャーズはインターネット関連企業だけに投資を続けるべきだったのだろうか？　CVCの多くは投資先のリストをCEOから預かっているが、これ自体間違っていると思う。

　むしろ、最高のディールフローを持ち、それを評価することができるネットワークを持つVCは、もっとも効率的に将来を予見することができるだろう。

　マイクロソフトは高速のユビキタスインターネットが固定回線やモバイル端末において使われることによって、独占状態であったPCのOSやMicrosoft Officeアプリケーション、企業用のサーバーなどの市場が脅かされることを見越していた。そのため、マイクロソフトのCVCがインターネット関連事業に手当たり次第に投資していくのは当然だった。このマイクロソフトの投資方針はリンクトインの買収を見れば明らかだ。

　マイクロソフトが投資先を狭く絞っていたら、リード・ホフマンの作ったリン

クトインへ投資することはまずなかっただろう。

　また、タクシー業界の大手にとって、スマートフォンアプリにすぎないウーバーによってあれほど急激にディスラプトが引き起こされるとは予想できなかったであろう。ブロックバスターは、動画のストリーミングの台頭を十分に把握していたはずなのに、ネットフリックスへの対処が遅れ、最終的に破産した。自動車業界は、自動操縦車と新しいタイプのライドシェアリングの登場によって、人々が求める車種、購買層や、車を使った事業者の層が変わるとすでに気付いている。おそらく、今後自動車業界を取り巻く環境すべてが変わっていくであろう。

　読者のいる業界の変化は、もしかしたら自動車業界のようにわかりやすくはないかもしれない。とはいえ、大企業はディスラプトから守るための保険としてCVCを必ず持っておかなければならないということは確かだろう。さらに、100％の自信を持ってはっきり言えるのは、今会社のコアとなっているビジネスやその周辺のビジネスも、いつかは誰もが予想できない形で大きく変わっていくということだ。CVCは攻めと守りの２つの側面を持っている。なので、私としては、投資先のリストを作っておくこと自体には反対しないが、それに縛られずに柔軟に運用していくことをお勧めする。

　つまり、一定の分野に狙いを絞っておくのもいいが、それに縛られてはいけな

図表8-1●テック系CVCの比較

CVC インベスター	平均的な 取引回数 （時間）	平均的な 取引額	頻度の 高い ステージ
Intel Capital	80-90	$12M	シリーズ B
Google Ventures	70-90	$6M	シード/ エンジェ ル
Qualcomm Ventures	50-70	$10M	シリーズ A
Salesforce Ventures	30-50	$8M	シリーズ A
Cisco Investments	20-30	$15M	シリーズ B/C

図表8-2●ヘルスケア系CVCの比較

CVC インベスター	平均的な 取引回数 （時間）	平均的な 取引額	頻度の 高い ステージ
Novartis Venture Fund	10-20	$20M	シリーズ A/B
SR One	10-20	$21M	シリーズ A
Pfizer	1-10	$21M	シリーズ A
Lilly Ventures	1-10	$15M	シリーズ A
Merck Global Health Innovation Fund	1-10	$10M	シリーズ B

いということだ。社内でのイノベーションには限界があり、CVCは組織の外からイノベーションを探すためのものだ。だから、CVCプログラムに制約を課すことはよくない。投資先リストにきっちり従うことよりも、変化の多い企業に狙いをつけることからのほうが、はるかに多くのものを得られるものだ。だから、分野にとらわれない投資戦略を持ち、1年ごとに投資テーマを採用していくのがいいだろう。毎年CVCと執行委員会とで、その年の中核となる投資テーマを決めるのだ。そして、投資先リストはそのテーマに沿って作ればよい。その上で、ファンドの運営資金の最低25%は、投資先リストや投資テーマから外れた投資に使うと決めておいたほうがよい。

CVCにおける有効な意思決定プロセス

　多くのCVCには執行委員会があり、いかなる投資もそこから承認を得なければ実行できないような仕組みになっている。もちろん、一定額を下回る投資であれば執行委員会からの承認が必要ない場合もあるが、常にそうではない。執行委員会を持つことには、業務スピードを低下させ、時にはCVCの活動を麻痺させることさえあるという問題がある。そして、執行委員会が承認するまでの間にスタートアップが資金調達を終えてしまったり、他社と取引をまとめてしまったりして、CVCが好機を逃してしまう可能性もある。

　このようにスピード感が欠如していることがCVCの悪評の原因の1つである。スタートアップからは、CVCは対応が遅すぎるから、会っても時間の無駄だと思われているのである。

　とはいえ、CEOやCFO、戦略部長、R&D部長、製品部長、販売部長などの重要な地位にある役員で埋められた執行委員会を持つことはアドバンテージもある。例えば、出資が決まった後に事業部長がスタートアップと連携しようとしない場合に、この案件が役員たちからの承認を得ているという事実を突き付けることで、事業部長に保身を図ることをやめてリスクをとらせ、スタートアップと向き合わせることができる。著者はある大企業と仕事をしたとき、5人の委員から成る執行委員会を作るように助言し、その執行委員会からCEOへの報告を義務付けた。この件では、執行委員会のメンバーをCFO、戦略部長、R&D部長、販売部長、そして外部から呼んだベテランのベンチャーキャピタリストで構成するようにした。コーポレートデベロップメント部門のトップと人事部長も候補だったが、多くの場合、コーポレートデベロップメント部門はCVCと敢えて距離をとるよう設計される。もちろん、もしCEOがCVCに興味を持ち、執行委員会に

責任をもって参加する余裕があるならば、CEOもとてもいいメンバー候補となる。

　金額によって意思決定プロセスを変える方法も、有効な場合がある。例えば、200万ドル以下の案件であれば、執行委員会の承認を得ずともCVCチームが独自に契約を結べるようにする。200〜2,000万ドルの案件については執行委員会の承認を必要とする。2,000万ドル以上の案件になるとコーポレートデベロップメント部門の承認も必要になるというような仕組みだ。数字はあくまで例えであり、その企業の特性や目標を考慮に入れた上、おのおので決めればよい。

　立ち上げから数年たってCVCがその業務に慣れたら、CEOとCFOはCVCチームを信頼し、比較的少額の案件や自社と投資先スタートアップの間の関連業務については承認なしで取引を行なえるようにするのがよい。また、執行委員会は廃止し、CVCに自律的に意思決定をする権限を与え、1年単位または10年単位の予算内であれば、CVCのチーム自身が自分のペースでプログラムを進められるようにするのがよいだろう。グーグル・ベンチャーズ（GV）には執行委員会があるが、そのメンバーはビル・マリス1人だけだ。実は彼自身がGVのCEOで、それぞれの投資案件についての最終的な意思決定をするのも彼なのだ。GVのパートナーはディールを進めることと、マリス氏のサポートを得る必要があるが、逆にいえばそれだけでいいのである。

第8章　CVCの未来──コーポレートベンチャリングプログラム成功のためのアドバイスと結論

オフィスは、実際にどこに置くべきか

　物理的なオフィスの話に移ると、ほとんどのCVCチームは実際にどこにオフィスを置けばいいか悩むことだろう。主な選択肢となるのは以下だ。

1.　シリコンバレーに1つオフィスを設ける。
2.　シリコンバレーとニューヨーク、ロンドン、テルアビブ、そして中国にそれぞれオフィスを設ける。
3.　ムンバイやサンパウロ、パリ、ベルリン、その他の場所にもオフィスを設けて、よりグローバルな体制をとる。

シリコンバレーのエコシステムを活用する

　サンタクララやサンノゼなどのサウスベイエリアにCVCのオフィスを設ける例も多いが、著者からするとこれは間違いだ。シリコンバレーの状況は変わってきており、スタートアップや起業家界隈はますます若い人たちに先導されるようになっていて、若い人たちは夜の9時以降に一杯やれるところに生活と仕事の拠点を置きたがる。サウスベイエリアにはこのような場所はあまりないので、サンフランシスコを選ぶようになってきているのだ。

　ドイツのスタートアップシーンがミュンヘンからベルリンに移り、ロンドンではメイフェアからショアディッチに移ったように、カリフォルニアのスタートアップの多くもシリコンバレーからサンフランシスコへと、北に移動している。今ではサンフランシスコが正式にシリコンバレーの仲間入りを果たしたといえる。

　シードラウンドにあるスタートアップの起業家がベンチャーキャピタリストに会うためにわざわざ車を借りてメンローパークのサンドヒルロードを下ってくることはないだろう。シリーズAラウンドに1,000万ドルの出資元を探している段階ならばまだ可能性はあるかもしれないが。

　VCは、サンフランシスコやパロアルトにいるほうがより多くの起業家に会えるのだ。シリコンバレーのスタートアップシーンでアンテナを張っておきたいのなら、サンフランシスコとパロアルトにオフィスを構えるのがいちばんいい。例

えば、グーグル・ベンチャーズはマウンテンビューの本部に拠点を構えている
が、サンフランシスコにもオフィスがある。

　起業家の多くはサンフランシスコベイエリアで育つか、他の場所で育ってから
移り住み、独身生活を卒業してもう子どもがいるようなライフステージに、スタートアップに挑戦する。そのような時期は都会に住むのではなく、美しいシリコンバレーに住むことを好むだろう。このような人々の案件に関わるには、彼らの近くにいる必要があり、それ故パロアルトがシリコンバレースタートアップの発信地となるのである。

　サンフランシスコベイエリアやシリコンバレーは、テクノロジー業界のハリウッドとも言うべき場所である。才能ある人材が引き付けられ、最先端のスタートアップが居を構えるベンチャーのエコシステムがある場所でもある。VCの出資を受けたスタートアップを買収するテクノロジー系の会社も、ほとんどがシリコンバレーに拠点を構えている。

　グーグル、フェイスブック、オラクル、ヴイエムウェアなどがそうだし、この他にもいくらでも名前を挙げることができる。そして、そうした会社のほとんどが主にシリコンバレーやサンフランシスコなどのサンフランシスコベイエリアにあるということは、誰もが知っている事実だ。

　ここで、スタートアップが買収された後、起業家と創業メンバーは大金を手にし、たいていはそのままエンジェル投資家としてその場にとどまり、投資先としての新たなスタートアップを探し始めることになる。つまり、買収が行なわれるごとにスタートアップシーンに新たなエコシステムが発生するのだ。

　スタートアップが買収されて現金の蓄えができ、新たな会社を始める自信のある者は、前の会社で出資を受けたエンジェル投資家からもう一度出資を受ける。M&Aが起こると、そのたびに新しいエンジェル投資家や起業家が生まれることになるのだ。

　このサイクルはストックホルムから深センまで世界中で起こっていることだが、シリコンバレーほど大きな規模と頻度で起こる場所は他にない。

　そのため、CVCは取りあえずシリコンバレーに拠点の一部を置いておくべきだと思う。そうすることで、常に夜の社交パーティーや朝食を交えながらのミーティングに参加できる。土曜日に子どものサッカーを見ている時でさえチャンスを見つけられる可能性がある。他の場所に比べても、ここにはスタートアップ

第8章　CVCの未来──コーポレートベンチャリングプログラム成功のためのアドバイスと結論

281

シーンが息づいている。

とはいえ、イノベーションが世界中で起こり始めていて、そのスピードが加速してきているというのも事実である。競争の激しいシリコンバレーの外に拠点があるスタートアップに投資することにもまた多くのアドバンテージがあるのだ（私は、地方都市でも、安定して、実績を出しているチームを知っている）。

まだユニコーン企業が良いものだと考えられていた2014年、ピーター・ティールがユニコーン企業の70%はシリコンバレーにあり、ボストンとユタはそれぞれ4%で引き分けだと言っていた。シリコンバレーが他を大きく引き離して1位だというのが彼の言いたかったことだ。ちなみにニューヨークは12%で2位である。

ユニコーン企業の良しあしは置いておいても、それらがとても影響力の強い企業群だということは確かである。そしてユニコーン企業は世界の他の場所に比べてシリコンバレーとニューヨークに集中しているのもまた確かである。

投資ストラクチャーについてもあらかじめ決めておく

投資ストラクチャーについて見ると、CVCは、オフバランスで投資を行なうのか、それともGP-LPストラクチャーで進めていくのかは決めておかなければならない。CVCのほとんどはオフバランスの形態をとる。著者は個人的にGP-LPストラクチャーのほうがいいと思うが、それは外部から真剣に取り組んでいるように見え、投資チームもより長続きするからだろう。

こうして組成されたファンドは、よくある5年スパンのCVCとして打ち切られるより、ファンド満期の10年を迎えるまで続く可能性が高い。またこのようなストラクチャーは、高い報酬を確保して、競争の激しい市場で最高の人材を獲得することに繋がったり、チームの質をベストな状態に保てるといった効果も期待できる。

とはいえ、企業の役員層もCVCの従業員が自分たちより金を稼ぐことをあまりよく思わないであろうから、著者はGP-LPストラクチャーをあまり強引に勧めることはしない。ただ、全米大学フットボール（NCAA）の優勝チームのコーチが学長と比べてどれくらい多くの給料をもらっているかを調べてみるべきだとは思うが。

また、特定の通貨や地域でのみ収益を上げている企業なら、その地域の税法や投資スキームを利用して、外国で上げた収益に対する課税を回避したり、現地のVCファンドや自社系列のCVCを別組織として作って、そこに資本を投入することで利益を上げることができるかもしれない。中国での収益があるのなら、中国

の人民元建ファンドに投資するいい機会かもしれない。イギリスやEUでも同じことがいえる。

　著者は税務アドバイザーではないし、税法の世界は変化が激しい。ただ言えることは、かつては、オフバランスで投資をしていた企業がスタートアップの株を20%以上保有してしまった場合、GAAPに従い、投資先のスタートアップの財務情報も連結しなければならず、それは上場企業にとっては大きな痛手であった。

　それ故、インテル・キャピタルのようなCVCは投資先企業の株式保有比率を19.99%以下に抑えようとしていた。彼らはこのような方針が起業家にとってプラスに働くと言い続けてきたが、著者にはそうは思えなかった。

　GP-LPストラクチャーをとることだけでこの問題は回避できるように思えるからだ。ただ、真に独立したGP-LPストラクチャーでは、GPが次のファンドでより多くのLPを集めて、GPの母体企業との距離をとろうとし、そのためにその企業にとってCVCがファンドオブファンズ（FoF）投資のようになってしまい、次第にCVCのブランドが消えてしまうなど複雑な状況にもなり得る。

アクセラレータープログラムに参加する

　企業が、起業したてのスタートアップのイノベーションを先取りしたいのであれば、アメリカ、ヨーロッパ、イスラエル、中国といった場所のアクセラレータープログラムで、自社の従業員をメンターとして働かせるのがいいだろう。もちろん、テックスターズなどのパートナーと組んだり、自社のみで準備をするなどして自社ブランドのアクセラレータープログラムを立ち上げるという考えも、一見理にかなっているように思える。

　しかしファーストステップとしてお勧めするのは、やはり、主要地域を拠点とする、評判のいいアクセラレータープログラムで自社の従業員をパートタイムのメンターとして働かせることである。まずは、希望に近いアクセラレータープログラムのデモデイに参加するところから始めよう。

　自らアクセラレーターを立ち上げるのは骨の折れる仕事だ。サンフランシスコベイエリアにはすでに多すぎるほどのアクセラレーターがせめぎ合っており、そのほとんどが赤字になっているのではないかと心配になるほどだ。そうしたアクセラレーターのプログラムでのエグジットのタイミングや事業成功にかかる時間はどんどん長くなるばかりである。

　きっと、質のよくないディールフローのせいで、悪い案件を選択してしまっているのではないだろうか。

アクセラレータープログラムの立ち上げがあまりいい考えではないと思う理由は他にもたくさんある。もうおわかりだろうが、著者はアクセラレータープログラムを自ら行なう大半の企業について、良い印象を持っていない。

すべての投資案件は収益性が見込めて、 かつ戦略的でなければならない

　繰り返しになるが、すべての投資案件は収益性が見込めて、かつ戦略的でなければならない。その両方を手に入れられないような案件には手を出さないことだ。

　社内にCVCの重要性を売り込むときは、その企業がR&Dに年間どれくらいの予算を割いているかに注目し、CVCなら5 ～ 10年たてばコストをかけずにR&Dができ、さらにその後は外部でR&Dを行なって、その成果を効果的に企業に持ち帰ることができる上に、将来の稼ぎ頭になると説得してみよう。

　また、LPの視点から見ると、VCには毎年投資すべきである。もちろん、結果がいいときも悪いときもあるだろうが、毎年投資していれば、証券市場やプライベート・エクイティ、その他のアセットクラス（同じような特性を持つ資産の種類）よりも統計的にいい結果が得られるはずだ。一度LPとして投資を行なっただけでは、いちばん高値の時に投資を始めてしまうこともある。そのときは自分が負け犬のように見えるはずだ。

　歴史的に見て、企業はVCの投資対象に対し、最高値の時に投資を開始し、底を突いたときに投資を回収してきた。そうではなく、一定の安定した投資ペースを保ち、長期的な視点を持ったほうがよい。高値での投資は最小限にとどめ、底値での投資は渋らないことだ。経済の低迷期に行なった投資こそが最高の見返りを与えてくれることを、歴史は私たちに教えてくれているのだから。

　最後に、すべての大企業は、最低1つはCVCプログラムを継続的に運営しておくべきであるし、一度始めたなら中止すべきではないだろう。他者の失敗や成功から学ぶことはよいことだが、VCやCVCを知るいちばんいい方法は投資を行ない続けることである。

著者あとがき

――「簡潔さこそが知恵の根源である」
ウィリアム・シェイクスピア

もしあなたがこの本に足すと面白いと思うストーリーや、ケーススタディーとなる事例を知っていれば、ぜひ著者まで送ってほしい。

最後になるが、Amazon.comまたはAmazon.co.ukでこの本のレビューを残していただけると幸いだ。「Andrew Romans」とアマゾンで検索していただき、「Reviews」をクリックし、"Write a Customer Review"からご記載いただける。優れたレビューはこの本への賛辞として名前を含めて掲載させていただく。アマゾンアカウントをお持ちの方であれば誰でも私の本のレビューを書くことができる。なお、自分のアマゾンアカウントで購入していない本についてもレビューを書くことができる。

私たちは、常に素晴らしいスタートアップに投資する機会を探している。だから、私たちについて詳しく知りたいという方は、まずウェブサイトをチェックしていただき、私たちにメールを送る前には第7章の「CVCからの資金調達」をご一読いただければと思う。

ルビコンVCはアーリーステージ中心のVCであり、サンフランシスコ、ニューヨークにオフィスを構えている。また、私たちは後期シードステージ、シリーズA・Bステージにあるインターネット、ソフトウエア、コネクテッドハードウエアなどに関連した消費者向け、企業向けテクノロジー企業に特に力を入れている。私たちは世界中の多様なバックグラウンドを持つ、価値あるLPの方々に支えられており、その中には信頼の置けるエンジェル投資家、ファミリーオフィス、企業やその他の組織なども含まれている。ファンドのLPに対しては、サイドカーファンド（マザーファンドとは別に個別に設営されるターゲットファン

ド）を利用してシードやシリーズA・Bの案件に私たちとの共同投資の機会を提供している。私たちの投資先企業に対しては、その資金を通じてエグジットに至るまで出資を続けつつ、LPの方々には特に選別されたレイターステージでの投資機会も提供する。

www.rubicon.vc

　投資家の方で、VCファンドへの投資について学ばれているという方は、お気軽に私まで直接お問い合わせいただければと思う。世界中にいる私たちのLPやVCファンド仲間を喜んで紹介する。

　また、私の著作物を違う言語で出版することや、出版ツアーイベントのスポンサーやホストになっていただけるという方も、ぜひ私までご連絡いただければと思う。私もこの本をブックツアーやワークショップ、講座、キーノート（基調講演）、同じ業界の方との公開討論などに展開していきたいと思っている。これから行なわれるイベントや過去のイベントについての情報は以下からご覧になれる。

http://rubicon.vc/our-events
http://andrewromans.eventbrite.com
Andrew@rubicon.vc

　その他のお問い合わせについてはinfo@rubicon.vcまでご連絡いただければと思う。私の他の著作物については以下からお探しいただけたら幸いである。
http://rubicon.vc/blog/
http://amazon.com/author/romans
https://www.linkedin.com/in/romans
https://twitter.com/romansventures
その他の著作: The Entrepreneurial Bible to Venture Capital

　アマゾンやアップルその他のブックストアにて私が出版した最初の本である『The Entrepreneurial Bible to Venture Capital, Inside Secrets from the Leaders in the Startup Game (McGraw Hill, Machinery Industry Press [中国語版] & Alpina [ロシア語版])』をお買い求めいただける。

英語版: http://amzn.com/0071830359

中国語版: http://goo.gl/XNOkHY

ロシア語版: http://www.alpinabook.ru/catalogue/2401616/

　特に、M&Aについて書いた第1章はこちらで無料にてお読みになれる。この章には、フェイスブックやヤフー、グーグルその他の企業のコーポレートデベロップメント部長たちとの対談も収録されている。

http://rubicon.vc/free-ma-chapter-from-my-book-which-way-to-the-exit-2/ またはショートリンクhttp://goo.gl/9Kp25I.

著者について

　アンドリュー・ロマンスはサンフランシスコとニューヨークにオフィスを構えるアーリーステージVCファームのゼネラルパートナーである。アンドリューはシリコンバレーで23年の業務経験があり、ベンチャーキャピタリストとしてはもちろん、VCから出資を受けたテクノロジー系スタートアップの起業家としても活動している。さらに、インベストメントバンカーとしてファンドレイジングやM&Aについて、スタートアップやVCの相談役も務める。また、エンジェル投資家でもある。

　また、CVCプログラムの組成やマネジメントについて企業へのアドバイスも行なっている。アンドリューはThe Global TeleExchange (The GTX)の創業者として、VCやルーセントテクノロジーズ、ルーセント・ベンチャーズから5,000万ドルもの出資を受け、90名のチームを作った経験がある。また、ロンドンのブティック投資銀行を中心に取り扱うVCで、ヨーロッパやアメリカ、イスラエルでも積極的に活動を行なうジョージタウン・ベンチャー・パートナーズと世界的エンジェル投資家グループのジョージタウンエンジェルズのマネジングパートナーを務めたこともある。

　また、アンドリューは、セカンダリーマーケットやエクイティマーケットを中心に扱うThe Founders ClubのGPを務め、42のVCとCVCをアドバイザリーボードに迎えたこともある。さらに、VCの出資を受け、後にヴァーソテクノロジーズに買収されたSentito NetworksにてEMEA担当のマネジングディレクターも務めた。

　また、Motive Communications（NASDAQ上場企業）にてソフトウエアセールス部門のマネジャーを務め、フランスやベネルクス3国、スカンディナビア、アイルランドなどの市場を開拓した。光ファイバーケーブル製造会社のDura-Line

では、新規市場開拓を担当し、イギリス、オーストリア、チェコスロバキア、スロベニア、クロアチア、ボスニアヘルツェゴビナなどで現地担当マネジャーを務めた。アンドリューは1993年、ニューヨーク、シリコンバレー、オースティンなどの場所でPencom Systemsに入社し、UNIXコンピューター業界でそのキャリアを始めた。また、ベンチャーキャピタリストのゲストスピーカーとしてCNBC、MSNBC、ABCなどのテレビ番組に多数出演している。

アンドリューは日本に生まれ、15年間ヨーロッパで生活したため、英語、ドイツ語、フランス語に堪能で、スロバキア語にも精通している。パリのEcole Active Bilingueにて高校を卒業後、バーモント大学にて学位を、ジョージタウン大学で奨学金を受け、ファイナンスのMBAを取得した。妻と2人の息子とともに現在シリコンバレーに在住で、ルビコンVCのサンフランシスコオフィスを束ねている。

謝意

まず、寛大さと知恵をもってこの本の執筆に貢献していただいたすべての人に感謝を申し上げる。将来のためにエコシステムに先行投資する。これがスタートアップの世界の鉄則だ。エコシステムのメンバーはお互いに助け合うということを信条としている。なので、この本に貢献してくれた方々に深く感謝する。また、せっかく貢献していただいたにもかかわらず、所属企業や編集側の都合によって内容が除外されてしまった人にも、この場を借りて深く感謝する。さらに、本書を読んで自分自身や他の人のために何か行動を起こそうとしている読者の方にも感謝を申し上げる。

私の最初の著作のときと同様、本の編集を手伝うためにわざわざカリフォルニアまで飛んできてくれた私の母であるリン・アダム、私の継父であるジョン・クジックにも感謝する。私の両親は、1980年代に日本、台湾、ヨーロッパでAT&TとNYNEXのコーポレートデベロップメント部門とCVCに携わり、外国人現地担当マネジャーとして働いていた。

また、編集すべき部分を提案してくださったり、訂正やアドバイスをしてくださったりした初期の読者の皆さまにも感謝を申し上げる。スタートアップと同じように、本にもまた投資や実験、A/Bテスト、時間や難しい決断が必要だ。私の子どもからはチェルシーのゴッドファーザーとして、他の人からはPHDという名で知られるポール・ハーヴィ・ダグラスにも感謝をしたいと思う。彼は、原作のカバーのイラストのために、ロンドンの才能あるアーティストを紹介してく

れた。あの絵やアートワークはとても気に入ったのだが、最終的には『The Entrepreneurial Bible to Venture Capital』のカバーを担当したアーティストにお願いすることになった。私の兄弟でBionedixのCEOであるジョン・ロマンスにも最終的なカバーのデザインへのアイデアを出してもらった。ありがとう。

　紙面に限りある本から、そこでの考察や情報を広大な現実世界へと採り入れることで、たくさんのことを実現することができる。もしブックツアーやCVCワークショップのお誘いがあれば、私は世界中どこへでも駆け付ける。またそういったCVCに明るい人たちのためのイベントを企画したり、スポンサーになるオファーをくださる方も大歓迎だ。
　私はこの本を通して多くの人に会い、私自身もCVCについて多くのことを学べたことに満足している。これからも多くの企業に会い、スタートアップと大企業の橋渡しができればと思う。この業界についての理解をより深めるために一緒に頑張ろう。

　最後にひと言、
　「大胆に、遠くへ行き、長く留まろう」という言葉でこの本を終わらせたい。

アンドリュー

監訳者あとがき

　私が著者のアンドリューと出会ったのは5年ほど前の夏、シリコンバレーのサンドヒルロード280号線に近いローズウッドというホテルのテラスだった。サンドヒルロードは、世界中からVC（ベンチャーキャピタル）が集まるVCの聖地だ。

　ただ、私は長らく海外投資を担当しており、10年ほど前には日本のVCのアメリカ拠点責任者をしていたので、実際にはもっと前から彼を知っていたし、スカイプで何度も話をしたことがあった。だから、サンドヒルロードで会った時が初めて、という気はしなかった。

　テラスでアンドリューと話をしていると、プラグアンドプレイ（シリコンバレーのアクセラレーターの老舗）の創業者 兼CEOのサイード氏や同じくシリコンバレーにある大手化学品メーカーのCEOが気軽にアンドリューに挨拶していく。話し始めたのは夕方だったが、話し込んで別れた時にはもう午後8時は過ぎていたと思う。

　アンドリューは現在、サンフランシスコを中心に投資活動をするルビコンVCという独立系VCの運営をしている。ルビコンVCは、起業初期、あるいは成長期のベンチャー企業を対象に投資をしており、私はそのルビコンVCのVenture Partner（投資活動への助言をする）をボランティアで引き受けている（私は日本で自身のファンド運営会社、WMパートナーズというGrowth Capital Fundを運営している）。

　ルビコンVCにはNYにもう1人Joshuaというパートナーがいて、アメリカ・ヨーロッパを中心に多くのVPを擁している。

　その多くはエンジェル投資家、大手IT企業のエンジニア経験者、大手のファンド運用経験者などだ。アンドリューとJoshuaを通じて紹介を受けられるコンタクトは全世界に数万人規模だ。これはアンドリューがいくつかの言語に堪能だからともいえる。

　私がVPを引き受けている理由はまずアンドリューという人物が人間的に素晴らしいのはもちろんなのだが、ルビコンVCは小さいながらも素晴らしいVCとしての理念を持っているからだ。彼らはファンドの投資家（LP）にも積極的に情

291

報を開示して（もちろん起業家の許可を得た上で）、VCファンドをプラットフォームにしてGP/LP、運用委託/受託の関係を超えて起業家を支援しようとしている。

そのため誰でもLP投資家として迎えるわけではなくてバリュー投資家、戦略的な価値を提供できるような出資者を中心にファンドを運営しようとしている。言い換えれば、彼らはアメリカで通常嫌がられる事業会社投資家でも、そうした理念を理解して共感してくれるのであれば自身のファンドの出資者として受け入れているのだ。

アンドリューの著作は実はこれが2冊目で、1冊目は日本では権利の関係で翻訳されていない。1冊目（『The Entrepreneurial Bible to Venture Capital 』）は数年前にロシア語・中国語の翻訳が出ている、とてもいい本なのだ。ぜひ、こちらも将来日本で翻訳できる機会があればと思う。

増島雅和弁護士との出会いは2007年7月、確かスタンフォード大学の近く、パロアルトのカフェだったと思う。

パロアルトはかつてスタンフォード大学の教授のための閑静な住宅街という印象があったが、シリコンバレーの繁栄に伴って、今では観光スポットとしても注目されるようになった町である。増島氏は今や日本のスタートアップシーンを語るときに欠くべからざる専門家の1人で、特にプロ投資家のVCとそうした蓄積のない起業家の間でアンフェアな契約が締結されることがないように、損得を超えて専門的な経験を惜しみもなく提供してきた先駆者だ。当時増島氏はシリコンバレー最大手の弁護士事務所（Wilson Sonsini Goodrich & Rosati）に籍を置いていた。

そこは、起業家からも、またVCからももっとも尊敬を集めている事務所であった。私は、家族でアメリカに引っ越してきたばかりで、まだ現地での生活に不慣れな時から、増島氏にご指導いただいた。

本書が日本で世に出ることになったきっかけは、その増島氏と久しぶりにWMパートナーズの投資案件で森・濱田松本法律事務所に伺った時のことだ。私がVPを務めているルビコンVCのアンドリューがCVCの本を出版するので、一緒に読みませんか、と彼を誘ったのだ。すると彼はいっそ日本で翻訳出版しよう、と積極的に話に乗ってきてくれたのである。

本を出すにあたって、増島氏と議論したことがいくつかある。

まず、今やCVCはブームといえる状況で、それはとても素晴らしいことだが、私たちが知っている日本やアメリカの経験に照らしても必ずしもベストプラク

ティスということではないということ。

　また、ベンチャー投資ブームは日本でもアメリカでもいつも周期的に高下するものだから、長い期間続けられるように最初によく設計を考えて、必ず出現するいろいろな危機に対応する術をあらかじめ検討しておいたほうがいい、ということ。

　とりわけアメリカにはインテル・キャピタルをはじめとして多くの経験と歴史があり、今後CVCを始める人が先人と同じ失敗を繰り返さないために学べることがたくさんある、ということ。

　さらに、間違いなく投資の相当部分は失敗もするわけだが、一方でそのプログラムが先駆になり、M&Aに発展し、それがなければ現在の会社が存在すらしなかったかもしれないような事例もある、ということ。

　これらの議論を重ね、この本を世に出す意義があろうということになったのである。

　私が日本でCVCファンドの運営を開始したのは2003年頃からだが、当時アメリカにはすでにCVCを運営する事業会社はいくつもあったし、日本勢も松下電器やNTTグループなどいくつかの会社はアメリカにそのための事務所を構えていた。

　もちろんCVC関連の書籍も何冊も出版されてはいた。そうした書籍を参考にしながら、日本企業に合ったCVCの設立・運営のあり方を追求してはいたが、教科書的で、少し堅苦しいものであった。だからもっと事例中心の実務書があったら参考になるだろうに、と思ったものだ。

　出版されている書籍において一般的にはCVCに限らず失敗の経験は語られることは多くない。またこの本にあるような（特にシリコンバレーのようなインサイダーコミュニティーでの）集合的な見識が集められることはとても価値のあるものだ、と私は感じたのである。特に著作者の思考的偏りもさほどなく（実際本書には正反対と思えるような戦略方針をとる事例も見受けられる）事実が集められた意義は大きいと思う。

　時々成長戦略・投資という観点で話をするよう依頼を受けることがある。そんなときに私が話の中で強調するのは、財政と金融において、次の成長戦略といったときに、日本のベンチャーへの投資が重要なのは言うまでもないが、それと同様、またはそれ以上に重要なのは、日本の大企業、中堅企業が海外で次々と出現する新しい技術やアイデアを持った才能ある人物との関係を構築することだ、という点である。

　日本の事業会社にはグローバルなイノベーションネットワークにアクセスして

293

ほしい。日本のスタートアップではダメだと言っているわけではない。しかし日本市場だけをターゲットにする技術やアイデアでは、日本企業が世界で輝く成功を実現できるだろうか。良くも悪くも世界は小さくなって、グローバル化してしまった。

今シリコンバレーに行けば多くのロシアや中国の投資家がいるし、中国に行けば欧米・アジアの投資家がいるのだ。日本銀行が大量に市場に通貨供給をしてもインフレが起きない。その通貨を使って購買する人にそれが届いているかということと、そもそも需要が減退しているのである。

私は今こそ財政に余裕のある日本企業は海外投資をすべき時だと思う。投資銀行が持ってくる数千億円のM&A案件にサインをする前に、もっと未来のために小さなリスクをとってでも、現場で、外部パートナーと一緒に新しい事業を立ち上げる、そういう理念をCVCに掲げて経営トップの方々に情熱を持って関与していただけたら素晴らしいと思う。

この本を読んでほしい人は以下の通りだ。

◎事業部門、事業部門の新規事業開発担当、CVC部門の皆さん

> エージェント選びはCVCの成否を分ける。いいパートナーを選んでほしい

> CVCは金融（資金運用）事業ではない。しかし技術に詳しくても経済的運用実績のないVC、メディアで有名になった急造の寄せ集めチーム、パートタイマーばかりのチームなどはやめたほうがいい。VCをデューデリジェンス（評価）すること自体とても専門性が必要なことだ。経験・信頼の置ける人の助言やリファレンスが必要だ

> 本書の中でアンドリューも言っているが、ポイントはゴールアラインメント（お互い同じ利益を追求できる体制）を設計することだ

> 選ぼうとしているVCファンドは事業会社にとって、同じ船に乗って運命を共にしてくれる人だろうか？　CVCを志向する事業会社の方々（buy side）には、VCが持つネイチャー（sell side）、その立場の違いもよく理解した上で判断してほしい

> 一般論で言えばアメリカでのCVCのイメージはよくない。なぜか？　端的に言えば事業会社は自身がベンチャー企業から得ることばかりを考えていて、起業家を支援することが優先されていないからだ

➤ もちろん、日本とアメリカでは事情が異なる。日本では事業法人をLP投資家とするVCファンドや事業会社名を冠したVCが広く受け入れられている。どちらがいいということではないが、アメリカや世界の他の地域で投資活動をするのであればその状況は理解しておいたほうがよい

◎事業会社の経営トップの方々

➤ 本書に何度となく出てくるのだが、CVC活動には経営トップに持続的なコミットメント（関与）があることが望ましい。多くのCVCが社長の交替とともにプログラムを休止したり、やめてしまったりする。とても残念なことだ。成功している海外の事業会社の事例はとてもためになると思う
➤ 海外の大企業幹部の中には、他の予定をキャンセルしてでもスタートアップに会うという人たちも多い。それはCEOの仕事の優先順位が現在の会社を動かすことではなく、会社の未来を考えること、という意識が強いからだ
➤ 多くのステークホルダーに囲まれた上場会社の社長であれば、いかに時間を見いだすのが難しいか、理解はできる。だから理想論だけを振りかざすつもりはない。だからこそ、いかに会議や接待の時間を節約してイノベーションと向き合うかを事例の中から少しでもヒントを見いだしていただければと思う

◎VC、起業家、イノベーションに関心のある方々

➤ 事業会社がVCを支え、イノベーションのスポンサーになることは起業家にとってもとても意義のあることだ。だからこの流れを大切に育てたい
➤ VCは今でこそ認知が進んでいるが、もっと多くの有為な人材がこうした仕事に参加するために、本書が実践的な情報を提供できるのではないかと思う。個人的には日本でももっと事業会社・VC・起業家の間で人材の異動が起きれば今よりはるかにVC自体の底上げも図れることと思う

また、本書はすべての文章をご覧いただかなくても、辞書のように利用してもらうことも可能だ。全部を読まなくても必要なところだけを読んで、1つでもヒントが見つかればそれでいいと思う。いずれにしてもこれだけのトップタレントに会って、かつ彼らの見識をシェアしてもらうのはたとえアメリカにいても日本

人では難しいと思う。だから本書の日本語版出版を快諾してくれたアンドリュー
には感謝したい。

　本書は、すでにアメリカで出版されたアンドリューによる「Masters of
Corporate Ventrure Capital」の内容をほぼ網羅していて、原則その内容をで
きるだけ忠実に翻訳しようとしている。しかし、翻訳チームの判断で100％カ
バーしているわけではない。また、この本がアメリカでアマゾンから出版された
のは約1年前、情報提供してくれた方々の現職などは最新ではないかもしれな
い。その点あしからず。加えて、この本はそもそも学術書ではなく、アンド
リューを信用して寄稿してくれたすべての方々の好意に支えられて出来上がって
いる。内容には修正すべき点もあるかもしれないが、こうした見識をシェアする
シリコンバレー的なボランティア精神で作られた経緯をご理解いただいて、お読
みいただければありがたい。何が正しいのかは読者に委ねたい。
　私は本書を読み始めてからページごとに「なるほど」が見つかり、線を引きな
がら読み終えた。読者の皆さんにとって1つでも役に立つ「なるほど」が見つか
ればこの上もない。
　また、この仕事を長いこと続けていると専門用語や言葉の使い方が独特で、必
ずしも読者の立場で理解しやすい部分ばかりではないと思う。その点ご容赦いた
だきたい。もしこの点はよく理解できないということがあれば森・濱田松本法律
事務所の増島弁護士、またはWMパートナーズの松本までご連絡いただければ
と思う。

Mail address:
増島　masakazu.masujima@mhmjapan.com
松本　corp@wmpartners.jp

　アンドリューは日本で生まれたのにまったく日本語を話さず、実際、成人して
からは日本に来たこともないのだが、本書が出版されたら日本の読者のために日
本で増島氏と一緒にイベントや講演をやろうと計画もしている。
　アンドリューはすでにアメリカ以外の世界（ヨーロッパ・中国・ロシア・アジ
ア・南米・他）各地のイベントに招待されてキーノート（基調講演）やパネルで
登壇しているが、もしかしたら日本はアンドリューにとって未踏の最後の先進国
かもしれない。
　日本が最後というのはちょっと残念なことだが、もしかしたらもっとも面白い

話をしてくれるかもしれない。そう期待したい。この企画は読者の皆さんの声を聞いて進めていきたい。

　この本の翻訳にあたっては森・濱田松本法律事務所の若手弁護士の皆さんを中心に、WMパートナーズおよびDBJキャピタルの若手の方々にもお手伝いいただいた。出版までだいぶかかったが、ダイヤモンド・ビジネス企画さんのご尽力でこうして無事出版できた。皆さんに感謝いたします。

　最後に、日本語翻訳が出る時に日本の読者向けということでアンドリューと約束していた私の経験を以下の通り4点披露したい。

....

CVC 投資を進めるための KSF(key Success Factor)：

1．案件へのアクセスを面で確保しなければ、優良案件に結果としてアクセスできない。

- 初めから優良案件がわかっているわけではないのだ。調査対象案件は星の数ほどある。
- 直接投資を急いではいけない。まだ何も知らないのだから。誰もが知っているようなベストインクラスのサンドヒルロードのVCがどれだけ失敗してきたか。有名会社の看板は日本では珍重されても、海外・アメリカでは役に立たない。

2．エージェントとしてのVC、またはVCファンド（ファンド・オブ・ファンド［FoF]）、アクセラレーターなど。

- 優良案件と良質な投資家（典型的にはVC）の相関関係はとても高い。
- 優良案件にはそれを持っている人を通じてアクセスするのが better。
  - ➤ 紹介者は大切な助言者であり支援者、大事にすべし
- 任せることで助言者にスピードと裁量を提供するのと同時に、自身の戦略

計画を構築していく。

> 何でも自身で最終決裁したいのであれば投資本部機能を SF に移してコミュニティーの一員になるなど相当の工夫が必要だ

3．ローカルなことはローカルに聞け。グローバル企業戦略を日本人だけで描いてはいけない

- 日本語を話す外国人、外国語（英語）を話す日本人、ではなく、現地で現地語を話す現地人と関係構築してほしい。特にシリコンバレーでは英語でいいわけだから。成功している会社とそうでない会社に典型的に差があるのはこの点だと考える。言葉の問題は古くて新しい課題だが、それで大きく質を落とすのはとても残念なことだ。
- 今は日本にいても世界中のニュースにリアルタイムでアクセスできる。要は同じレベルの情報を持っていれば会話は大概通じるものだ。自身の事業の領域なら英語で会話できる人は少なくないはず。その領域をもっと広げる努力は日本にいてもできるはずだ。英語で苦労した私が言うのだから間違いない。

4．売りに来る（出資を依頼しに来る）投資案件や VC ファンドに時間を使わない。いい投資案件や VC ファンドにはこちらから出掛けていって自分をアピールして頭を下げて獲得する。いい案件を獲得するためには、ただ資金があるというだけでは不十分で、その投資家がいかに対象会社、VC ファンドに貢献できるかについて承認されなければならない。

> 金で買える案件は、高いかまたは誰もが見て知っている案件
> 案件とはすでにそこにあるのではなく、積極的に作っていくものなのだ。事業会社投資家は自身が投資候補先スタートアップに提供できるベネフィットを説明し伝えるというマーケティング活動をより強化しなければならない。必ずしも資本投下が必須ではないこともあるのだから

不確実な未来にリスクを取って投資する、ということは誰にとっても怖いことだ。失敗を許容するのも我われ日本人には苦手なこと。

それでもそれを続けて、学習していくことをやめなければ、世界の舞台ででき
ることはもっとあると信じる。

　2017年10月　麹町にて

松本守祥

【翻訳協力】

小川友規（おがわ・とものり）
2010年東京大学法学部卒業。2012年東京大学法科大学院修了。2013年弁護士登録。森・濱田松本法律事務所アソシエイト弁護士。

飯島隆博（いいじま・たかひろ）
2012年東京大学法学部卒業。2013年東京大学法科大学院中退。2014年弁護士登録。2015年～東京大学法科大学院未修者指導講師（現任）。森・濱田松本法律事務所アソシエイト弁護士。

岩澤祐輔（いわさわ・ゆうすけ）
2013年東京大学法学部卒業。2014年東京大学法科大学院中退。2015年弁護士登録。森・濱田松本法律事務所アソシエイト弁護士。

中野進一郎（なかの・しんいちろう）
2013年東京大学法学部卒業。2014年東京大学法科大学院中退。2015年弁護士登録。森・濱田松本法律事務所アソシエイト弁護士。

三木 翼（みき・つばさ）
2012年慶應義塾大学法学部政治学科卒業。2014年慶應義塾大学法科大学院修了。2015年弁護士登録。森・濱田松本法律事務所アソシエイト弁護士。

村田昇洋（むらた・しょうよう）
2011年早稲田大学法学部卒業。2014年早稲田大学法科大学院修了。2015年弁護士登録。森・濱田松本法律事務所アソシエイト弁護士。

井上ゆりか（いのうえ・ゆりか）
2009年ミシガン大学工学部卒業。2010年ミシガン大学工学研究科修了。2014年東京大学法科大学院修了。2016年弁護士登録。森・濱田松本法律事務所アソシエイト弁護士。

岩竹惇志（いわたけ・あつし）
2013年京都大学法学部卒業。2015年京都大学法科大学院修了。2016年弁護士登録。森・濱田松本法律事務所アソシエイト弁護士。

永井香帆（ながい・かほ）
2013年東京大学法学部卒業。2015年東京大学法科大学院修了。2016年弁護士登録。森・濱田松本法律事務所アソシエイト弁護士。

中谷慎太郎（なかたに・しんたろう）
2015年東京大学法学部卒業。2016年弁護士登録。森・濱田松本法律事務所アソシエイト弁護士。

内山春彦（うちやま・はるひこ）
1992年筑波大学国際総合学類卒業。同年、日本開発銀行（現・株式会社日本政策投資銀行）入行。現在DBJキャピタル株式会社取締役投資部長。

石元良武（いしもと・よしたけ）
2007年東京大学工学部卒業。2009年東京大学工学研究科修了。DBJキャピタル株式会社シニア・インベストメントマネジャー。

藤岡 慧（ふじおか・けい）
2004年東京大学農学部卒業。2006年東京大学大学院農学生命科学研究科修了。WMパートナーズ株式会社プリンシパル。

小畑庄平（おばた・しょうへい）
2004年京都大学経済学部卒業。WMパートナーズ株式会社プリンシパル。

【著者】

アンドリュー・ロマンス（Andrew Romans）

Rubicon VC（アメリカ）の GP（ゼネラル・パートナー）

サンフランシスコと NY に拠点を持ち、シード・アーリーステージのソフトウエア、インターネット関連スタートアップ企業に出資する VC の共同代表。1993 年 UNIX 開発会社を経て、VoIP スタートアップを起業、ルーセントテクノロジー、VC から5000万ドルの出資を受ける。会社売却後、Sentito Networks（買収）、Motive Communications（NASDAQ IPO）のグローバルマーケティング MD を歴任。その後 Georgetown Angels、Founders Club にて 42 の VC、欧米イスラエルの CVC をエンジェル・スタートアップ投資のアドバイザリーボードに招聘。豊富なキャピタリスト経験から CNBC、ABC などの TV の VC ゲストスピーカーとして著名。前著（マグローヒルから出版）はロシア・中国で翻訳されている。英・仏・独語に堪能。Georgetown 大学 MBA。

【監訳者】

増島雅和（ますじま・まさかず）

2000 年東京大学法学部卒業。2006 年コロンビア大学法科大学院卒業。2006 〜 2007 年カリフォルニア州パロアルト市 Wilson Sonsini Goodrich & Rosati 法律事務所で執務。2010 〜 2012 年金融庁監督局保険課および同局銀行第一課（課長補佐）。2015 年国際通貨基金（IMF）金融安定査定プログラム（FSAP）外部顧問（米国金融破綻処理法制担当）。多数の政府政策委員を務め、第 4 次産業革命時代に適合する制度基盤につき提言を実施。近時の著書として、『FinTech の法律』（日経 BP 社 2017 年）。現在、森・濱田松本法律事務所パートナー弁護士。

松本守祥（まつもと・もりよし）

WM パートナーズ（グロースキャピタル）代表パートナー。

1989 年日本アセアン投資（現・JAIC）に参加。2003 年以降日本の大手事業会社（ブラザー工業・日本能率協会コンサルティング・他）と共同で行なう戦略的ベンチャー投資（コーポレートベンチャーキャピタル＝CVC）事業を管掌。また機関投資家からの出資によるプライベート・エクイティ・ファンド（スタートアップ企業への直接投資とベンチャーキャピタルファンドへの出資）の投資責任者として 2007 年まで累計約 104 億円を投資実行し、2.5 倍の現金分配を実施。2006 年サイバーエージェントと中国にて、また 2008 年 DFJ（Draper Fisher Jurvetson）と米国シリコンバレーにて VC ファンドを設立運営。その後代表取締役社長。2013 年より現職。慶應義塾大学法学部卒業。

現在以下の役職を兼務。DBJ Capital（日本政策投資銀行の VC）投資委員、Rubicon VC（アメリカ）Venture Partner。

CVC コーポレートベンチャーキャピタル
グローバルビジネスを勝ち抜く新たな経営戦略

2017 年 10 月 4 日　第 1 刷発行

著者 ─────── アンドリュー・ロマンス
監訳者 ─────── 増島雅和 松本守祥
発行 ─────── ダイヤモンド・ビジネス企画
　　　　　　　　　〒104-0028
　　　　　　　　　東京都中央区八重洲2-3-1住友信託銀行八重洲ビル9階
　　　　　　　　　http://www.diamond-biz.co.jp/
　　　　　　　　　電話 03-6880-2640（代表）

発売 ─────── ダイヤモンド社
　　　　　　　　　〒150-8409　東京都渋谷区神宮前6-12-17
　　　　　　　　　http://www.diamond.co.jp/
　　　　　　　　　電話 03-5778-7240（販売）

編集制作 ─────── 岡田晴彦・水早將
編集協力 ─────── 前田朋
装丁 ─────── 村岡志津加
本文デザイン・DTP ─────── 村岡志津加
印刷進行 ─────── 駒宮綾子
制作進行アシスタント ─────── 清水銀次郎
印刷・製本 ─────── 中央精版印刷

© 2017 Masakazu Masujima, Moriyoshi Matsumoto
ISBN 978-4-478-08421-2
落丁・乱丁本はお手数ですが小社営業局宛にお送りください。送料小社負担にてお取替えいたします。但し、古
書店で購入されたものについてはお取替えできません。
無断転載・複製を禁ず
Printed in Japan